Janine Wenzel

Steiermark

Wandern für die Seele

20 Wohlfühlwege

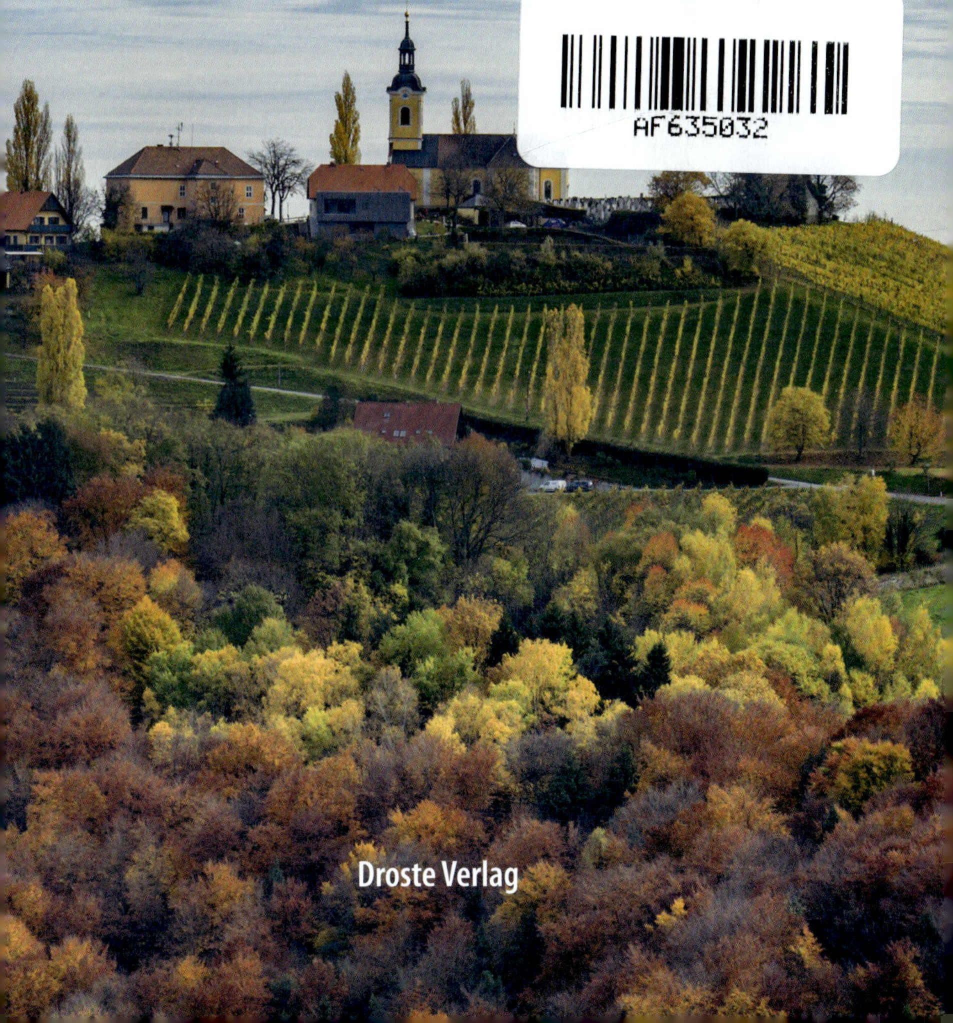

Droste Verlag

ALLE WANDERUNGEN AUF EINEN BLICK

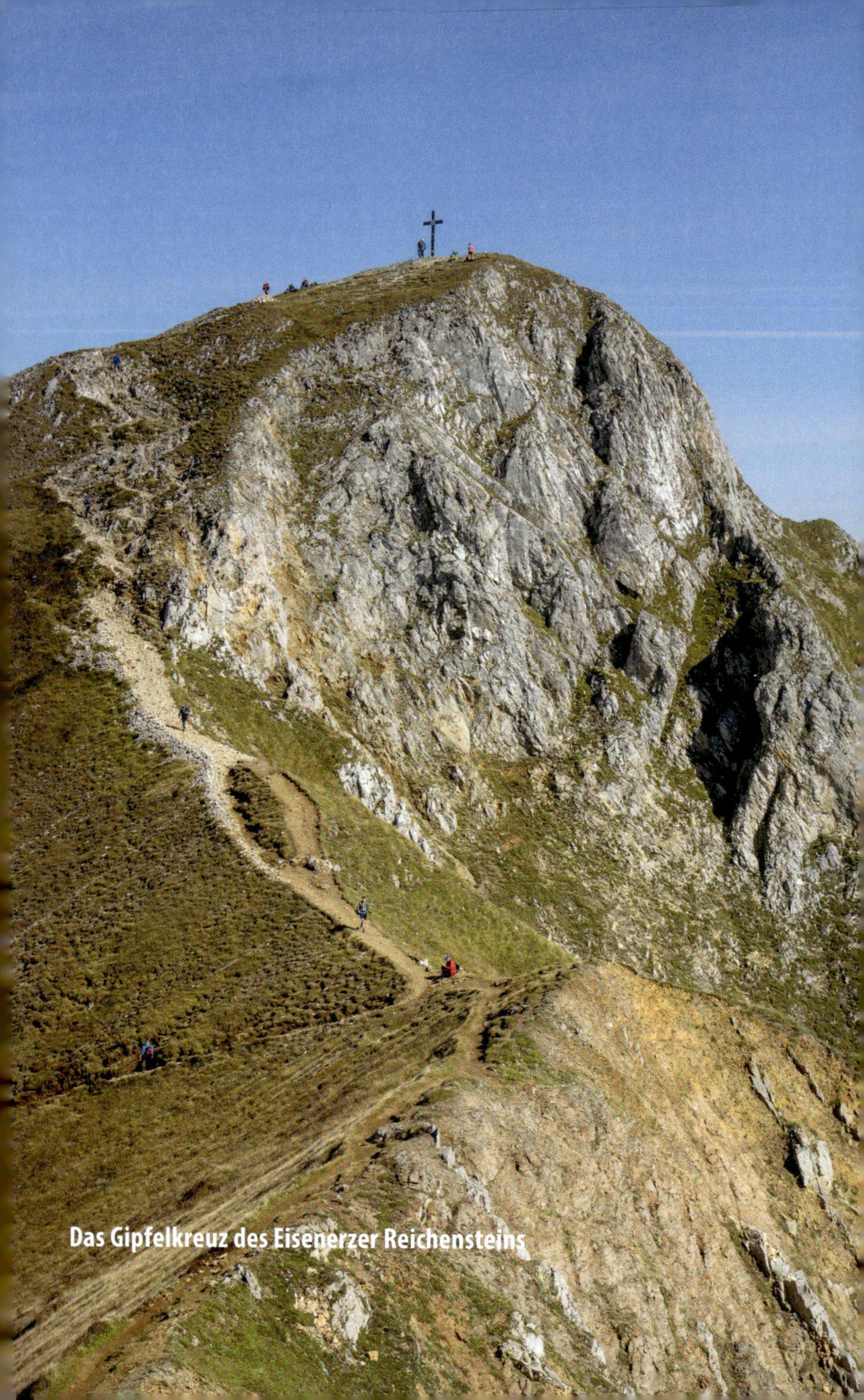

Das Gipfelkreuz des Eisenerzer Reichensteins

Liebe Wanderer und Berggeherinnen,

was für eine Qual der Wahl, in gerade einmal 20 Touren die ganze große, grüne Steiermark zu präsentieren! Das Angebot an wunderschönen Wanderwegen und Traumpfaden im zweitgrößten Bundesland Österreichs ist nahezu unendlich.

Der Wanderführer fasst die schönsten Seiten der Steiermark zusammen und zeigt ihre Vielfältigkeit. Garantiert kommt dabei keine Langeweile auf. Neben einer bezaubernden Landschaft aus schroffen Felswänden und lieblichen Weinbergen treffen Wanderer auf Bergseen und Flüsse, aber auch auf Burgen, Schlösser und Wallfahrtskirchen.

Das Wandern in der Steiermark macht auf jeden Fall süchtig. Die vielen Kraftorte und die frische Luft geben neue Energie für viele weitere Touren. Wem das nicht reicht (und das sollte es auch nicht): Auf zahlreichen Wanderrouten locken Buschenschänken, Weingüter und Almhütten mit steirischen Schmankerln.

Auf meinem Blog „Gepackt & Los!“ hat sich in den letzten Jahren das Thema von Fernreisezielen auf das Wandern verlagert. Bei der Recherche für diesen Wanderführer habe ich mich noch viel intensiver als bisher mit den steirischen Regionen beschäftigt. Das Ergebnis sind 20 wundervolle Wanderrouten, verteilt im ganzen Bundesland mit besonderen Erlebnissen nach dem Motto: Der Weg ist das Ziel!

Janine Wenzel

NATUR-INFO

KULTUR-INFO

TOUREN-/EVENT-INFO

GENUSS-INFO

*In einem **Buschenschank** bekommen Gäste Getränke und kalte Speisen serviert, die aus dem eigenen Betrieb stammen. Das klassische Gericht ist die Brettljause, bestehend aus Brot und Aufschnitt.*

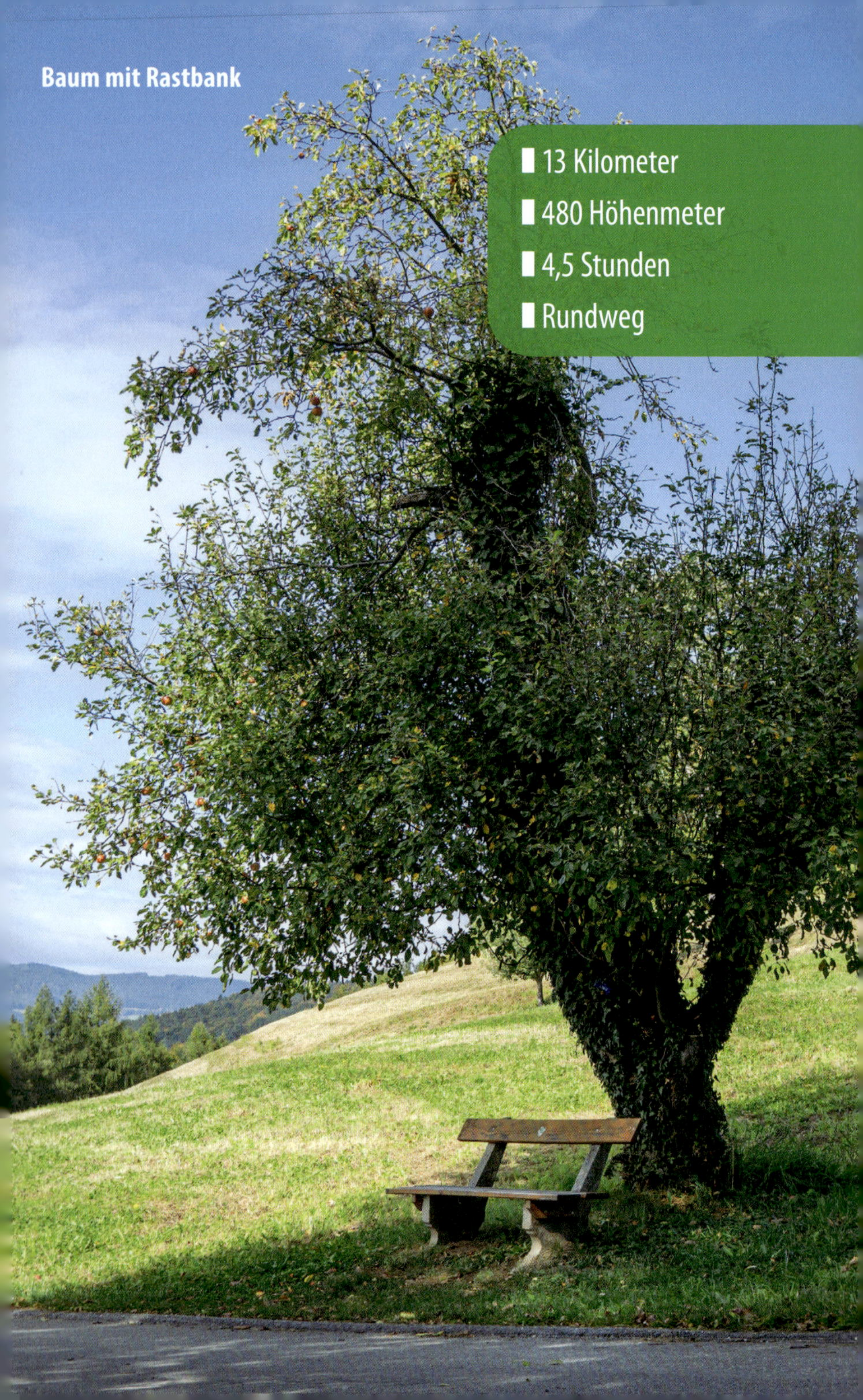

Baum mit Rastbank

- 13 Kilometer
- 480 Höhenmeter
- 4,5 Stunden
- Rundweg

Garten Eden

Hirschbirn-Rundweg

Nicht selten wird die Oststeiermark auch als der Garten von Österreich betitelt. Hier liegt der Naturpark Pöllauer Tal, dessen Landschaftsbild durch sanfte Hügel, weitläufige Wiesen und Obstgärten geprägt ist. Man sagt, dass drei von vier in Österreich geernteten Äpfeln aus der Steiermark kommen. Auf einer Fläche von etwa 124 Quadratkilometern gedeihen im Naturpark unzählige Apfelbäume. Aber die Obstsorte, die für den Naturpark steht, ist die Hirschbirne. Auf der Themenwanderung Hirschbirnweg werden wir uns heute durch das fruchtbare Land treiben lassen.

Am Parkplatz angekommen, gibt es gleich einen Augenschmaus für uns. Wir blicken leicht hinab über den bunten **Schlosspark Pöllau** ❶ und sehen das Schloss Pöllau. Zu dem barocken Viereckbau gehört eine Pfarrkirche mit einer Kuppel, die stark an den Petersdom in Rom erinnert – und deshalb liebevoll Steirischer Petersdom genannt wird.

Der Park ist entzückend angelegt und lädt zu einem Spaziergang ein. Es gibt einige Sitzbänke mit Ausblick auf das Schloss, Wiesen zum Picknicken und eine bunte Blumenwelt. Bezaubernde Rosen erblühen zu unseren Fußspitzen. Ein idealer Ort zum Entschleunigen, finden wir. Infotafeln geben Einblicke in die Besonderheiten des Naturparks. Im Freiluftklassenzimmer, das am höchsten Punkt der Parkanlage liegt, bieten gemütliche überdachte Sitzbereiche einen tollen Ausblick. Wieder Richtung Schloss schauend, entdecken wir links am Horizont die Wallfahrtskirche Pöllauberg; sie thront auf einem bewaldeten Hügel.

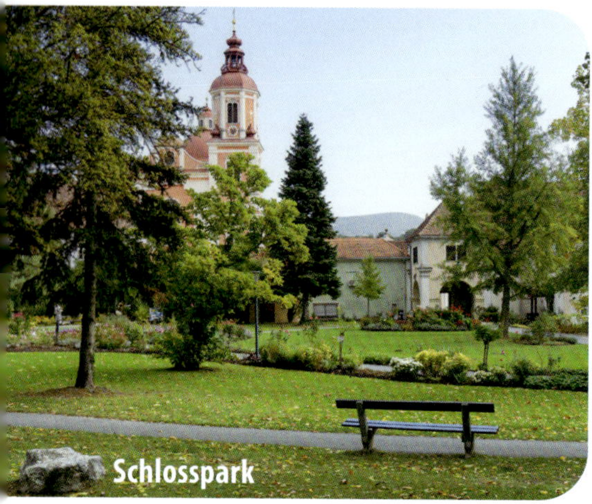

Das ist unser heutiges Wanderziel!

Wir schlendern durch die Parkanlage mit Blick zum Schloss, vorbei am **Parkcafé ❷.** An einer Parkbank sehen wir die Beschilderung von elf Wanderwegen. Die Wegweiser zeigen in alle Richtungen. Unsere grüne Tafel mit weißer Aufschrift **Hirschbirnweg Pöllauberg** weist uns nach links und kurz danach erscheint eine **Infotafel „Zu den Wanderwegweisern"** mit einem Pfeil, der nach rechts zeigt. Wir spazieren auf dem asphaltierten Weg, über den wir hergefahren sind, bis zur Hauptverkehrsstraße **(Ortenhofenstraße).** Dann halten wir uns links, bis wir die Wandertafeln auf der gegenüberliegenden Straßenseite entdecken. Weiter geht es auf einem Fußgängerweg, der um das **Schloss Pöllau ❸** herumführt und bis zu einem **Kreisverkehr** verläuft. Hier halten wir uns links, wechseln die Straßenseite, um dann rechts einem schmalen Pfad zu folgen.

Gleich zu Beginn der Tour nehmen wir die allgegenwärtige Beschilderung wahr. Oft findet sich an der Wandertafel neben dem Schriftzug **Hirschbirnweg** das **Bild einer Hirschbirne.** Aber auch die **rot-weiße Markierung** wird uns immer wieder den richtigen Weg weisen.

Nachdem wir eine **Schranke** passiert haben, führen uns Holzstufen nach oben. Die Bäume um uns herum haben bereits ihre Blätter verloren, was den Waldboden herbstlich aussehen lässt. Am Ende der Treppe steht eine Holzbank, und dann geht es rechts auf dem **Wiesenweg** weiter. Später wechseln wir auf einen asphaltierten Weg, überqueren die Pöllaubergstraße und bewundern die hübschen Kapellen zu unserer Linken. Es handelt sich um **Kreuzwegstationen,** die den Lei-

Für die Seele

Sind wir denn im Garten Eden? Auf den Spuren der Hirschbirne wandern wir durch Obst- und Themengärten mit herrlichen Aussichten.

densweg von Jesus Christi bildhaft darstellen. Die malerisch gestalteten Stationen gehören zum **Wallfahrtsweg** von Pöllau zur Kalvarienbergkirche. Kurz darauf bereichern unzählige Sonnenblumen die Wiesen.

Alsbald erreichen wir die Kirche am **Pöllauer Kalvarienberg ④**, die im Jahr 1699 erbaut wurde. Links von ihr führen schmale Stufen auf einen Hügel hinauf zur Kreuzigungsgruppe. Wieder gibt es Wandertafeln, die verschiedene Routen vorstellen. Wir wollen den Hirschbirnweg weiter fortsetzen und folgen dem

Kalvarienberg

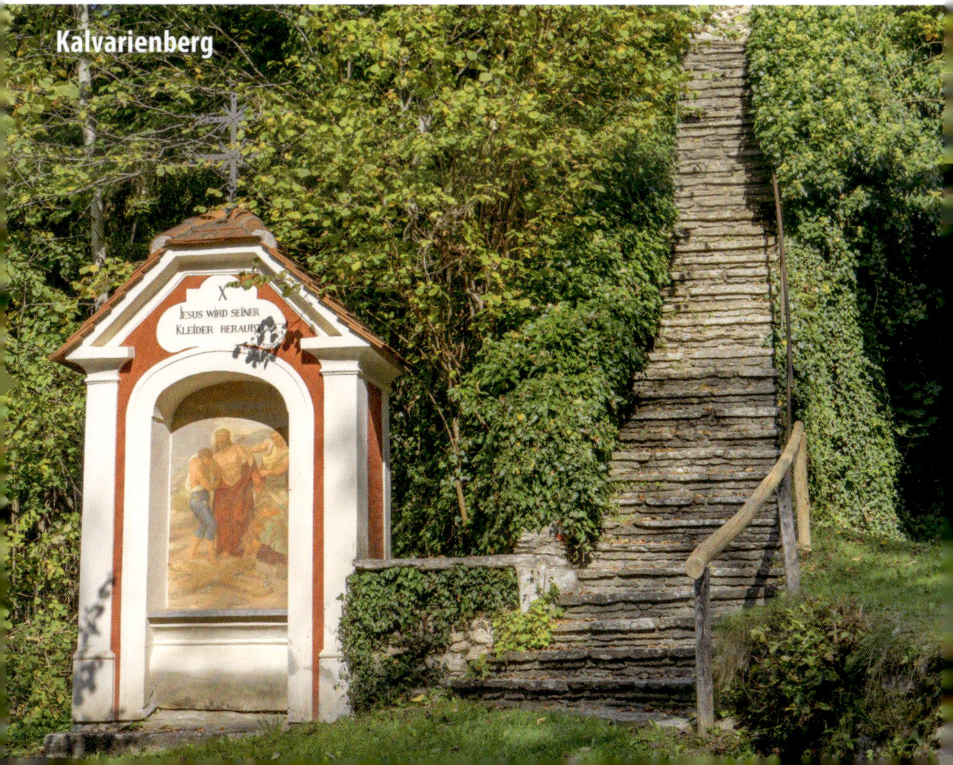

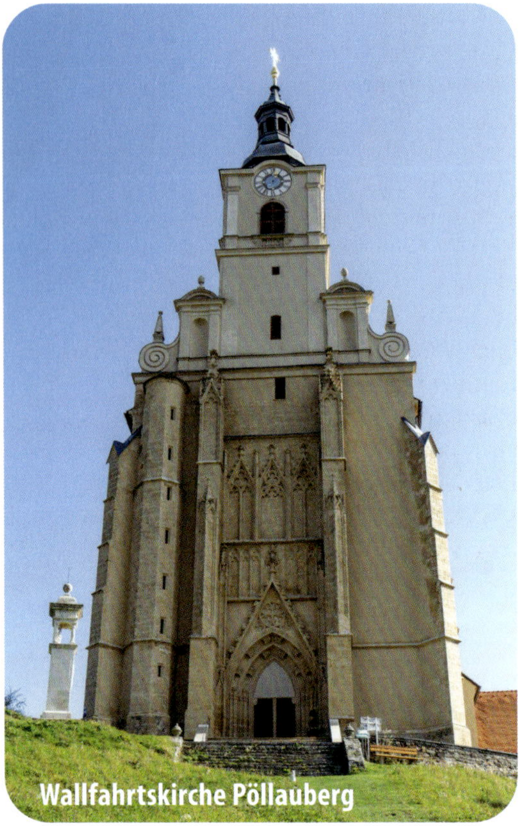

Wallfahrtskirche Pöllauberg

Schild, das in ein Waldstück zeigt. Hierfür überqueren wir eine Holzbrücke, unter der ein Bächlein fließt. Durch den Wald geht es steil bergauf. Unter unseren Füßen sind Wurzeln und Steine. Wer an diesem Ort pilgert, der tut gleichzeitig etwas für die Waden und die Oberschenkel.

Wir überqueren eine Straße und dann geht es auf der anderen Seite durch den Wald erneut bergauf, bis wir eine große Wiese erreichen. Dort angekommen, haben wir einen direkten Blick auf unser Ziel, das aber immer noch in der Ferne liegt: die Wallfahrtskirche Pöllauberg. Nach Verlassen der Wiese spazieren wir über eine schmale Straße mit Wohnhäusern und dem **Goldsberghof.** Erneut durchqueren wir ein kurzes Waldstück. Ein schmaler Pfad führt uns über **Holzstufen** steil nach oben – und dann wieder durch bewohntes Gebiet, vorbei an einer Rastbank unter einem hübschen Apfelbaum.

Als wir das Waldstück verlassen, erscheint die Wallfahrtskirche direkt vor unseren Augen. Nur noch ein kurzer Anstieg, bis die Kirche zum Greifen nahe ist. Nun haben wir mehrere Möglichkeiten, die Gegend zu erkunden. Links um die Kirche herum oder doch lieber rechtsherum? Wir entscheiden uns für rechts und spazieren den Hügel zur **Wallfahrtskirche Maria Pöllauberg** ❺ hinauf. Auf den Treppenstufen sonnt sich eine Katze. Als sie uns bemerkt, schleicht

!

*Für Kirchenliebhaber gibt es zwölf Tourenvorschläge **„Wandern von Kirche zu Kirche“**, die in der Region Pöllauer Tal und ApfelLand-Stubenbergsee verschiedene Kirchen miteinander verbinden. Man kann sich dazu einen kostenlosen Audioguide aufs Smartphone laden.*

sie zu uns her und schmiegt sich an unsere Beine. Sie scheint unsere Gesellschaft zu mögen, so laut schnurrt sie. Als sie jedoch einen Hund in der Ferne wahrnimmt, sucht sie ratzfatz das Weite.

Wir folgen dem Weg rechts um die Kirche herum und spazieren eine Treppe mit Steinstufen hinab. Dem unscheinbar wirkenden Weg nach links folgend gelangen wir in den Ortskern von **Pöllauberg.** Hier liegen der **Gasthof Zum Jagawirt** ❻ – er bietet nicht nur Deftiges, es locken auch vegetarische Gerichte und Süßspeisen –, weiters das Gemeindeamt und ein paar Geschäfte. Bis zum **Berggasthof König** ❼ schlendern wir, legen dann am **Friedhof** eine Pause ein. Schautafeln machen uns die verschiedenen Themengärten schmackhaft: Rosengarten, Liliengarten, Weingarten, Blumengarten und viele weitere. Das wollen wir uns näher anschauen! Wir gehen ein kurzes Stück wieder zurück bis zur Naturparkschule und finden unsere bekannte Wegmarkierung vor. Um auf dem Hirschbirnweg zu bleiben, müssen wir Treppen hinab und uns dann rechts halten. In dieselbe Richtung zeigen die Hinweise zu den Themengärten, die wir bald einmal passieren müssten.

*Die **Wallfahrtskirche Maria Pöllauberg** wurde im 14. Jahrhundert fertiggestellt. Sie thront auf einer Seehöhe von über 750 Metern und gilt als hochgotischer Schatz der Steiermark. Die Orgel ist ein bedeutendes Klangdenkmal des Landes und stammt aus dem späten 17. Jahrhundert.*

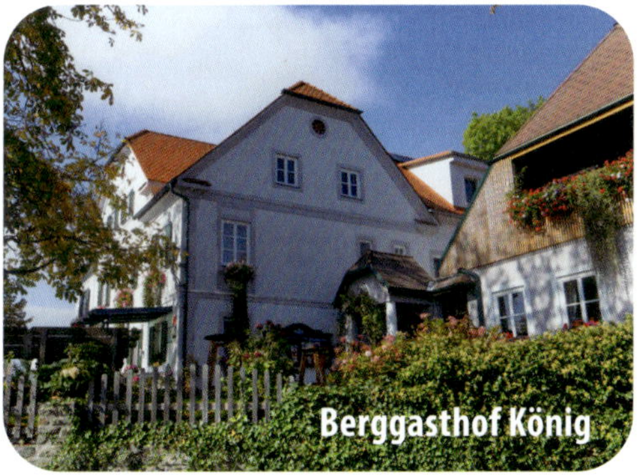

Berggasthof König

Am rechten Wegesrand steht eine Bank mit Panoramaausblick auf die Hügellandschaft der Oststeiermark. An diesem Ort liegt gleich der erste von drei Gärten auf dem Weg zurück ins Tal: der Blumengarten. Bald schon erreichen wir den umzäunten **Schnapsgarten** ❽. Das Tor lässt sich öffnen und so können wir uns umschauen: Hier wachsen die Pflanzen der Früchte, die wir später als Edelbrände genießen können.

Wir bleiben auf dem Pfad, halten uns rechts und kommen kurz danach zum **Kräutergarten** ❾. Auch hier sehen wir uns um, schnuppern den Duft von Lavendel und lassen uns die Namen der vielen Kräuter auf Namenskärtchen verraten.

Wir gehen erst über eine Wiese hinab und dann durch ein großes Waldstück, wo wir bald auf ein Kruzifix und eine Rastbank treffen. Zahlreiche Kastanien liegen auf dem herbstlichen Laubboden und werden vom Sonnenlicht angestrahlt. Wieder auf einer Straße spazierend, entdecken wir Rebenhänge. Wird an diesem Ort wohl Wein angebaut? Der **Buschenschank Haubenwaller** bietet lokale Speisen an.

Im nächsten Waldstück finden wir einen wahren Teppich aus Kastanien, die sich auf dem Boden verteilen. Da heißt es aufpassen, dass keine von den Bäumen auf unseren Kopf hinabfällt. Als wir den Wald wieder verlassen, treffen wir auf große und kleine Apfelbäume. Wie viele Sorten an dieser Stelle wohl angebaut werden? Eine Infotafel klärt uns auf: Es gibt verschiedene Winter-, Sommer- und Herbstäpfel; aber auch Winter- und Sommerbirnen. Kirschen-, Pfirsich- und Zwetschgenbäume tragen ebenfalls Früchte. Die klimatisch günstige Lage des Naturparks sorgt für unglaublich viele Obstsorten.

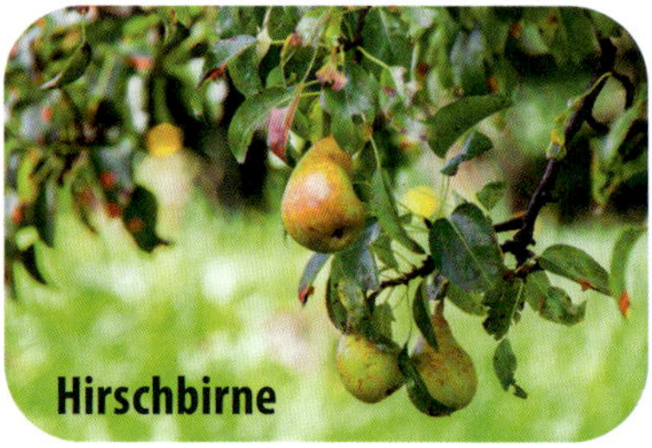
Hirschbirne

Zurück auf einem asphaltierten Weg, halten wir uns an einer Weggabelung links, vorbei am **Retter Bio-Natur-Resort.** Da wir auf der Tafel zuvor ablesen konnten, wo die Hirschbirnbäume gedeihen, schauen wir nun etwas genauer; und finden solche Bäume direkt gegenüber von Retter. Leider sind die Früchte bereits geerntet worden. Im nächsten Jahr müssen wir wohl etwas früher hierherkommen!

*Die **Pöllauer Hirschbirne** ist auf die bereits ausgestorbene Schneebirne zurückzuführen. Anfang Mai entfaltet sich die weiße Blüte mit roten Staubblättern, Mitte Oktober ist Erntezeit. Hirschbirnbäume können bis zu 200 Jahre alt werden.*

Beim Natur-Resort finden wir die Wiege der **Hirschbirne ⑩,** eine Station auf dem Themenweg. Hier gibt es mehrere Wiegeliegen mit Fernblickgarantie.

Von der Straße kommen wir wieder in den Wald. Gespannt sind wir, weil uns eine weitere Infotafel verrät, dass wir bald Streuobstwiesen erreichen –

und das tun wir nun auch. Reife Früchte hängen an den Apfelbäumen, die am Wegesrand gereiht stehen. Auf dem Boden liegen zahlreiche Äpfel.

Als wir das nächste Mal den Wald erreichen, überqueren wir eine **Brücke.** Unter uns fließt der Rauschbach. Dann treffen wir wieder auf einen asphaltierten Weg. Rechts von uns wird im Feld Mais angebaut. Im Herbstlicht sehen die Maisfelder besonders berauschend aus. Wenn wir einen Blick zurückwerfen, sehen wir die Pöllauberg-Kirche weit oben. Es ist unglaublich, wie viele Höhenmeter wir bereits verloren haben. Aber noch sind wir nicht im Tal angekommen.

Die Route führt abwechselnd durch Wald, entlang einer Straße und über Wiesen. Zahlreiche Obstbäume mit Holzleitern geben ein Bilderbuchmotiv ab. Ein perfekter Ort, um die Seele baumeln zu lassen. Die fri-

Aus bestimmten Apfelsorten, dem ***Fallobst,*** *wird Most gewonnen. Diese Sorten enthalten einen größeren Gerbstoffanteil und sind dadurch ideal für die Herstellung von Apfelmost. Wegen des bitteren Geschmacks sind sie weniger für den direkten Verzehr geeignet.*

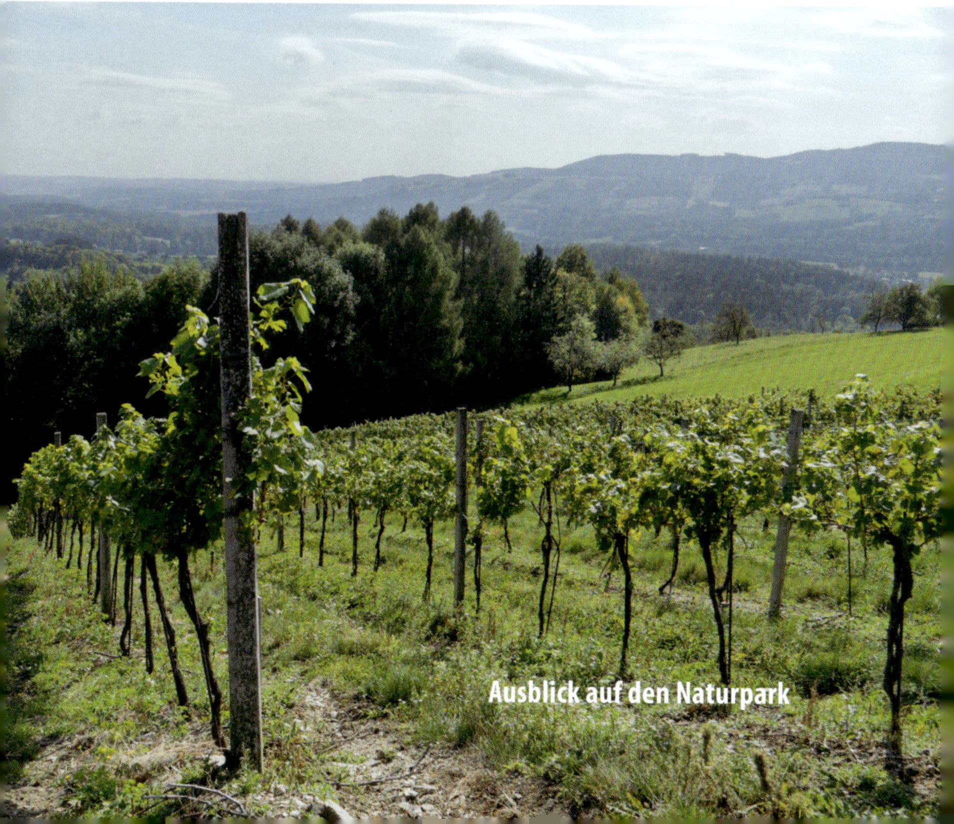

Ausblick auf den Naturpark

sche Luft tut uns einfach gut! Bevor wir den **Gasthof Kerschhofer** erreichen, geht es die Wiese links hinunter durch den Wald. Im Tal angekommen, sehen wir Schloss Pöllau schon in der Ferne. Wir spazieren diesmal links über einen **Park-&-Ride-Parkplatz** und vorbei an **Gertis Imbiss,** überqueren eine kurze Brücke. So gelangen wir von einer anderen Seite als beim Hinweg zum Schloss.

Das letzte Stück spazieren wir durch eine nette Wohngegend, wo man gern zu Hause sein möchte, und stoßen kurze Zeit später auf das Schloss. Wer im Pöllauer Tal zu Gast ist, der sollte natürlich auch das Schloss – zumindest den Innenhof – näher erkunden.

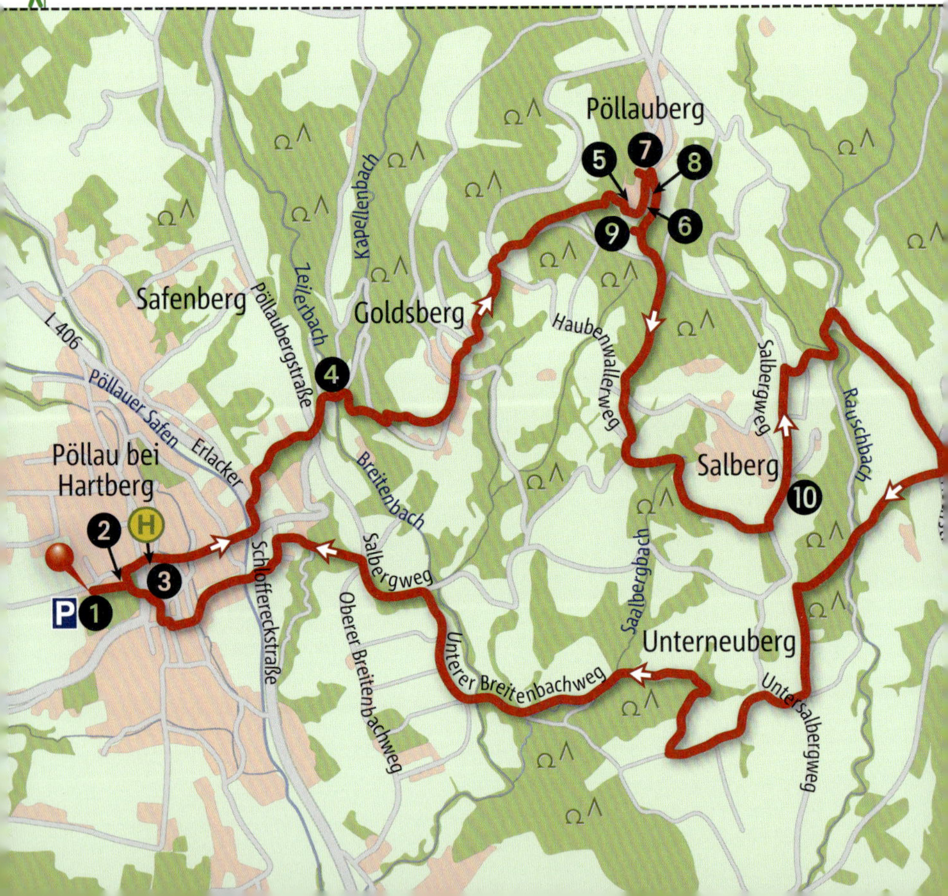

Entspannung ✱✱✱✱✱
Genuss ✱✱✱✱✱
Romantik ✱✱✱✱✱

WIE & WANN:
Asphaltierte Straßen, Wald- und Wiesenwege; ganzjährig möglich, besonders schön zur Blütezeit im Frühling und zur Erntezeit im Herbst

HIN & WEG:
Auto: Parkplatz Schlosspark, 8225 Pöllau (GPS: 47.302241, 15.83034)
ÖPNV: Regionalbus 342 oder Regionalbus 343
bis Pöllau b. Hartberg Schlosszwinger (Sa. und So. kein Verkehr)

ESSEN & ENTSPANNEN:
Parkcafé ❷ Schloßpark 50, 8225 Pöllau, Tel. +43 (33 35) 4 77 12
Gasthof Zum Jagawirt ❻ Pöllauberg 150, 8225 Pöllauberg, Tel. +43 (33 35) 23 88, zumjagawirt.com
Berggasthof König ❼ Pöllauberg 5, 8225 Pöllauberg, Tel. +43 (33 35) 23 11, berggasthof-koenig.at

ENTDECKEN & ERLEBEN:
Schlosspark Pöllau ❶
Schloss Pöllau ❸
Pöllauer Kalvarienberg ❹
Wallfahrtskirche Maria Pöllauberg ❺
Schnapsgarten ❽
Kräutergarten ❾
Wiege der Hirschbirne ❿

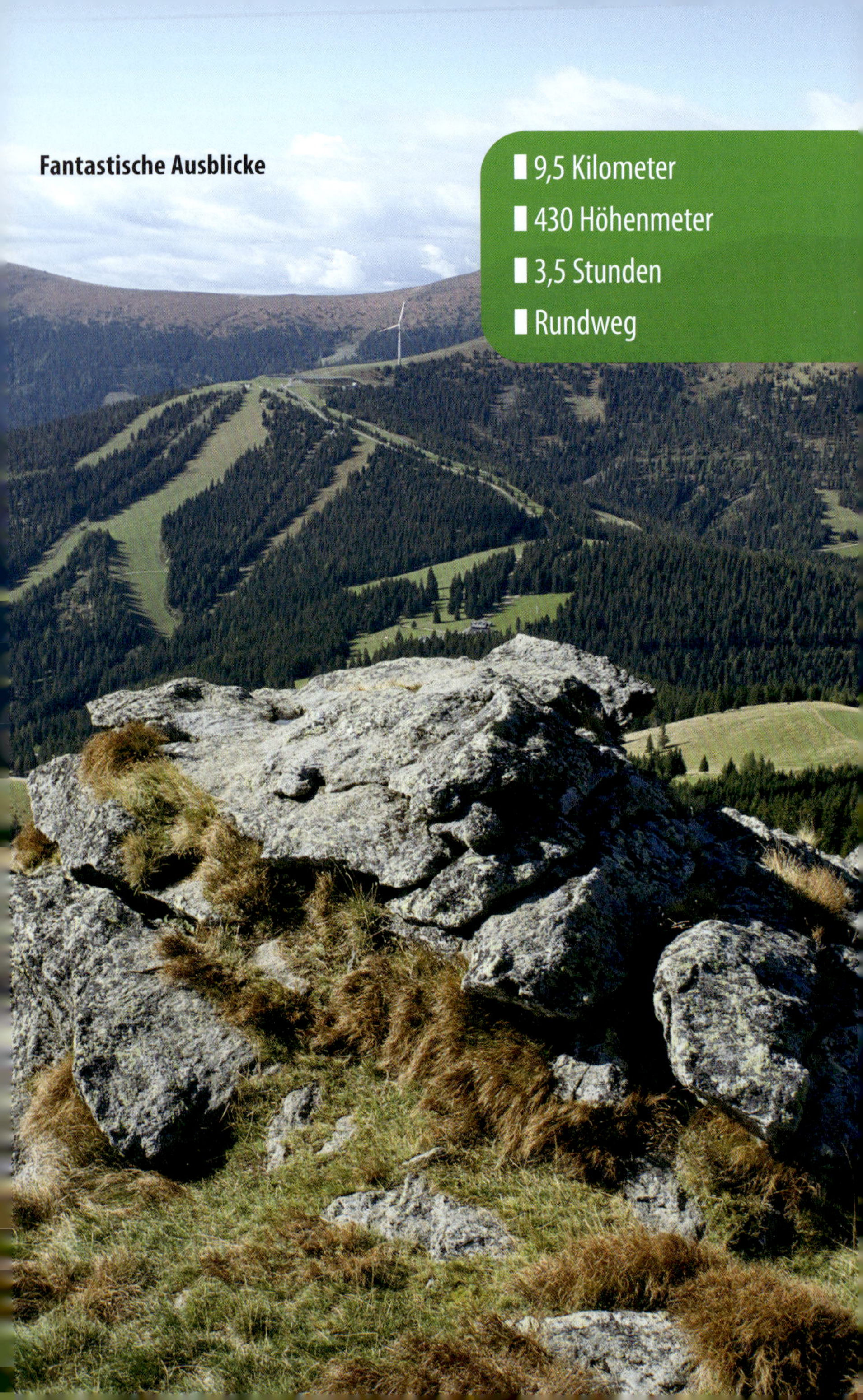

Fantastische Ausblicke

- 9,5 Kilometer
- 430 Höhenmeter
- 3,5 Stunden
- Rundweg

Sanfte Bergwelt

Vom Almhaus zum Rappoldkogel

Wir beginnen unsere Tour am Parkplatz des Almwirtshauses **Altes Almhaus ①**, das bereits auf einer Seehöhe von 1650 Metern liegt. Diese idyllische Almlandschaft gehört zu den Lavanttaler Alpen und lädt zu einer genussreichen Auszeit ein.

Am Parkplatz gelegen, wirbt der **Käsladen ②** mit regionalen Produkten. Auch die Stubalm, auf der die jungen Lipizzaner-Hengste ihre Sommerferien verbringen, liegt in nächster Nähe. Etwa 1,4 Kilometer entfernt ist das Soldatenhaus, der Außenhof des Lipizzaner-Gestüts.

In der Ferne sehen wir bereits den Rappoldkogel mit seiner rundlichen Gipfelform. Der 1928 Meter hohe Berg schimmert Mitte September bereits im herbstlichen Rot. Am Weidezaun erwarten uns gelbe Wandertafeln, die in drei verschiedene Richtungen zeigen. Wir orientieren uns an der Aufschrift **Salzstiegel** (Weg Nr. **505**) und passieren sogleich ein Holztor. Links oben am Hang erblicken wir eine **steinerne Marienstatue ③**, die von einem Mäuerchen umgeben ist und – statt eines Gipfelkreuzes – auf dem Wölkerkogel in die Höhe ragt. 3 Meter hoch ist sie und hat ihren Blick Richtung Weststeiermark gerichtet. Auch wenn die Statue nicht direkt auf der Wanderroute liegt, wird sie als beliebte Pilgerstätte oft besucht.

Wir folgen dem Forstweg geradeaus und sehen auf der Weide links und rechts von uns Kühe grasen. In einiger Entfernung liegen etwas weiter im Tal auf der rechten Seite Windräder, die zu einem Windkraftpark gehören. Wir passieren eine **umzäunte Gedenkstätte** zu unserer Linken. Nicht viel später informiert uns eine Tafel, dass wir ein **Landschaftsschutzgebiet** betreten. Wir verlassen die Weide durch ein Tor und spazieren weiter der Nase folgend geradeaus. Bald schon stoßen wir erneut auf ein Tor mit Wandertafeln und einer **Gabelung.** Unser Augenmerk richtet sich auf die Beschriftung **Salzstiegel über Rappoldkogel** (Weg Nr. **505b**).

Noch vor dem Zaun führt uns ein Pfad rechts durch ein Waldstück. Der Boden zwischen den Fichten ist sehr wurzelig. Ein Blick nach links zeigt uns durch die Bäume hindurch immer wieder ein Bild sanfter Hügel in Herbstfarben. Als wir den Wald wieder verlassen, geht es auf einem Trampelpfad über eine Wiese. Vereinzelt stehen Bäume.

Der nächste Abschnitt verlangt uns etwas Anstrengung ab. Über wurzelreichen Laubboden nehmen wir einige Höhenmeter in Angriff, zunächst durch einen Wald. Die Bäume werden weniger, und

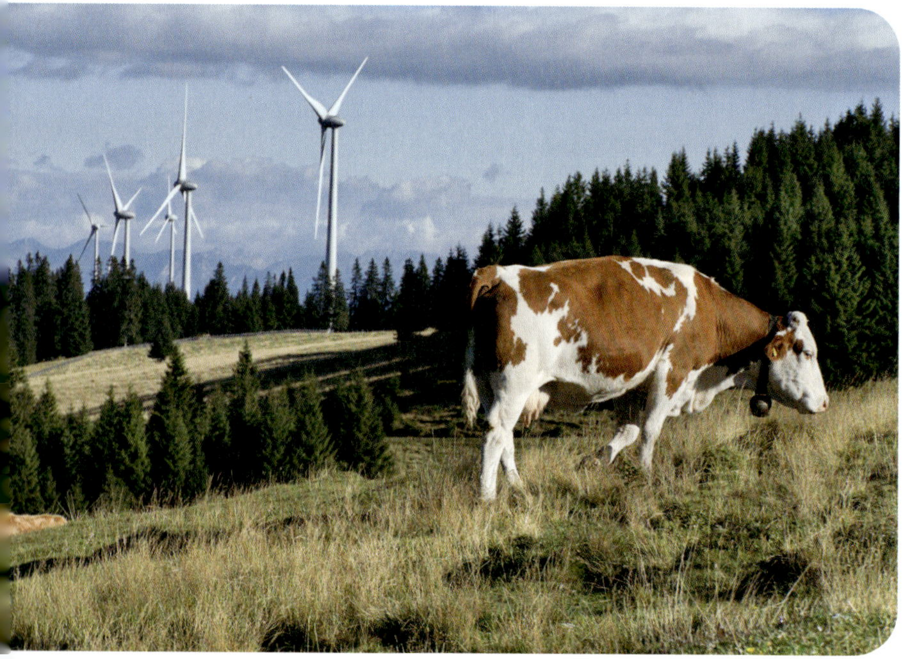

Für die Seele

Hoch oben in den Lavanttaler Alpen lassen wir uns von einem sanften Bergpanorama beeindrucken und bestaunen bizarre Felsformationen.

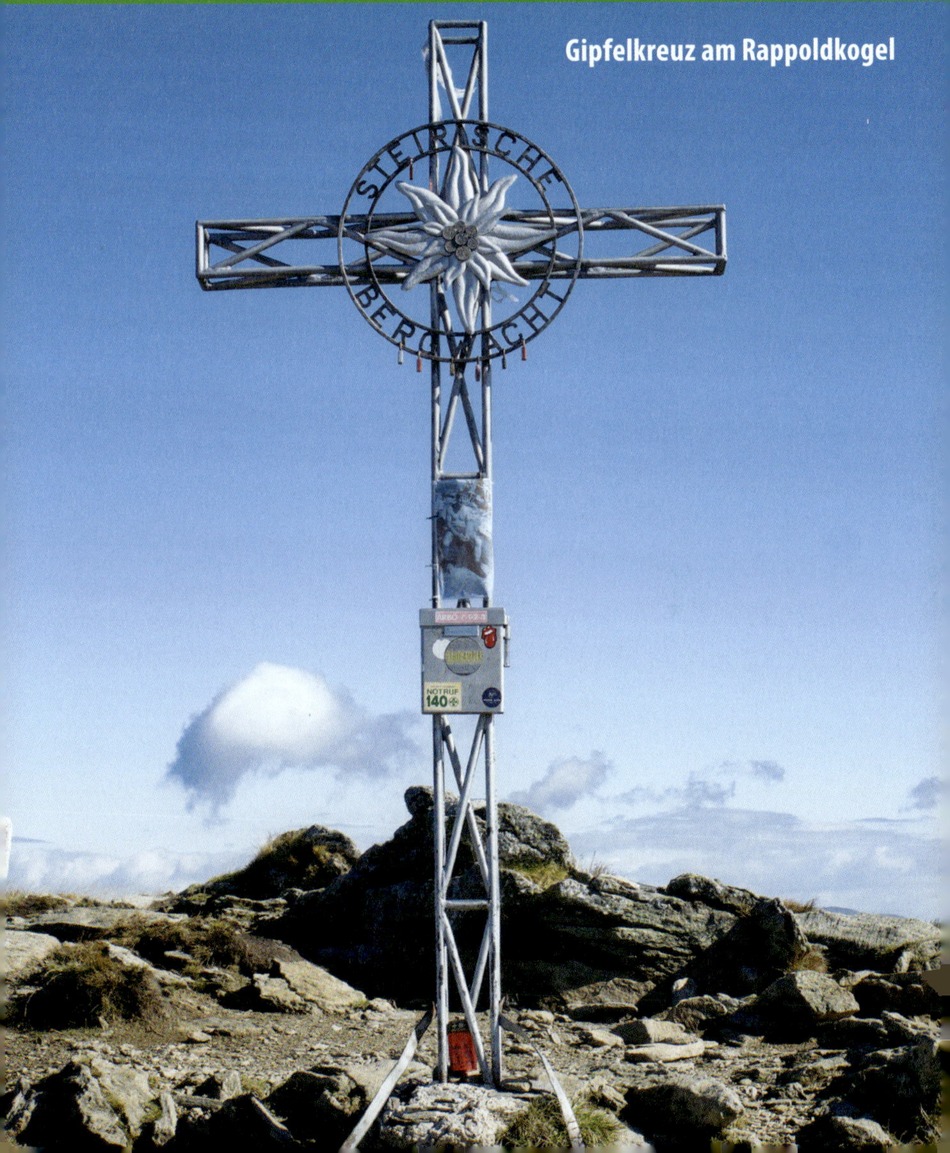

Gipfelkreuz am Rappoldkogel

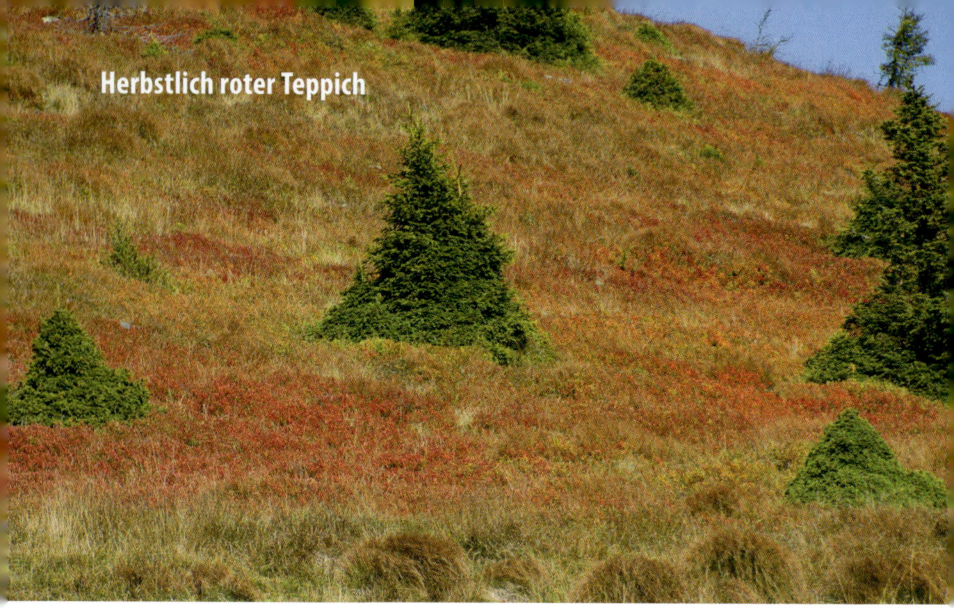

*Die **Schwarzbeere** hört auf viele Namen. Je nach Region wird sie als Heidelbeere, Blaubeere, seltener auch Heubeere, Waldbeere, Bick- oder Wildbeere bezeichnet. Kulturheidelbeeren aus dem Supermarkt sind deutlich größer als die selbst gepflückten aus dem Wald.*

wir bekommen eine herrliche Panoramaaussicht geboten. Ja, was für ein Meer aus Bergen! Uns bietet sich eine Fernsicht bis ins Grazer Bergland, das Murtal und die Eisenerzer Alpen. Da könnten wir glatt Gipfelraten spielen! Auch das Almwirtshaus, an dem wir heute unsere Tour begonnen haben, erblicken wir. Zur jetzigen Tageszeit parken dort bereits einige Autos mehr, verglichen mit heute Morgen.

Faszinierend sind die bizarren Steinformationen, die wir immer wieder wild verteilt finden. An dem Gestein, das sich Glimmerschiefer nennt, entdecken wir sogar Quarzkristall. Es ist mit der grünen Landkartenflechte bewachsen.

Aus der Nähe erkennen wir, warum die sanfte Berglandschaft um uns herum so herbstlich erstrahlt. Die Blätter der vielen Schwarzbeerenpflanzen, die sich wie ein Teppich über die Berge ziehen, haben sich bereits rot gefärbt und werden spätestens zu Winteranfang abfallen.

Noch haben wir den höchsten Punkt nicht erreicht. Ein kurzes steiles Stück führt über einen ausgetretenen Wiesenpfad hinauf. Das Bergpanorama haben wir nun im Rücken. Dann sind wir endlich ganz oben angekommen! Am 1928 Meter hohen **Rappold-**

kogel ❹ empfängt uns ein besonders schönes **Gipfelkreuz:** Die riesige Konstruktion aus Stahl ist mit einer großen Edelweiß-Blume geschmückt. Es gibt auch einen Kasten mit Gipfelbuch.

Jetzt ist Zeit für eine ausgiebige Rast zur Stärkung. Auf unserer Picknickdecke sitzend genießen wir die beeindruckende Weitsicht bis nach Kärnten hinüber. Wenn wir ganz leise sind, hören wir sogar die Kuhglocken von der Alm unten bimmeln. Über uns beobachten wir einen Habicht, der seine Runden dreht. Faszinierend ist, wie er sich an Ort und Stelle in der Luft hält und nur die Flügel bewegt.

Nach der Pause folgen wir einem Blechschild mit der Aufschrift **Salzstiegelhaus,** das uns auf einem anderen Weg vom Rappoldkogel hinunterführt. Das Stück bergab ist leicht anspruchsvoller als der Weg hinauf. Wieder etwas wurzelig und steinig, verlangt das Terrain uns so manchen größeren Schritt ab. Immer wieder entdecken wir interessante Steinplatten, die teils grün schimmern und Quarz enthalten. Ein kurzes Stück führt an einer solchen **Felswand** vorbei. Die Steine machen den Anschein, als wären sie von einer höheren Macht aufeinandergestapelt worden.

Wir erreichen eine **Wegtafel,** die uns für den **Normalweg** nach links weist. Ein Pfad „Über Fels, Trittsicherheit erforderlich" würde weiter geradeaus führen. Beide Pfade kommen nach wenigen Hundert Metern wieder zusammen. Sogar der als „normal" markierte Pfad erfordert etwas Konzentration und bedachtes Voranschreiten. Durch ein Waldstück geht es auf schmalem Pfad über einen steinigen, wurzeligen Laubboden steil hinab – allerdings nicht für lange. Bald mündet unser Wanderweg in einen Wirtschaftsweg. Hier biegen wir links ab. Alternativ könnte man an dieser Stelle weiter geradeaus (ca. 2 Kilometer je Richtung) über einen unmarkierten Trampelpfad wandern. Der Weg würde zum Hirschegger Sattel und zum Salzstiegelhaus führen, einem Almgasthof mit schöner Terrasse.

***Glimmerschiefer** ist eine Gesteinsart, die in den Lavanttaler Alpen des Öfteren vorkommt. Der Glanz des Glimmers ist auf die Kristallstruktur der Minerale zurückzuführen. Hauptbestandteil des Gesteins ist das Mineral Quarz.*

Auszeittour 2

So giftig der **Fliegenpilz** auch ist, er steht als Sinnbild für Glück und unberührte Natur. In vielen Märchen taucht der Pilz mit seinem roten Hut und weißen Punkten auf. An Silvester wird er als Glücksbringer verschenkt. Sein auffälliges Erscheinungsbild ist unverwechselbar.

Wir schlendern aber gemütlich links über den Forstweg, bis wir wieder auf den Pfad treffen, auf dem wir hergekommen sind. Diesmal spazieren wir jedoch nicht durch das Waldstück, sondern parallel zu diesem über eine Weide. Ein giftig roter Fliegenpilz leuchtet aus dem Gras hervor. Eine braune Variante des Fliegenpilzes hat sich zu ihm gesellt. Es ist Pilzzeit! Noch ein Grund mehr, warum Herbstwanderungen so erlebnisreich sind.

Das nächste Tor passieren wir links, wo wir hergekommen sind, und erreichen bald wieder die Weide zu Beginn unserer Tour. Rasch sind wir zurück beim **Alten Almhaus.**

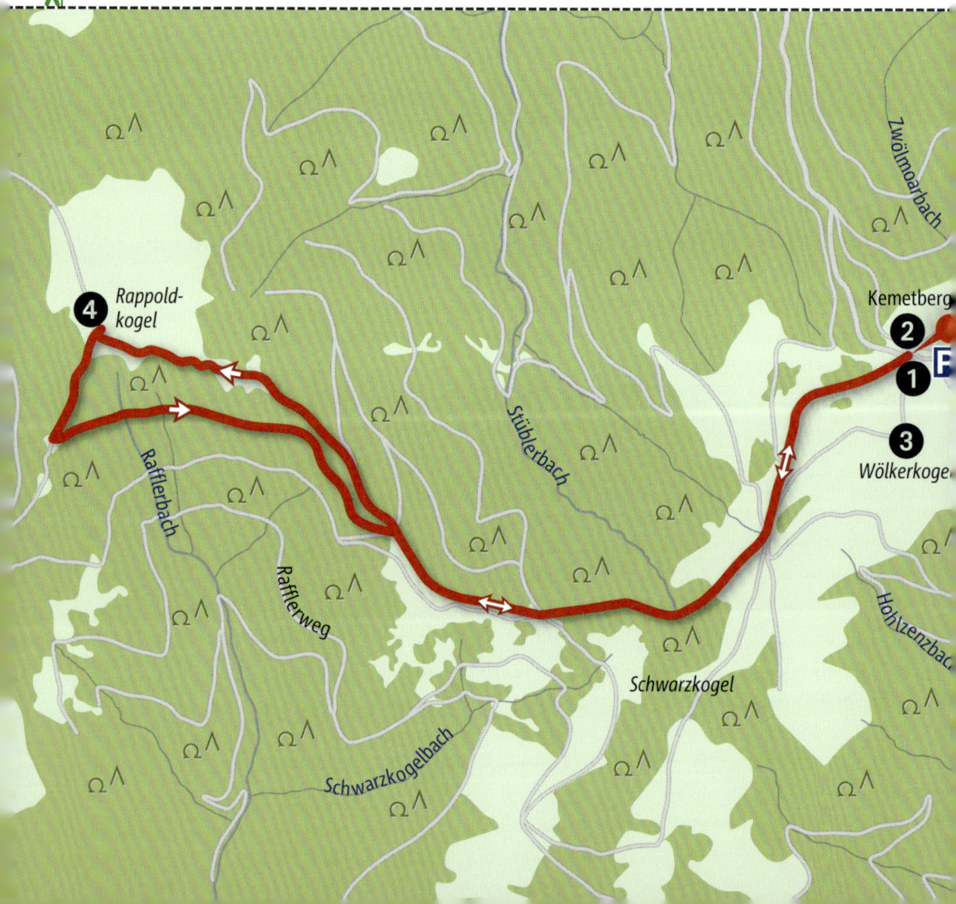

Entspannung ✱✱✱✱✱

Genuss ✱✱✱✱✱

Romantik ✱✱✱✱✱

WIE & WANN:
Breite Wirtschafts- und Forstwege, dazwischen schmale Waldpfade mit Steigung; ganzjährig machbar, im Winter am besten mit Schneeschuhen

HIN & WEG:
Auto: Parkplatz Altes Almhaus, 8591 Maria Lankowitz (GPS: 47.08327, 14.92516)
ÖPNV: Keine empfehlenswerten Verbindungen

ESSEN & ENTSPANNEN:
Altes Almhaus ❶ Kemetberg 60, 8591 Maria Lankowitz, Tel. +43 (31 47) 2 12, altesalmhaus.at
Käsladen ❷ Kemetberg 60, 8591 Maria Lankowitz, Tel. +43 (6 64) 3 55 50 62

Abseits der Route empfehlenswert:
Salzstiegelhaus, Kothgraben 3, 8741 Weißkirchen, Tel. +43 (31 41) 22 48, salzstiegelhaus.at

ENTDECKEN & ERLEBEN:
Steinerne Marienstatue ❸
Rappoldkogel – Gipfelkreuz ❹

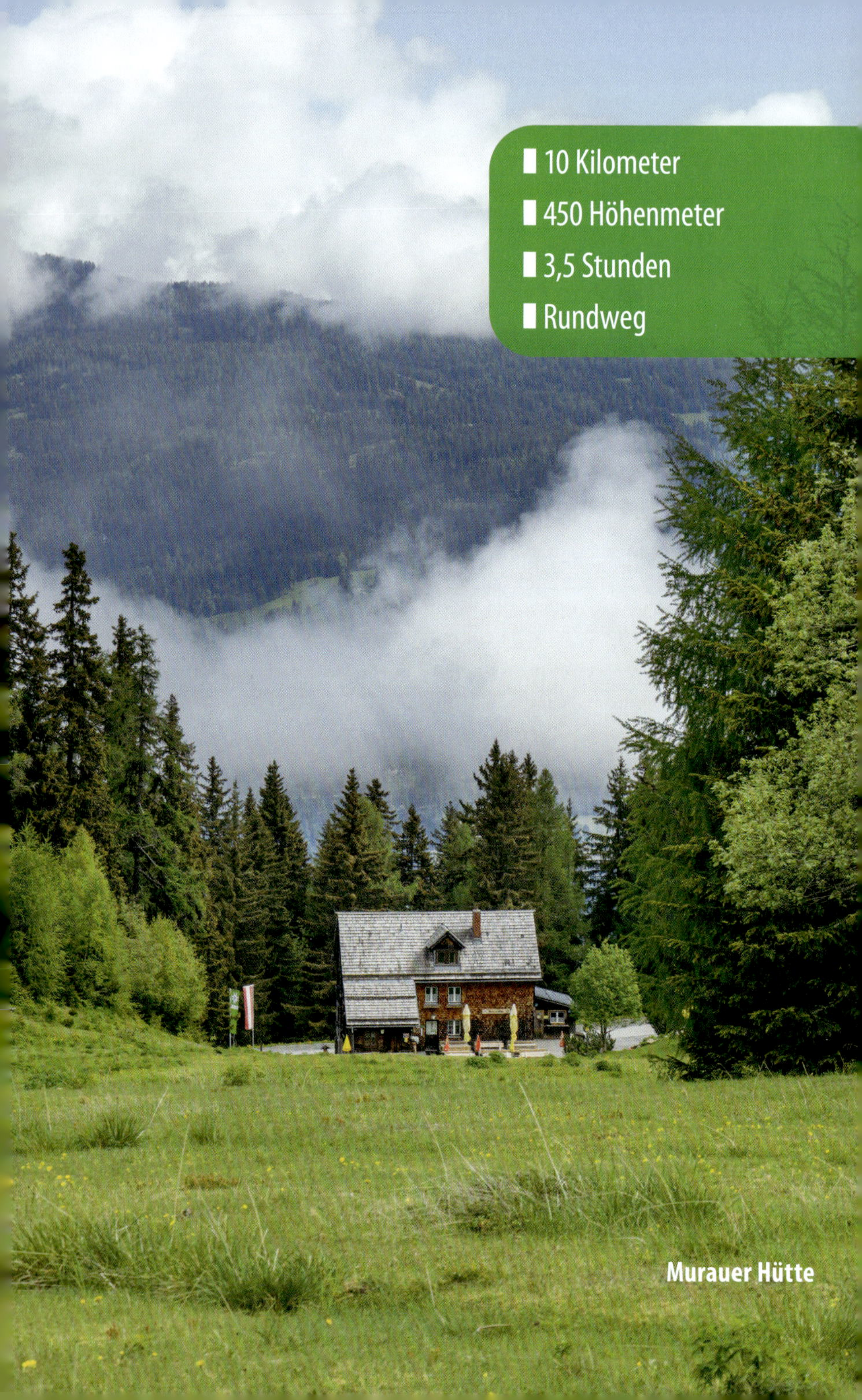

- 10 Kilometer
- 450 Höhenmeter
- 3,5 Stunden
- Rundweg

Murauer Hütte

Kapelle und Zirben

Zur Frauenalpe

Unsere heutige Tour führt auf den freundlichen Hausberg der Stadt Murau, der wegen seiner einfachen Begehung so genannt wird und bei klarer Sicht einen Rundumblick auf die Alpen bietet.

Der Bezirk Murau, der unweit der Grenze zu Kärnten liegt, ist für seine vielen Zirbenwälder bekannt. Die Zirbe wird auch die Königin der Alpen genannt, da sie äußerst robust und widerstandsfähig ist. Nach diesem Baum werden wir heute auf jeden Fall Ausschau halten, um seinen wohltuenden Duft einzuatmen.

Bei der Anfahrt lesen wir auf einer Tafel beim Almgasthof Krische in Schreibschrift: „Frische Waffeln". Damit wissen wir, dass wir hier richtig sind.

Nur wenige Hundert Meter weiter haben wir unseren Ausgangspunkt erreicht. An der **Murauer Hütte** ① gibt es einige Parkplätze. Dass wir auf einer Seehöhe von knapp 1600 Metern stehen, zeigt sich auch daran, dass wir auf der Straße nach oben bereits durch ein Wolkenfeld gefahren sind. Hier an der Murauer Hütte befinden wir uns über den Wolken, wo die Freiheit bekanntlich grenzenlos ist. Wir lesen nach, dass die urige Holzhütte donnerstags bis montags geöffnet hat. An den anderen Tagen kann man dennoch im Gastgarten Platz nehmen und sich selbst an gekühlten Getränken bedienen. Oder die eigenen mitgebrachten Speisen verzehren.

Ein wenig oberhalb der Murauer Hütte liegt ein weiteres Holzhaus, in dem der Bergrettungsdienst Österreich seinen Sitz hat. Beide Hütten gehören dem Alpenverein. Gleich bei der Hütte entdecken wir ein paar Schautafeln mit Wanderwegen für den Sommer und

*Die historische Stadt **Murau** mit ihrem mittelalterlichen Flair gilt als eine der schönsten in der Steiermark. Seit dem Jahr 1495 wird hier das bekannte Murauer Bier gebraut, weshalb Murau auch den Titel Bierstadt trägt.*

*Die **Zirbe** ist ein Nadelbaum aus der Familie der Kiefern. Sie wächst auf einer Seehöhe ab etwa 1500 Metern. Erst nach etwa fünfzig Jahren blüht der Baum zum ersten Mal. Die Zirbe trägt sowohl männliche als auch weibliche Blüten.*

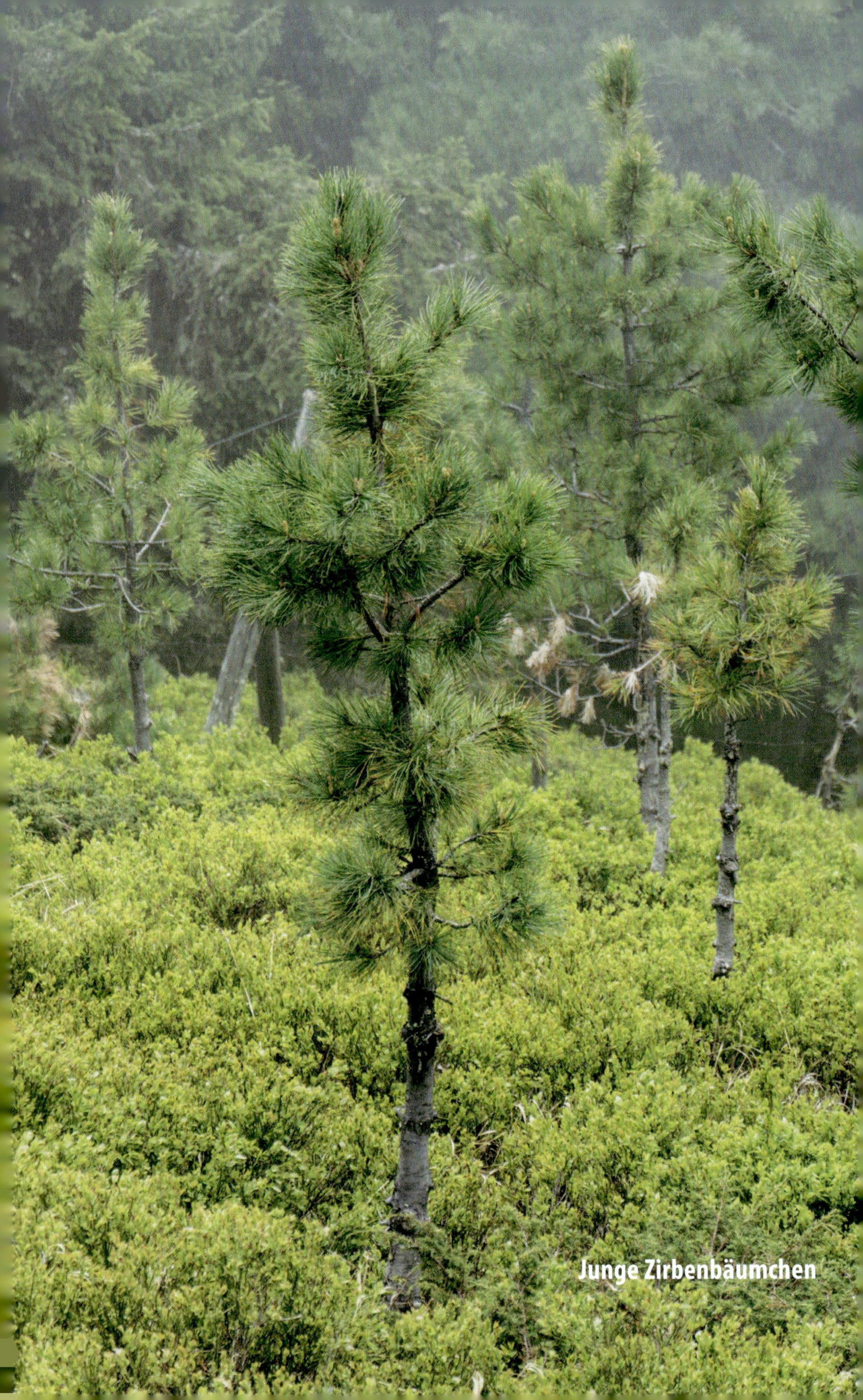

Junge Zirbenbäumchen

Für die Seele

Über den Wolken wandern wir über Almen und durch Zirbenwälder. Schmetterlinge und bunte Blumen nehmen das Tempo beim Gehen heraus.

den Winter. Im Winter zieht es vor allem Skitourengeher hierher. Skilifte finden wir keine mehr.

Etwas weiter links sehen wir gelbe **Wandertafeln.** Unsere Route zur **Frauenalpe** (Weg Nr. **132/09**) führt uns links weiter. Eine Stunde und eine weitere Viertelstunde Gehzeit sind angeschrieben. Wir werden darüber informiert, dass hier Weidevieh grast, und halten uns hinter einer Schranke links.

Leicht bergauf folgen wir einem breiten Forstweg. Wohin wir blicken, entdecken wir einzelne Nadelbäume und solche, die in Gruppen zusammenstehen und einen dunklen Wald zu bilden scheinen. Sie wachsen ganz schön in die Höhe. Ob es sich hierbei schon um Zirben handelt? Einige Äste sind mit Flechten bedeckt. Es sieht so aus, als würden an den Zweigen lange Haare wachsen.

Die Murauer Hütte sehen wir nun von oben. In unser Blickfeld fällt die schön angelegte Terrasse mit den urigen Holzbänken. Dahinter erstreckt sich der finstere Wald, über den Wolken ihren Weg finden.

Der Schotterweg schlängelt sich über eine breite Wiese, bedeckt von Löwenzahn mit seinen gelben Blütenblättern. Klares Wasser bahnt sich einen Weg über den Pfad. Aber unsere Füße bleiben beim Überqueren trocken. Bald schon treffen wir auf eine weitere **Holzhütte,** die umzäunt ist. Dahinter nehmen wir noch eine wahr. Es handelt sich um eine ehemalige Käserei. Die Bäume drumherum wirken sehr düster, die Landschaft ist von Wolken verhüllt. Mystischer könnte die Stimmung kaum sein. Die wohltuende Luft versorgt uns in jedem Fall mit neuer Energie.

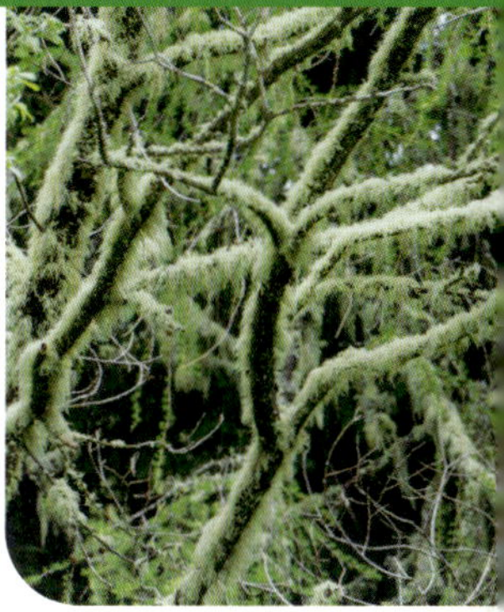

*Die **Bartflechte** erinnert an lang hängende, aber auch kurz abstehende Barthaare. Sie wächst ausschließlich auf Bäumen und ist als Heilpflanze mit entzündungshemmender Wirkung bekannt. Ihr Auftreten ist ein Indiz für eine hervorragende Luftqualität.*

Mit unserer Route verläuft der **Salzsteigweg,** der österreichische **Weitwanderweg Nr. 9,** der von Italien nach Tschechien führt. Auf dieser Strecke wurde früher einmal Salz transportiert, und auch Schmuggler nutzten diese Route, um Salz in das Nachbarland zu bringen.

Rechts auf der Wiese entdecken wir ein umzäuntes **Wegkreuz** mit einer Jesus-Figur. Hier führt unsere Route wenige Minuten später vorbei. Kurz danach treffen wir auf eine **Holzbank.** Weiter bergauf nehmen wir einen Stein mit einer **rot-weißen Wandermarkierung** wahr. Darauf ist eine Tafel befestigt: „Patenschaftszirbenbepflanzung". Die Region ist für ihre lokalen Zirbenprodukte bekannt, und wir erinnern uns wieder an unseren Vorsatz, nach Zirben zu suchen. Und finden auch welche. Vor allem noch recht junge Bäumchen wachsen um uns herum.

Es sind aber nicht nur die Zirben, sondern auch andere besondere Pflanzen und Blumen, die hier gedeihen. Da wären die Schwarzbeerensträucher, die sich im Herbst in ein rotes Blättermeer verwandeln. Im Frühling blühen der Glocken-Enzian, die Alpenküchenschelle und der Berg-Nelkenwurz. Wir legen eine „Botanik"-Pause ein und versuchen die Blumen anhand ihrer Eigenschaften zu identifizieren. Hinwei-

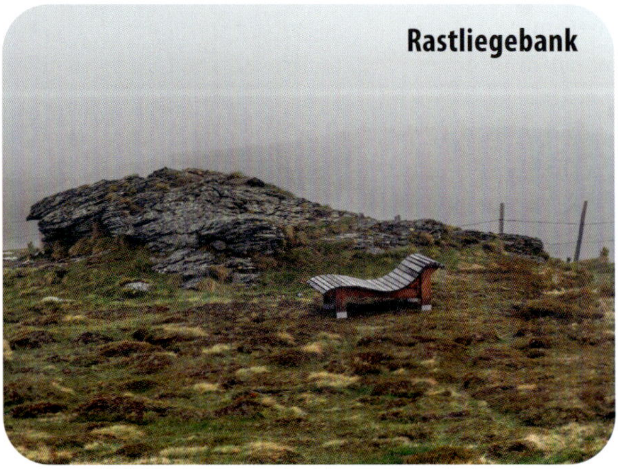

Rastliegebank

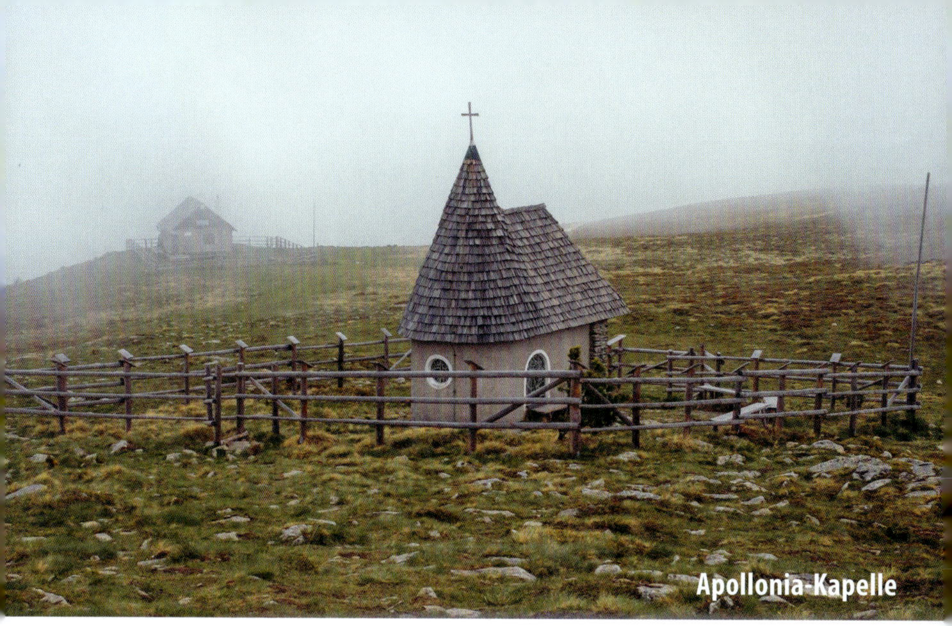
Apollonia-Kapelle

se geben uns natürlich die Blütenfarbe, aber auch die Anzahl der Blätter und die Form. Auf der freien Wiesenfläche steht praktischerweise eine **Rastbank,** die zu einer Verschnaufpause einlädt, um mit neuer Kraft die letzten 30 Minuten hinauf zum Gipfel in Angriff zu nehmen.

Als wir die **Bernhard-Fest-Hütte ❷** erreichen, wissen wir, dass wir es fast geschafft haben. Die Selbstversorgerhütte ist eingezäunt, Rastbänke und Tische sind zur freien Nutzung. Wir sind am Plateau angekommen und blicken uns um, soweit es möglich ist. Dass wir inmitten der Wolken stehen, stört uns gar nicht. Die Stimmung hat etwas Geheimnisvolles.

Jetzt ist es nicht mehr weit bis zur hübschen **Apollonia-Kapelle ❸.** Auf dem Weg dorthin erblicken wir einen Stahldrahtzaun zur linken Seite. Dieser soll die Kühe, die hier im Sommer weiden, vor einem Sturz in die Tiefe schützen. Denn dahinter geht es steil hinab. Noch vor der Kapelle sehen wir eine Liegebank (vermutlich aus Zirbenholz) neben einem auffälligen Felsen. Wir legen eine Rast ein und beobachten, wie die Wolken an uns vorbeiziehen und der blaue Himmel ab und an zu erkennen ist.

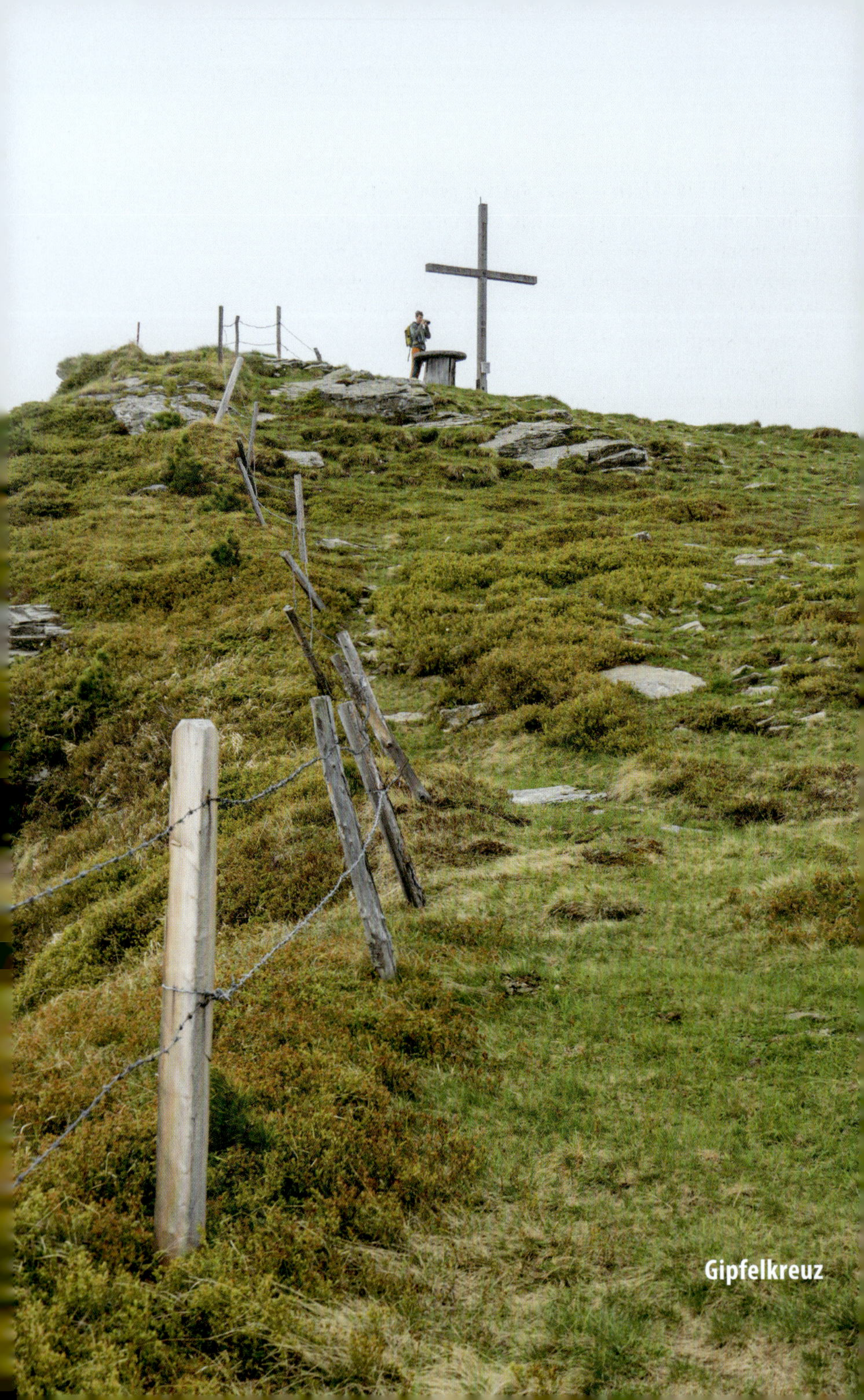

Gipfelkreuz

Auch das **Gipfelkreuz der Frauenalpe** ❹ liegt in nächster Nähe. Nach dem obligatorischen Gipfelfoto geht es weiter geradeaus beziehungsweise leicht rechts: Wir haben auf 2000 Metern endgültig den höchsten Punkt der Tour erreicht und wollen einen anderen Weg zurückwandern. Der ist zwar etwas länger in der Distanz, sorgt aber für Abwechslung.

Wieder finden wir herrliche Blumen am Weg, wie den Enzian und die Alpenküchenschelle. Was für früh blühende Kostbarkeiten! Für uns geht es auf dem Trampelpfad nun vor allem bergab. Ab und zu erhaschen wir einen Blick in das Murtal.

Wir gelangen zu einem **Holzzaun,** zu dem ein Überstieg gehört, und klettern drüber. Damit folgen wir der **Wegtafel St. Lorenzen** (Weg Nr. **2**) – nicht der zur Murauer Hütte. Der **Murmelfelsen** ❺ erhebt sich an unserem Weg. Eine bizarre Felsformation, auf die man hinaufkraxeln kann und wo einmal ein Holzkreuz gestanden haben soll. Ob es hier wohl auch Murmeltiere gibt?

Weiter führt uns ein Pfad über eine Wiese hinab, und alsbald zeigt sich auch wieder Wald um uns herum. Das Gras wirkt sanft, man möchte mit den Händen drüberstreicheln. Wieder einmal passieren wir eine Alm mit **Holzhütten.** Eine davon ist die **Troghütte.** Erst sehen wir es von oben, dann spazieren wir unten dran vorbei und kommen zu einem Forstweg mit Wegtafeln. Weiter folgen wir dem Wirtschaftsweg für etwa einen Kilometer.

Wir passieren rechts ein Tor. Der Boden wechselt zwischen Forst- und Wiesenweg. Am Wegesrand entdecken wir die eine und andere Felsformation. Der Pfad wirkt immer unberührter und wilder. So manch umgefallener Baumstamm muss überwunden werden. Hier finden wir vorerst keine Wegmarkierungen mehr.

Inzwischen haben wir eine freie Sicht auf die Orte tief unten im Tal. Dahinter ragen imposante Berge empor, die bis in den Sommer hinein zum Teil noch

*Der **Glocken-Enzian** mit seinen blauen Blütenblättern ist einer der ersten Blüher, die auf Gebirgswiesen zu finden sind. Je nach Witterungslage kann das zwischen April und Juni sein. In den Alpen wachsen etwa 35 verschiedene Enzianarten, die sich anhand ihrer Blütezeit, Farbe und Größe unterscheiden.*

Auszeittour 3

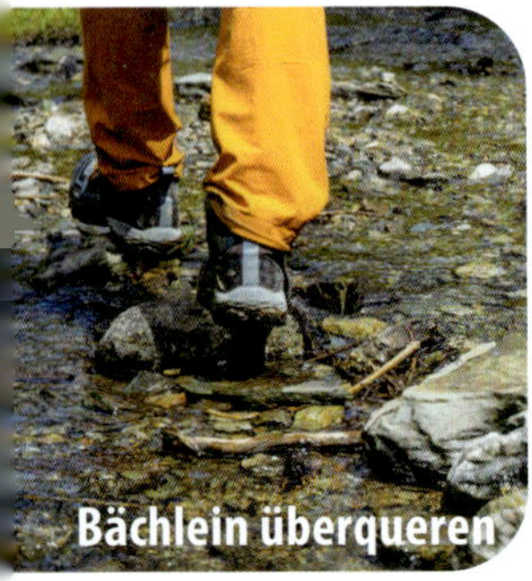

Bächlein überqueren

mit Schnee bedeckt sind. Während wir den letzten Kilometer wandern, fließt wieder einmal ein Bächlein über unseren Weg. Die Steine liegen aber praktischerweise so, dass unsere Füße beim Überqueren trocken bleiben. An besonders heißen Tagen wäre ein erfrischendes Fußbad angenehm.

Und dann gelangen wir zum **Alpengasthof Krische ⑥**, der bereits zu Beginn mit frischen Waffeln gelockt hat. Von hier sind es nur mehr 300 Meter auf der Straße bis zur Murauer Hütte, unserem Ausgangspunkt. Wir legen eine Rast ein und beobachten die Schmetterlinge, die sich auf dem Nachbartisch niederlassen, während unter unseren Beinen eine rot-weiße Katze spielt.

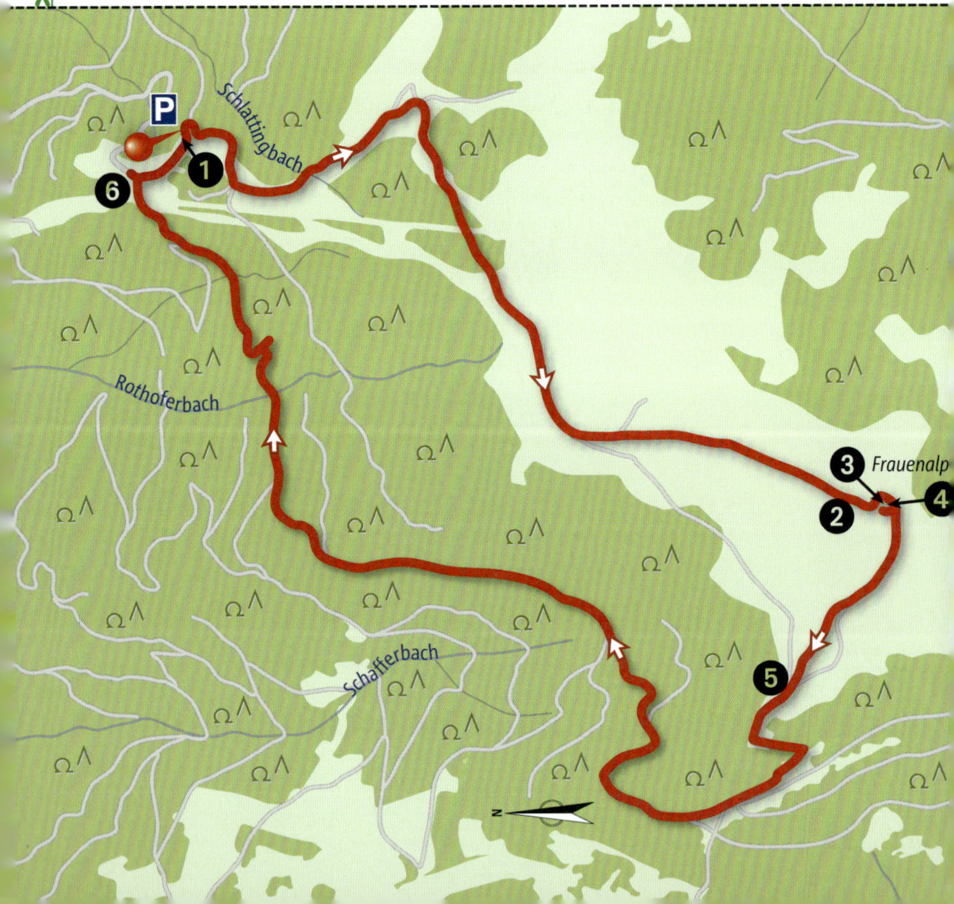

Entspannung ★★★★☆
Genuss ★★★☆☆
Romantik ★★★★☆

WIE & WANN:
Almwanderung entlang von Forststraßen und auf Wiesenwegen; beste Zeit Mai bis November

HIN & WEG:
Auto: Parken auf Höhe der Murauer Hütte, 8850 Murau (GPS: 47.083584, 14.151862)
ÖPNV: Keine direkte Anbindung an die Strecke

ESSEN & ENTSPANNEN:
Murauer Hütte ❶ Murauerhütte 45, 8850 Murau,
Tel. +43 (6 64) 5 12 08 92, murauerhuette.at
Alpengasthof Krische ❻ Frauenalpe 1, 8850 Murau,
Tel. +43 (35 32) 23 20, frauenalpe.com

ENTDECKEN & ERLEBEN:
Bernhard-Fest-Hütte ❷
Apollonia-Kapelle ❸
Frauenalpe – Gipfelkreuz ❹
Murmelfelsen ❺

Angelusstiege zur Basilika

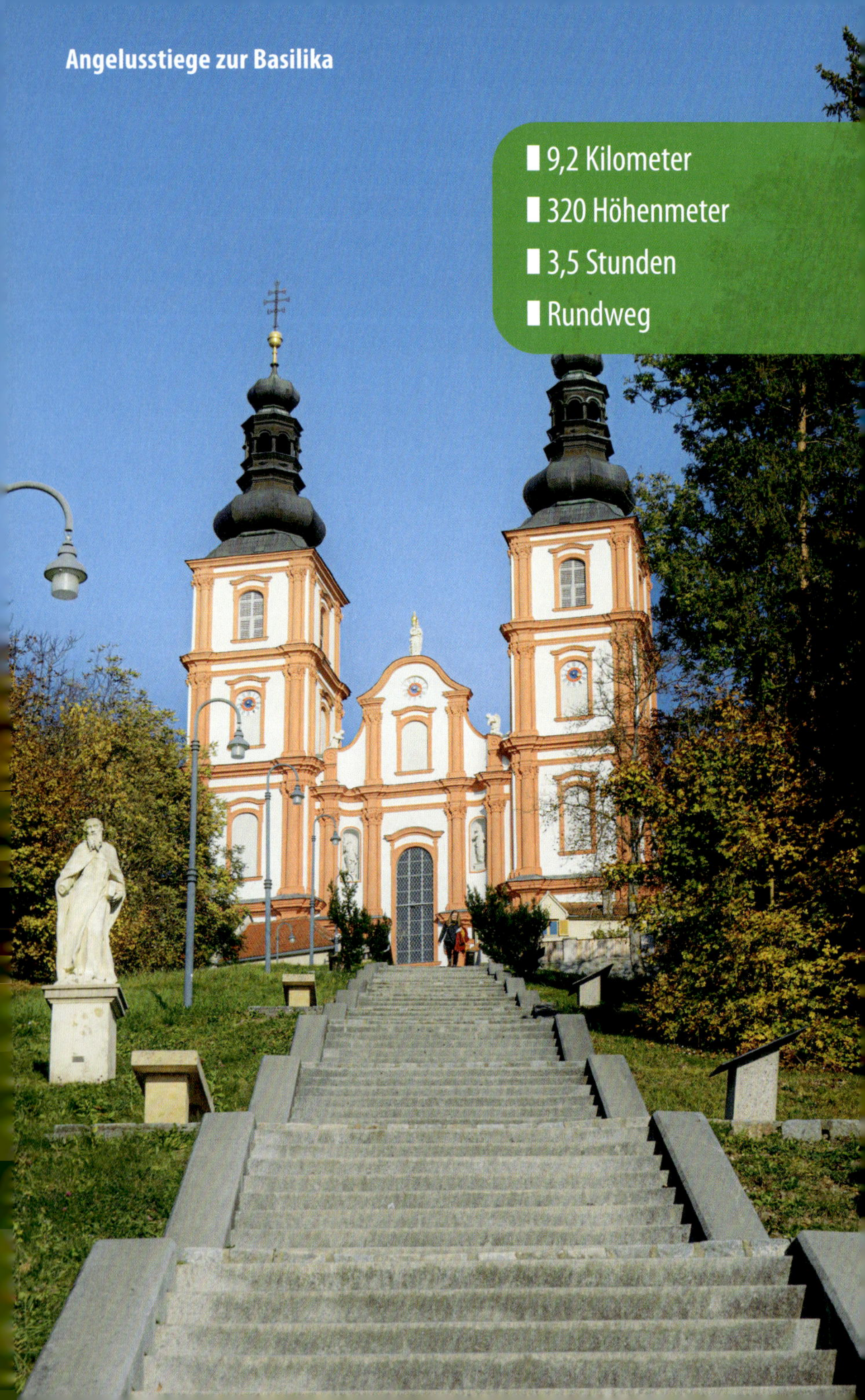

- 9,2 Kilometer
- 320 Höhenmeter
- 3,5 Stunden
- Rundweg

Stadtblick

Von Mariatrost auf die Platte

An der **Straßenbahnhaltestelle Mariatrost** angekommen, erblicken wir bereits die Basilika vor unseren Augen. Sie thront auf dem Purberg über uns. Ihre zwei kitschig wirkenden Kirchtürme ragen aus den Baumkronen hervor. Bevor wir uns dorthin aufmachen, schauen wir uns um. Links entdecken wir alte Straßenbahnwagen, die zum **Tramway Museum Graz** ❶ gehören.

Wir spazieren weiter über die **Mariatroster Straße** und halten uns links, der **Kirchbergstraße** folgend. An deren Ende geht es für ein kurzes Stück eine steile Straße rechts hinauf, bis wir auf der gegenüberliegenden Seite den Treppenaufgang zur Basilika Mariatrost sehen. Die **Angelusstiege** wird uns über 216 Stufen hinaufführen. Neben den Stufen ragen liebevoll gestaltete Statuen auf, wie der Erzengel Gabriel, der uns mit seinen Händen den Weg weist. Neben Statuen stehen ein paar Bänke zum Rasten parat. Nicht nur Pilger sind eingeladen, auf dem sogenannten „Verbindungsweg von unten nach oben" – zu Gott – zu meditieren. Kurz vor dem Ziel lesen wir an einer Schautafel interessante Fakten zur barocken Wallfahrtskirche und ihrer Baugeschichte.

*Zu besonderen Anlässen fahren die historischen Bahnen des **Tramway Museum Graz** durch die Stadt. So gibt es die weihnachtlich geschmückte Adventbim in der Adventszeit. Die 30-minütige Straßenbahnfahrt ist für alle kostenlos.*

Auf dem Kirchplatz angekommen, schauen wir uns um und umrunden die **Basilika Mariatrost** ❷. Wir entdecken den **Basilikaladen,** wo Souvenirs verkauft werden. Im Kircheninneren bewundern wir

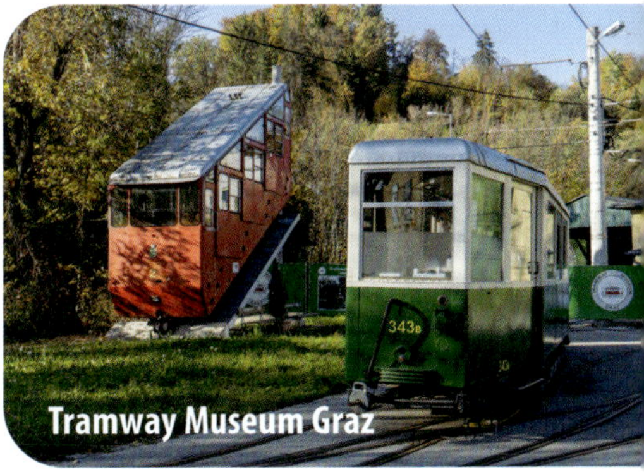

Tramway Museum Graz

Die **Basilika Mariatrost** wurde um etwa 1714 im Spätbarockstil erbaut. Zu dem heutigen Ensemble gehören Kirchtürme, Kuppel und Klosteranbau. Im Inneren entzücken Fresken und Kanzel. Papst Johannes Paul II. erhob die Wallfahrtskirche im Jahr 1999 zur Basilika.

Ebenfalls durch den Leechwald führt der **Menschenrechtsweg.** Bei einem Spaziergang erinnern die 20 Stationen an die 20 Artikel der Allgemeinen Erklärung der Menschenrechte.

den Hauptaltar mit Gnadenbild der heiligen Maria und die barocke Orgel.

An der Ostseite machen wir das Restaurant **Kirchenwirt ❸** aus, das auf eine 300-jährige Geschichte zurückblickt. Nicht nur Pilger können hier speisen (und übernachten). Wir folgen der **Gottscheerstraße** und spazieren neben dem **Friedhof** entlang. Auch so manches Denkmal dort geht auf den barocken Architekturstil zurück, wie ein Blick durch das Portal erkennen lässt.

Entlang der Straße geht es weiter bis zu einer **Gabelung,** an der Wandertafeln zu finden sind. Der Beschilderung zum **Hilmteich** (Weg Nr. **80**) folgend, geht es rechts in den Wald hinein. Auf dem **Roseggerweg** spazieren wir fortan über einen breiten Schotterweg durch den schönen **Leechwald ❹.** Hohe Bäume in leuchtenden Herbstfarben umgeben uns. Immer wieder fallen gelbe Blätter herab und dekorieren den Wanderweg. Sonnenstrahlen blinzeln durch die Äste hindurch.

Für etwa 2 Kilometer folgen wir dem Waldweg und treffen auf gemütliche Rastbänke und eine große Wiese. Als wir das Restaurant **Roseggerhof ❺** wahrnehmen, halten wir uns rechts.

Nachdem wir ein Waldstück hinter uns gelassen haben, folgen wir der Straße **Waldhofweg** nach rechts. Wer an dieser Stelle geradeaus wandert, würde nach etwa 400 Metern das beliebte Restaurant Häuserl im Wald erreichen. Wir jedoch gehen leicht bergab durch eine Wohnsiedlung.

An einer Abzweigung ignorieren wir das Schild „Zur Straßenbahn Haltestelle Legenstein Park“ und orientieren uns rechts. So erreichen wir eine andere **Haltestelle (Waldhof/Rettenbachklamm),** wo die Linie 1 hält – sie fährt ins Zentrum von Graz. Bei der Haltestelle entdecken wir eine gelbe Wegtafel (Weg Nr. **85**), die uns die Richtung zu unserem nächsten Ziel anzeigt: der **Rettenbachklamm.** Es geht rechts weiter und bei der folgenden Wegtafel dann links durch ein Wohngebiet. Wir überqueren die Hauptstraße (Ma-

Für die Seele

Von der Wallfahrtskirche wandern wir durch herrliche Wälder, vorbei an rieselnden Bächen. Die Krönung ist der Ausblick auf die Landeshauptstadt.

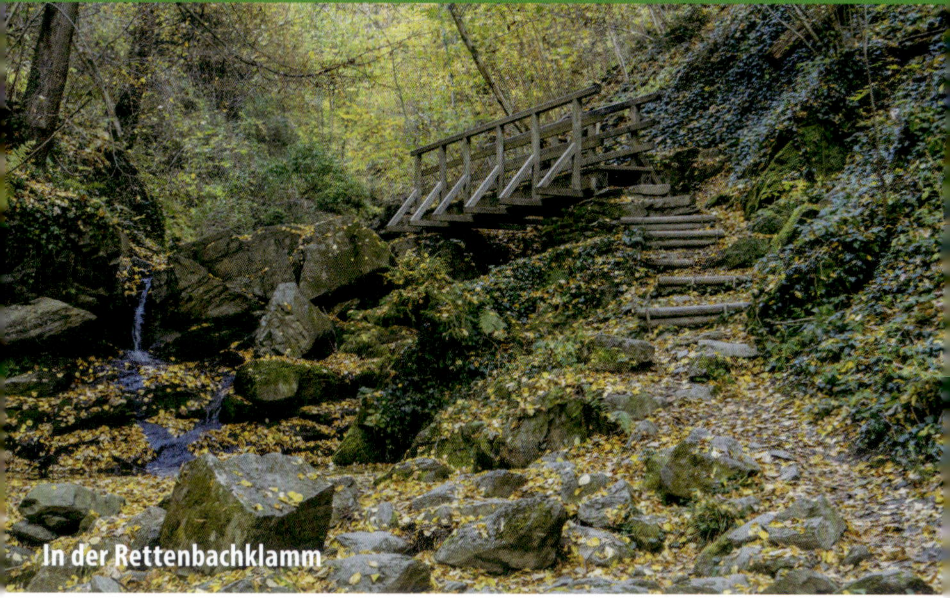

In der Rettenbachklamm

riatroster Straße), um einer schmalen Straße geradeaus zu folgen. Bald schon gelangen wir zum Eingang der **Rettenbachklamm** ❻.

Zwischen einem Bach und einem Zaun führt ein Trampelpfad weiter. Wir sichten eine **Schautafel,** die uns über das Naturjuwel Rettenbachklamm informiert und daran erinnert, diesem besonderen Ort mit Respekt zu begegnen. Hunde sind an der Leine zu halten.

Bei der 30-minütigen Wanderung durch die Klamm ist Trittsicherheit erforderlich. Festes Schuhwerk tragen wir bereits an den Füßen. Und dann beginnt das Abenteuer Klamm!

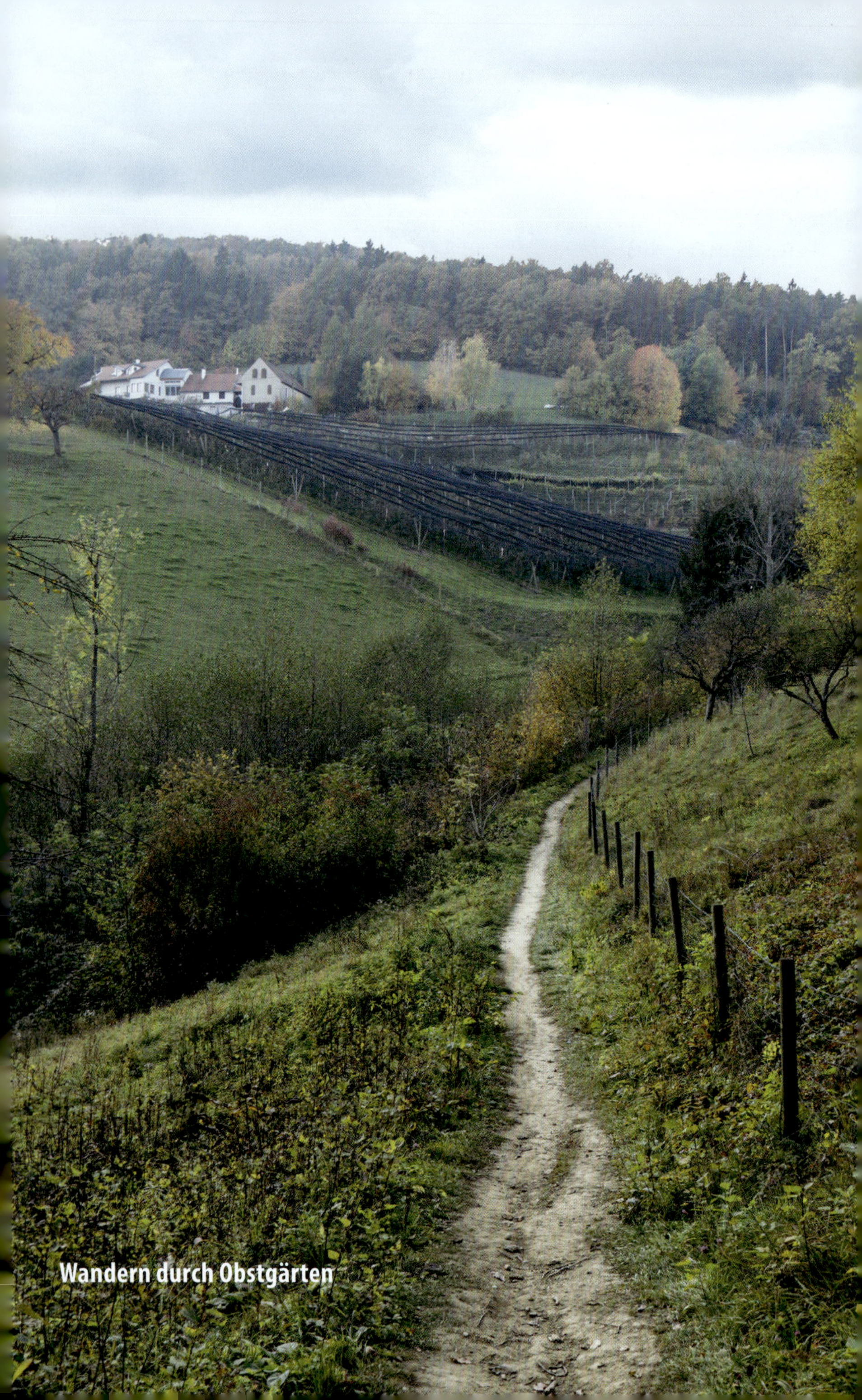

Wandern durch Obstgärten

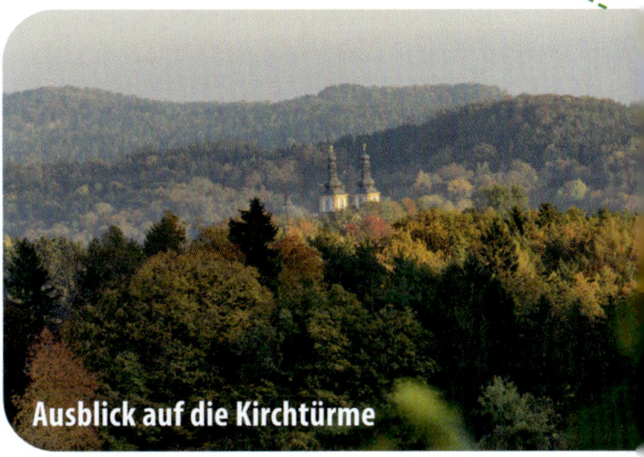

Ausblick auf die Kirchtürme

Dem Bachlauf aufwärts folgend geht es über Stock und Stein. Links und rechts fallen die Hänge steil ab. Wir entdecken Buchen, Kletterpflanzen, Moose und Farne. In Klammen begegnet man einer besonderen Vegetation.

Holz- und Steinstufen führen uns ein Stück höher und später wieder hinunter. Wir überqueren mystisch aussehende Holzbrücken und spazieren an kleinen Wasserfällen vorbei. So überqueren wir den leise plätschernden Rettenbach ein paarmal. Im Herbst ist der Bach nicht mehr mit ganz so viel Wasser gefüllt. Nach einem heißen Sommer und wenigen Regentagen freuen wir uns zumindest über einen zarten Bachlauf und winzige spritzige Wasserkaskaden.

Bald schon haben wir das Ende der Klammwanderung erreicht. Es ist inzwischen ruhiger geworden. Das leise Plätschern des Baches hören wir nicht mehr. Wir spazieren auf ebenem Terrain weiter durch den Wald, bis wir Wandertafeln ausfindig machen. Unser nächstes Ziel, die **Platte** mit der **Stephanienwarte,** ist ausgeschildert (Weg Nr. **85**). Links folgen wir einer Art Rampe hinauf, die uns später an einer eingezäunten Pferdeweide vorbeiführt. Ganz weit hinten sehen wir einige Tiere.

Nun ist es lichter, und es geht es immer steiler bergauf. Wir passieren ein Tor, der Weg führt ein kurzes Stück über das Grundstück vom Apfelbauern Pölzer. Er verläuft neben Obstplantagen entlang. Wie die vielen Apfelbäume wohl im Frühling aussehen, wenn alles blüht?

Ein kleiner **Fischteich** liegt zu unserer Rechten. Dann stoßen wir auf einen **Bauernhof,** wo Apfelpro-

Stephanienwarte

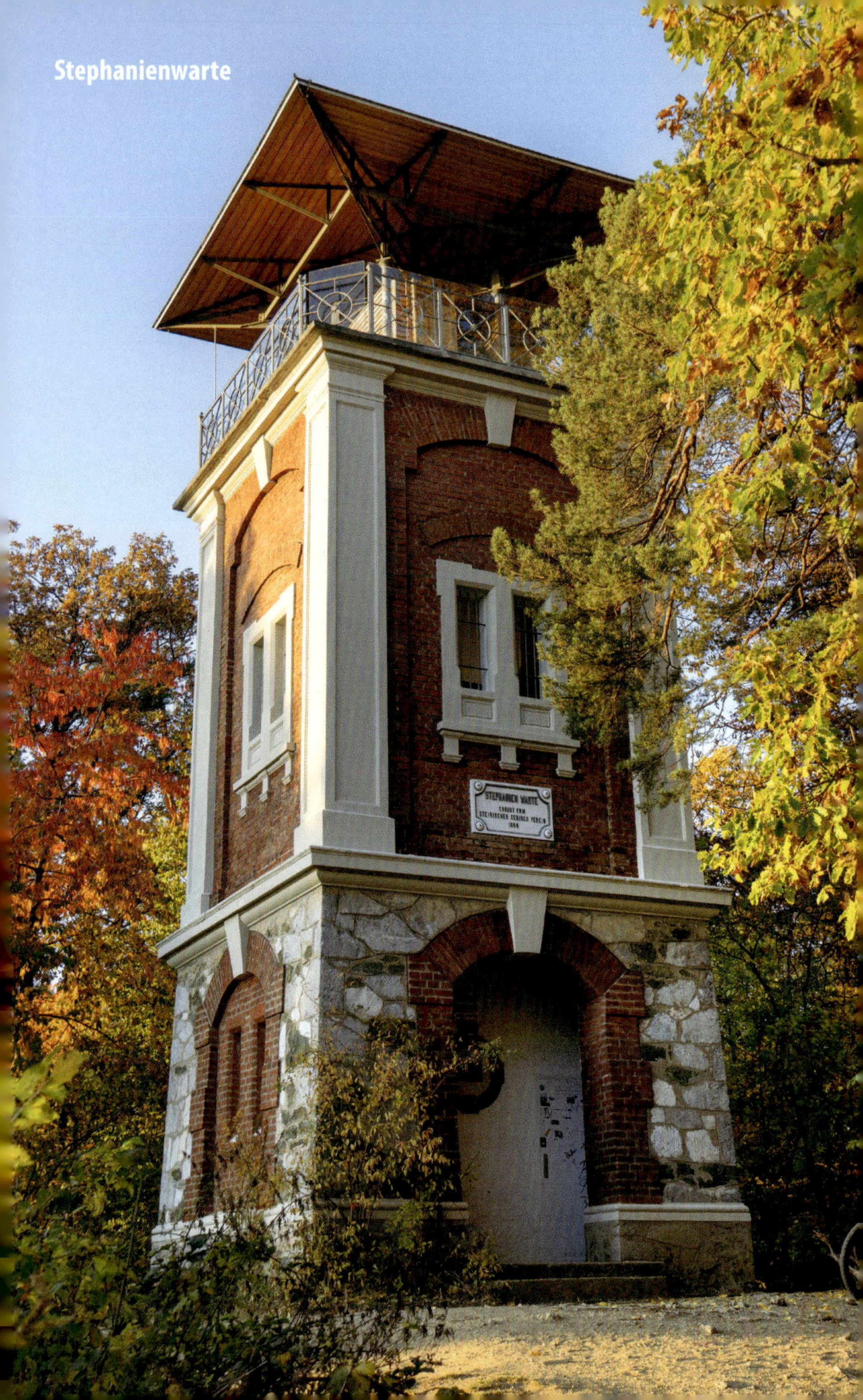

dukte verkauft werden. Vom Weg haben wir eine herrliche Fernsicht und entdecken die beiden Türme der Wallfahrtskirche, die aus einem Meer von Bäumen majestätisch herausragen.

An der nächsten Gabelung mit Wegtafeln halten wir uns links, vorbei an einer Christbaumzucht. Der wahrscheinlich steilste Abschnitt verläuft durch den Wald hinauf. Es gibt viele Wege, die nach oben führen. Wir orientieren uns an den **rot-weißen Markierungen,** bis wir zu einer Lichtung kommen. Dann geht es nur noch ein kurzes Stück rechts hinauf, und wir entdecken die **Stephanienwarte ❼.** Wir haben einen weiteren Meilenstein der heutigen Tour erreicht! Die Platte ist mit 651 Metern eine der höchsten Erhebungen im Grazer Stadtgebiet.

*Die aus dem Jahr 1880 stammende **Stephanienwarte** ist nach der Frau von Kronprinz Rudolf benannt. Ein Treppenaufgang führt zu einer Aussichtsplattform. Direkt vor der Warte liegt eine Wiese mit Rastbänken. Es gibt einen Trinkbrunnen, um die leeren Flaschen aufzufüllen.*

Um einen Ausblick auf die Landeshauptstadt zu erhaschen, spazieren wir über die Wiese für einen Abstecher zum **Plattensteig.** Dort genießen wir eine beeindruckende Aussicht auf Graz. Dieser Aussichtspunkt ist besonders beliebt, um den Sonnenuntergang zu bestaunen.

Wir spazieren wieder zurück zur Stephanienwarte und folgen der Beschilderung zur **Rettenbachklamm** und nach **Mariatrost.** So geht es zunächst erneut durch den Wald steil hinab, vorbei an den Obstbäumen und dem Fischteich, die Rampe hinunter bis zur Rettenbachklamm. Dann folgen wir dem Schild, das den Weg nach **Mariatrost** anzeigt. Am Waldrand entlang über einen Boden voller Wurzeln kommen wir bald

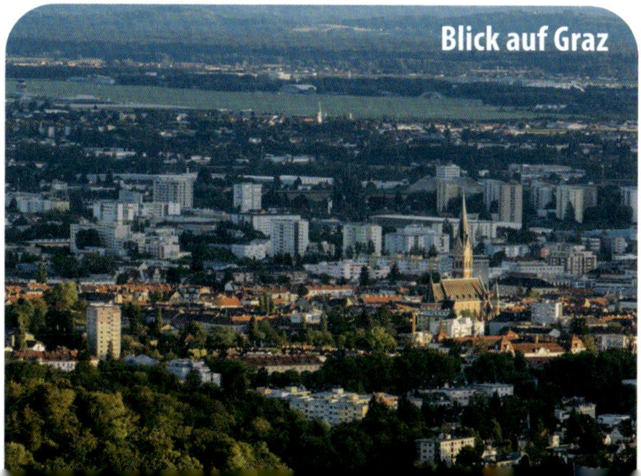

Blick auf Graz

zur nächsten Lichtung, wo wir eine Weide mit Hirschen sehen. Sogar Jungtiere entdecken wir. Es ist faszinierend, diese sonst so scheuen Tiere aus nächster Nähe zu beobachten – in freier Wildbahn ergreifen sie sofort die Flucht.

Die Beschilderung ist hier nicht ganz eindeutig. Anstatt der asphaltierten Straße neben dem Gehege zu folgen, müssen wir durch ein Waldstück, das leicht links beginnt. Dort geht es bergab. Als wir den Wald verlassen, sehen wir endlich wieder die beeindruckende Basilika vor unseren Augen. Wir halten uns rechts, da unser Ausgangspunkt auf der Vorderseite der beiden Türme liegt. Dem Gehsteig folgend, haben wir bald unseren Startpunkt erreicht.

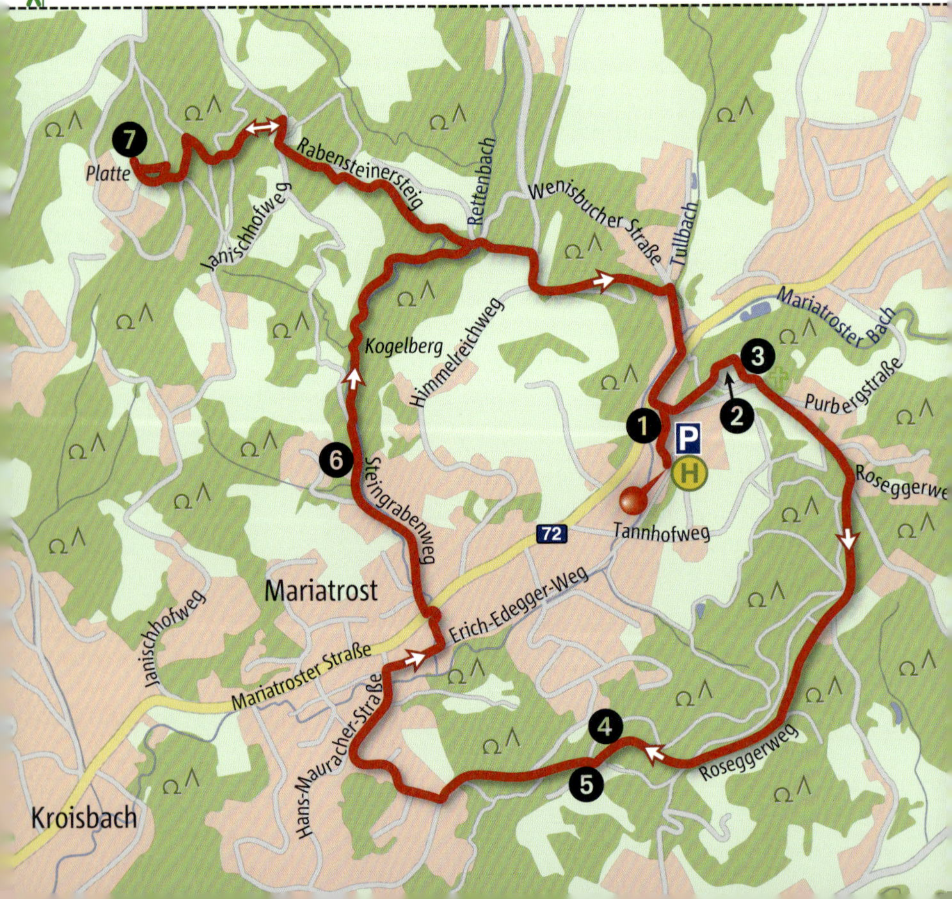

Entspannung ★★★★☆

Genuss ★★★☆☆

Romantik ★★★☆☆

WIE & WANN:
Asphaltierte Straßen und Waldwege, in der Rettenbachklamm festes Schuhwerk und etwas Trittsicherheit erforderlich; ganzjährig möglich

HIN & WEG:
Auto: Parkplatz Tannhofweg (Mo.–Fr. tagsüber gebührenpflichtig), 8044 Graz (GPS: 47.10523, 15.48988)
ÖPNV: Grazer Straßenbahnlinie 1 bis Endstation Mariatrost

ESSEN & ENTSPANNEN:
Kirchenwirt ❸ Kirchplatz 9, 8044 Graz, Tel. +43 (3 16) 39 11 12-0, kirchenwirtgraz.com
Roseggerhof ❺ Roseggerweg 154, 8044 Graz, Tel. +43 (3 16) 39 29 22

ENTDECKEN & ERLEBEN:
Tramway Museum Graz ❶ tramway-museum-graz.at
Basilika Mariatrost ❷
Leechwald ❹
Rettenbachklamm ❻
Stephanienwarte ❼

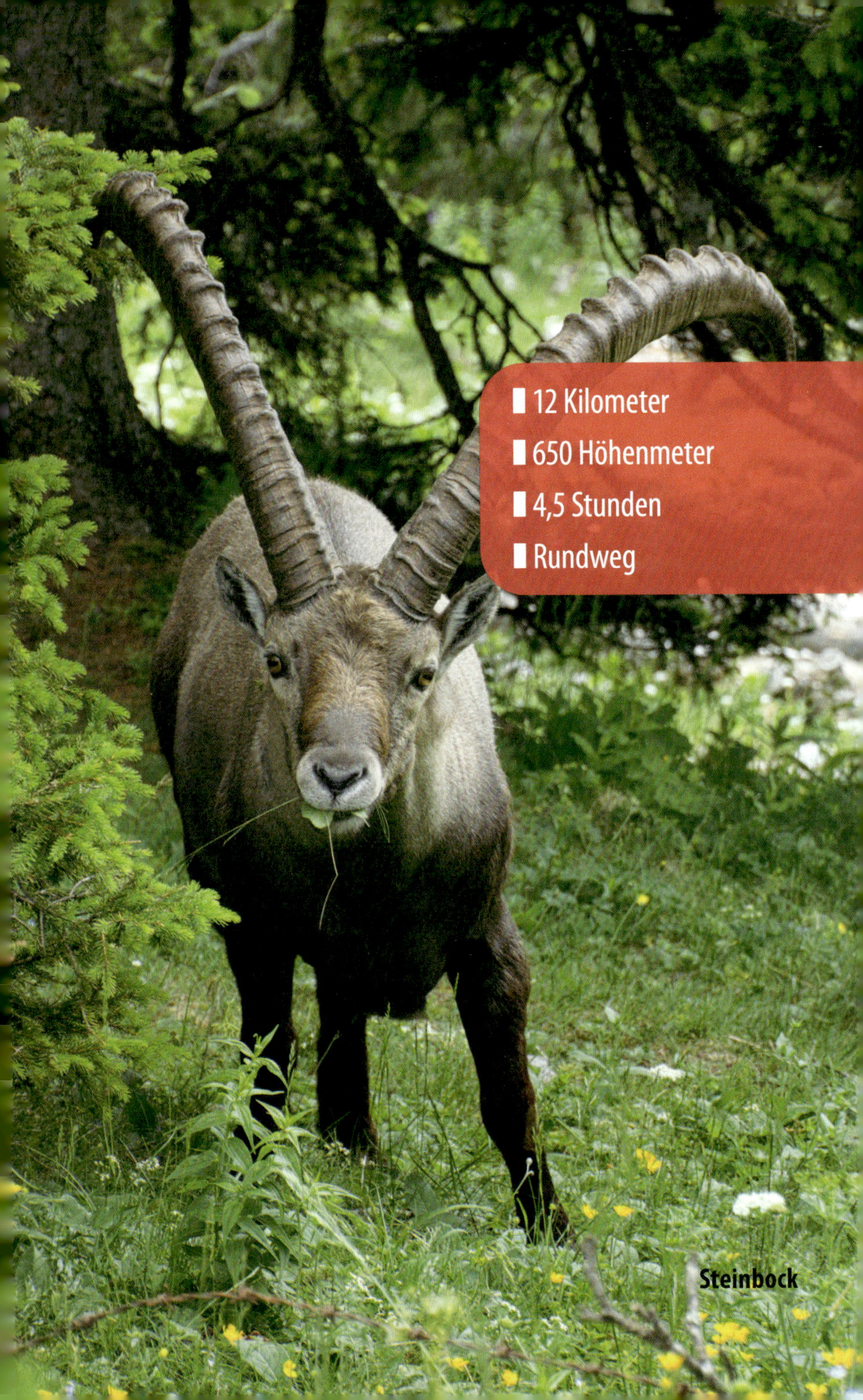

Steinbock

Eine Wanderung mit zahlreichen Aussichtspunkten auf das Grazer Almenland steht uns heute bevor. Wir stellen unser Auto direkt am Ufer des **Teichalmsees** ❶ auf der großen Parkfläche ab. Bereits vom ersten Augenblick an sind wir fasziniert von der sanften Hügellandschaft, die sich rund um den kleinen See ausbreitet.

Steinbockparadies

Von der Teichalm zum Hochlantsch

tet. So machen wir uns auf, spazieren etwa 400 Meter am Wasser entlang und halten uns dann links Richtung **Almgasthof Teichwirt** ❷.

Kurz hinter einer Pferdeweide, bei einer Holztafel mit der Aufschrift „Standplatz" und einer Kutschen-Zeichnung, nehmen wir mehrere Wegweiser wahr. Über zehn Wanderrouten stehen zur Auswahl. Wir haben uns heute vorgenommen, auf den Hochlantsch-Gipfel (1720 m) zu steigen, und wollen den Weg mit der Nummer **740** beschreiten. Als Gehzeit zum Gipfel werden 1,5 Stunden angegeben. Ein Schild **Privatweg** nehmen wir nur am Rande zur Kenntnis – der offizielle Wanderweg verläuft tatsächlich hier.

Kurz darauf steht eine einladende **Rastbank,** direkt an einer **Abzweigung.** Wir wählen den Weg rechts (Richtung **Hochlantsch**), der uns bald über eine Wiese führt. An der **nächsten Abzweigung** – hier gehen wir links – sehen wir Pferde auf einer saftigen und blumenreichen Wiese grasen. Wir holen unsere Kamera aus dem Rucksack und versuchen, den Moment bildlich festzuhalten. Eines der Pferde ist neugierig und kommt langsam auf uns zu.

*Die **Teichalm** ist eine von 125 Almen, die zusammengenommen das größte geschlossene Almgebiet in ganz Europa ausmachen, auf einer Seehöhe von 1200 bis 1500 Metern. Saftige Wiesen, dunkle Wälder, aber auch schroffe Felsen kennzeichnen die Region.*

Am Waldrand entlang spazieren wir weiter leicht bergauf. Der Untergrund wechselt von Waldboden zu Schotter, aber nur kurz, dann erreichen wir wieder den Wald. Am Wegesrand zeigen sich erneut viele bunte Blumen. Es wird lichter und wir spazieren unter freiem Himmel weiter.

In der Ferne können wir die sanften Hügel des Grazer Berglands sehen. Ein Traumausblick! Sogar der Schöckl (1445 m), der Grazer Hausberg, ist gut zu erkennen. Die Rote Wand (1505 m) mit ihrer markanten Form ist ein anderer beliebter Wanderberg in der Region. Zu unseren Füßen entdecken wir den leuchtend blauen Teichalmsee, wo wir unsere Tour am Morgen gestartet haben. Wir verweilen ein wenig und genießen die wunderschöne Aussicht.

Weiter geht's! Der Weg wird steiler und führt über Stock und Stein. So manch umgekippter Baumstamm fordert einen akrobatischen Überstieg. Insgesamt ist der Wanderpfad sehr gut beschildert, oft reicht ein kurzes Ausschauhalten und wir entdecken wieder irgendwo eine **rot-weiße Markierung** an einem der Bäume. Bald erreichen wir das Gipfelplateau. Hier gibt es keine Bäume mehr. Dafür zeigt sich eine andere Pflanzenwelt: Latschen, niedrige Sträucher, und eine bunte Blumenpracht schmücken die Wiese neben unserem Pfad. Nur noch wenige Meter entfernt erscheint das **Gipfelkreuz des Hochlantsch** ❸ zwischen den Sträuchern. Wir erreichen es über einen Weg voller Steinbrocken. Wer möchte, kann sich im Gipfelbuch verewigen.

Bevor es weitergeht, legen wir eine kurze Rast ein und lassen den bezaubernden 360-Grad-Panoramaausblick auf uns wirken, während ein leichter Wind um unsere Ohren weht. Der Teichalmsee schimmert immer noch in der Ferne, dazu zeigt sich nun die ganze beeindruckende Hügellandschaft um uns herum. Auch eines unserer nächsten beiden Ziele – die Hütte **Steirischer Jockl** mit Panoramaterrasse – ist schon zu sehen. Eine gelbe Wandertafel zeigt die Richtung dorthin an. Danach wollen wir noch weiter zur Wallfahrtskirche Schüsserlbrunn. Auf diese urige Holzkirche freuen wir uns schon besonders.

Plötzlich entdecken wir nicht weit von uns entfernt einen Steinbock genau dort, wohin wir gleich weiter-

Für die Seele

Wir lassen uns von unerschrockenen Steinböcken faszinieren und werden am Gipfelkreuz mit einer traumhaften Rundsicht auf das Grazer Bergland belohnt.

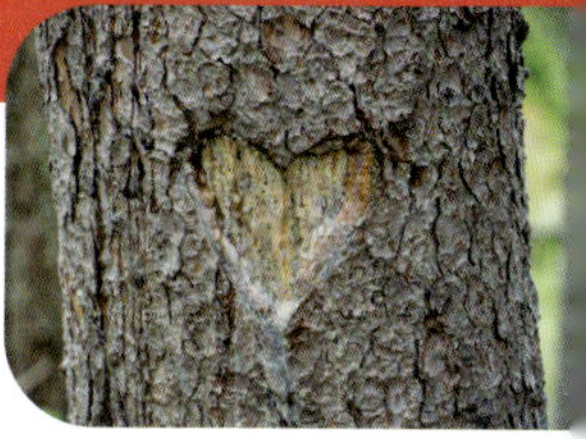

wandern wollen. Da wir die Kamera wegen der vielen Bergpanoramafotos noch in der Hand halten, können wir ihn gleich fotografieren. Und plötzlich sehen wir noch mehr Steinböcke. Ganz junge Tiere, die Blätter naschen, wo der Wanderweg entlangführt. Beeindruckt warten wir, bis sie im Busch verschwunden sind, und setzen den Weg fort. Ein Blick zurück zum Gipfelkreuz lässt uns noch einmal staunen, wie überwältigend die Bergkulisse ist.

Der wohl herausforderndste Teil der Wanderung beginnt nun. Über große Steine wandern wir langsam weiter auf dem Plateau. Währenddessen ist wieder unser nächstes Ziel, das einige Hundert Meter unter uns liegt, in der Ferne zu erkennen.

Es geht bergab. Der Weg ist weiterhin sehr steinig, aber jetzt leichter zu gehen. Holzstufen und Geländer vereinfachen das Vorankommen. So geht es immer weiter durch den Wald über Laubboden mit Wurzeln und kleinen Steinen. Ein weiterer Steinbock fällt gerade über einen Strauch und dessen Blätter her.

Ein Weidedurchgang mit dem Schild **Zum Steir. Jockl und Schüsserlbrunn** lässt uns erahnen, dass wir

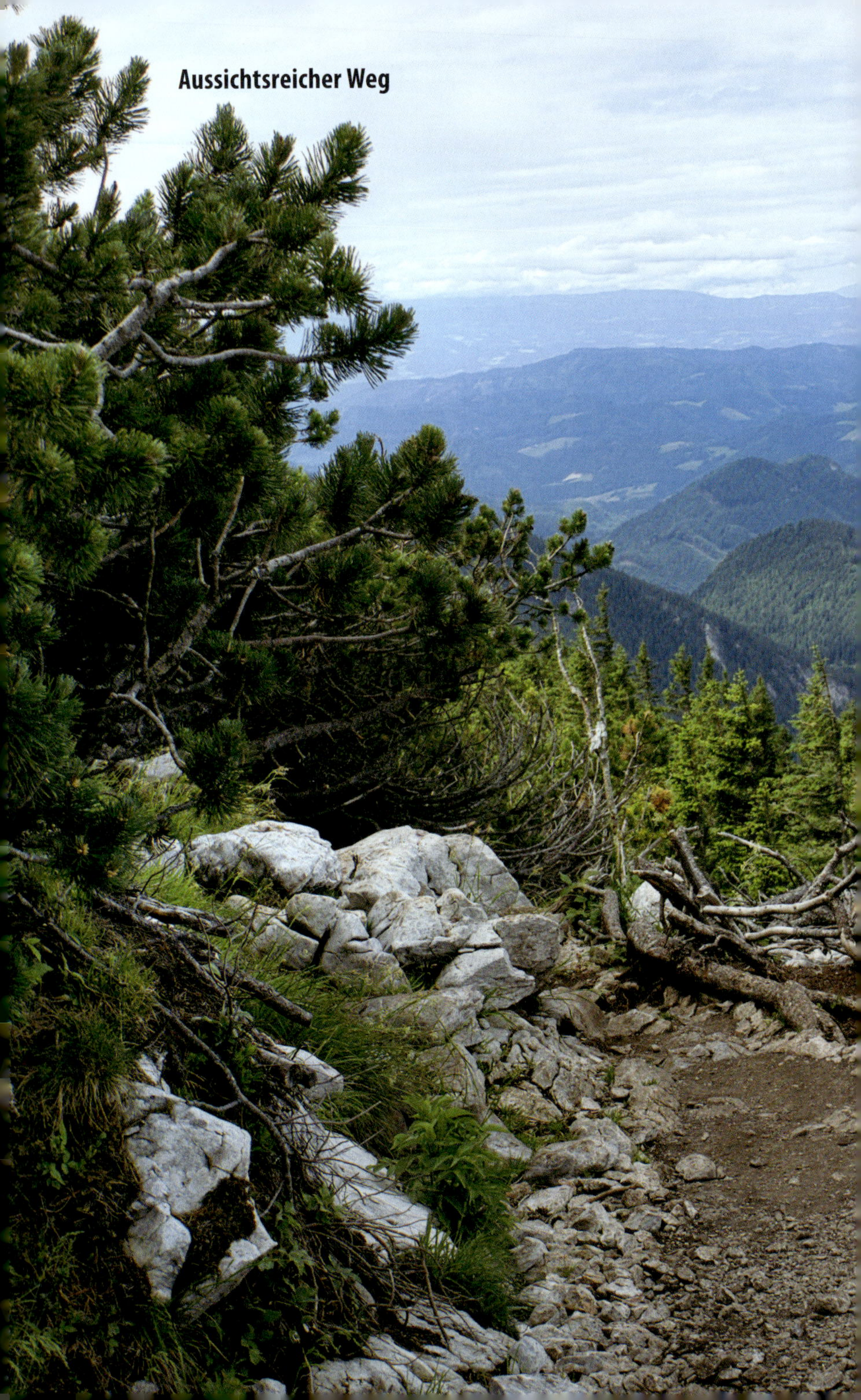

Aussichtsreicher Weg

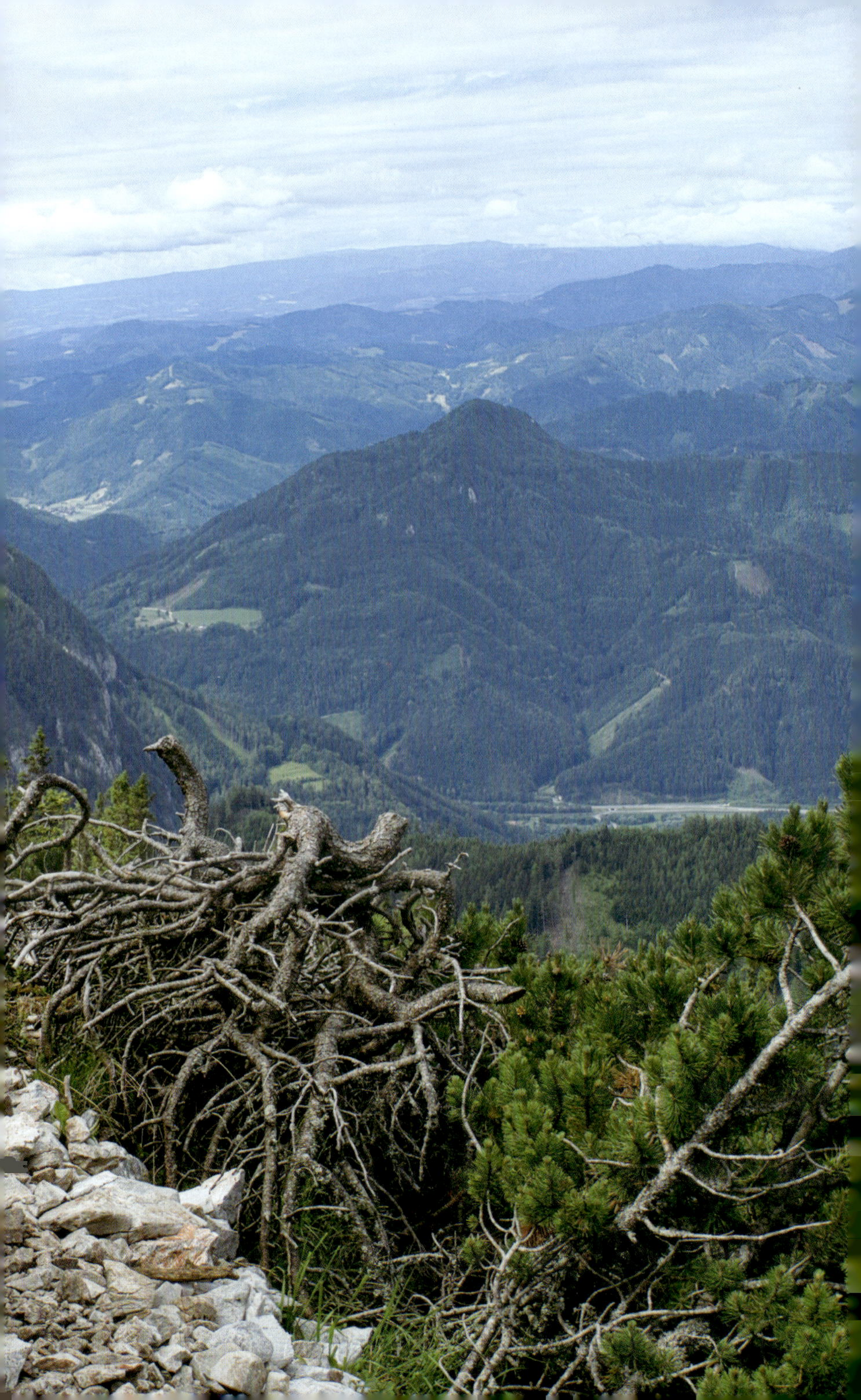

Wer zum Hochlantsch wandert, stößt mit großer Wahrscheinlichkeit auf **Steinböcke.** *Die Tiere sind Wanderer gewöhnt und lassen sich nicht leicht verschrecken. Im 19. Jahrhundert waren Steinböcke im Alpenraum fast ausgerottet. Heute leben dort wieder mehr als 40.000 Tiere.*

Bereits seit Hunderten von Jahren besuchen Pilger die Holzkirche **Schüsserlbrunn.** *Sie ist ausschließlich zu Fuß zu erreichen. Ihr Namensgeber ist eine Quelle in einer Felswand. Man muss sich hineinbücken, um in den Genuss des heilenden Wassers zu kommen.*

nicht mehr weit von unseren nächsten Etappenzielen entfernt sind. Zur rechten Seite, wo das Gelände steil abfällt, sichert uns ein Zaun. Durch die Zweige und den Draht hindurch können wir schon die Wallfahrtskapelle Schüsserlbrunn erkennen.

Ein Wegweiser zeigt uns den Rückweg zur **Teichalm** an – also einen anderen als den, auf dem wir hergekommen sind. Wir wollen aber erst noch die wenigen Minuten weiter zur Wallfahrtskirche gehen (und kommen dann wieder hierher zurück). Zunächst passieren wir den **Steirischen Jockl ❹.** Von hier aus führen etwa 200 Stufen hinab zur **Wallfahrtskirche Schüsserlbrunn ❺.**

Wir nehmen uns ein wenig Zeit, die hübsche Holzkirche zu bestaunen, die so abseits von allem liegt. Auch dem Kircheninneren statten wir einen Besuch ab. Ein fantastischer Kraftort! Von den Rastbänken aus schaut man direkt auf die Kirche und kann den malerischen Anblick in Ruhe auf sich wirken lassen.

Über die vielen Stufen, diesmal aufwärts, geht es gleich wieder zurück zum **Steirischen Jockl.** Oben angekommen, belohnen wir uns mit einer Pause auf der Panoramaterrasse und genießen bei guter Küche den herrlichen Blick bis in die Eisenerzer Alpen. Zur Auswahl stehen kalte Getränke und warme Speisen. Auf der Tafel steht mit Kreide geschrieben: „Wir haben kein WLAN! Nur Schnaps". Wir erfahren, dass die Linsensuppe das beliebteste Gericht auf der Hütte ist; das Bier der Gösser-Brauerei das beliebteste Getränk. So müssen wir nicht lange überlegen und bestellen dasselbe.

Ein kurzes Stück gehen wir danach denselben Weg zurück bis zum erwähnten Wegweiser. Bei der Aufschrift **Guter Hirte Teichalm 1,5 Stunden, Weg Nr. 746/745,** halten wir uns rechts. Der weitere Wegverlauf führt über eine Wirtschaftsstraße hinab. Eine gelbe Wandertafel zeigt einen Weg zum „Guten Hirten" nach rechts, wo man über einen Umweg von etwa 700 Me-

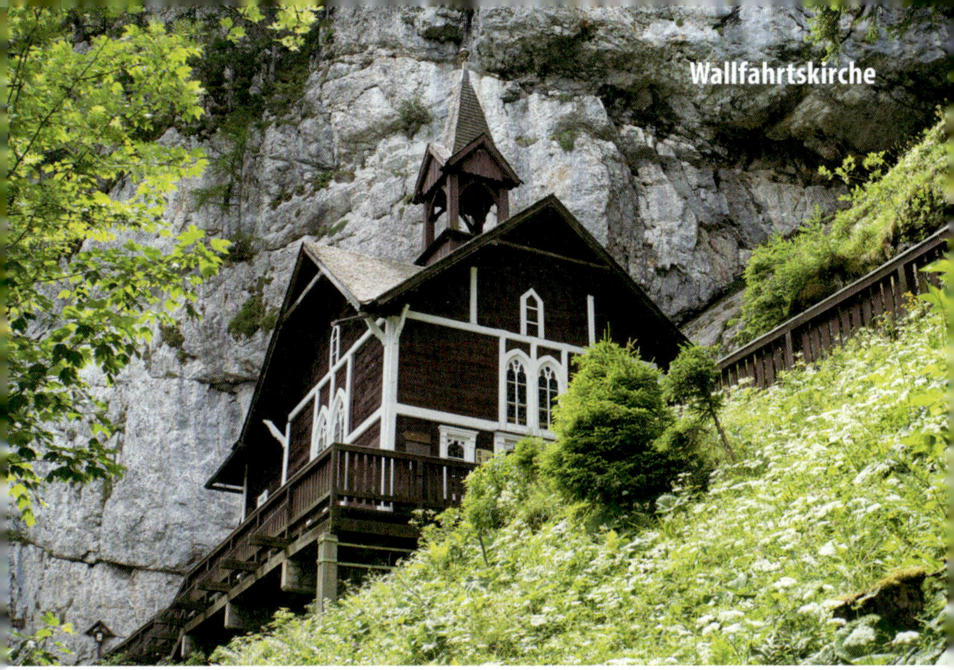
Wallfahrtskirche

tern ebenfalls einkehren könnte. Da wir aber bereits gesättigt sind, folgen wir dem Weg zur **Teichalm (745)** geradeaus.

Fortan geht es durch den Wald, gesäumt von einem blumigen Wegesrand, bis sich der Mixnitzbach zu uns gesellt: ein schmaler Fluss mit kristallklarem Wasser. Ein Schild, das auf die Tyrnaueralm mit Gasthaus aufmerksam machen will, zeigt nach rechts über eine Holzbrücke. Das wäre etwa einen Kilometer entfernt. Für uns geht es jedoch weiter auf dem Hauptweg entlang des Baches, wo wir auf eine umzäunte Weide mit Kühen treffen. Etwas später sehen wir am linken Wegesrand einen **Gedenkstein** und kurz danach eine geschützte Höhle: Das sogenannte **Ochsenbodenloch** 6 ist durch einen Zaun abgeriegelt.

Wir schlendern immer weiter über eine Forststraße, die bis zurück zur Teichalm führen wird. Links von uns erhebt sich der imposante Berghang mit teils schroffen Felsen. Eine Hinweistafel kündigt den nicht mehr weit entfernten **Almerlebnispark** 7 an, der auf unserem Weg liegt. Wenn wir ihn auf der rechten Seite entdecken, bleiben wir geradeaus auf der Hauptstrecke

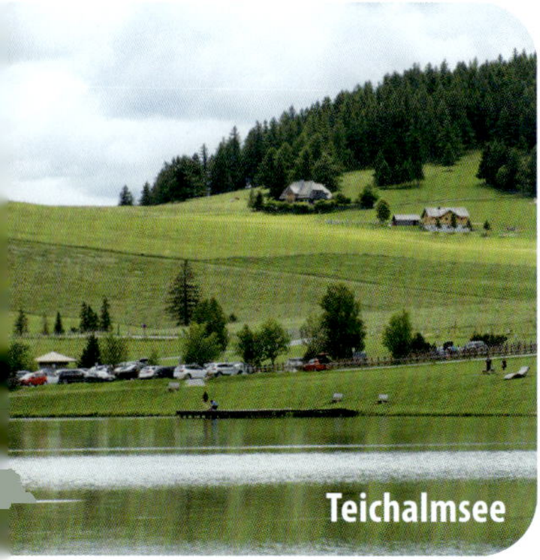
Teichalmsee

zum Teichalmsee. Dieser ist nun wieder in Sichtweite.

Zurück am See, entdecken wir neben Einkehrmöglichkeiten den **Riesen-Almochsen 8**, das Wahrzeichen der Region Naturpark Almenland. Unweit vom Almochsen liegt die **Latschenhütte 9**, die mit Almkulinarik lockt. Nach einer so panoramenreichen Wanderung muss der Energiehaushalt unbedingt wieder ausgeglichen werden! Eine Süßspeise passt immer. Und wer noch Bewegung braucht, spaziert um den kleinen Teichalmsee, bevor es wieder zum Auto geht.

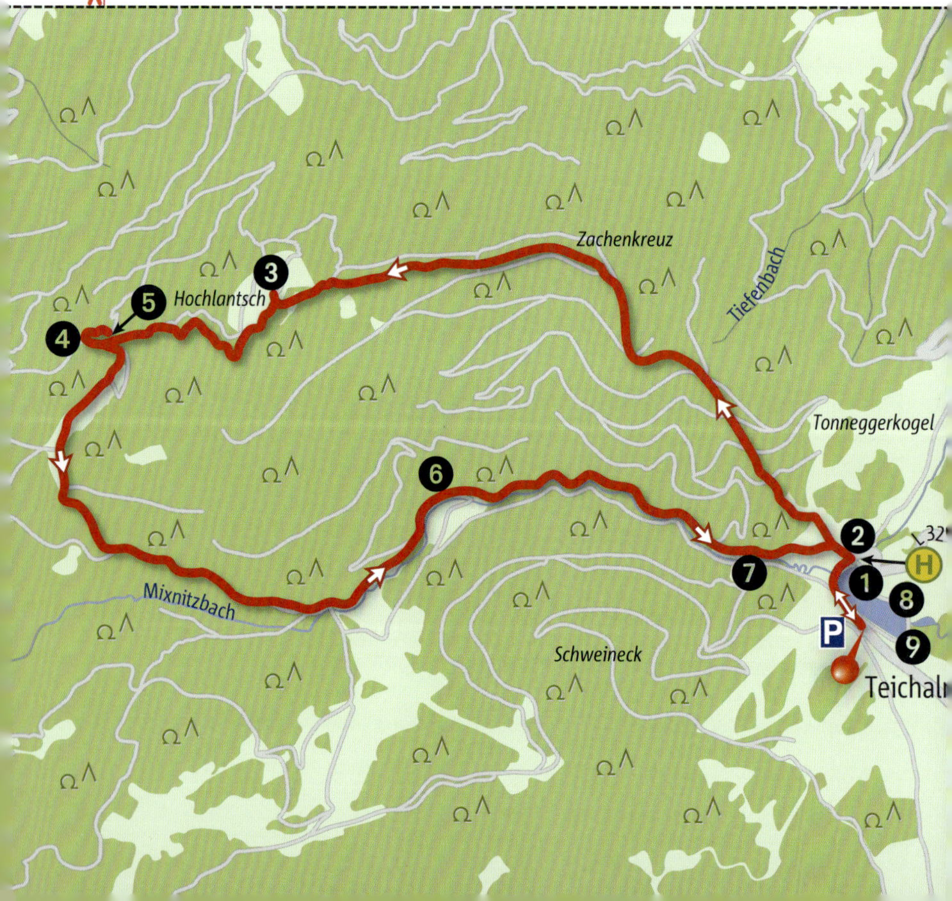

Alles auf einen Blick

WIE & WANN:
Überwiegend unbefestigte Wege, aber auch Forstwege; beste Zeit April bis November; gutes Wanderschuhwerk empfohlen

Entspannung ★★★☆☆
Genuss ★★★☆☆
Romantik ★★★☆☆

HIN & WEG:
Auto: Parkplatz am Teichalmsee, 8163 Teichalm (GPS: 47.34922, 15.46167)
ÖPNV: Sa. und So. Bus 205 oder 216 bis Teichalm Gh Teichwirt

ESSEN & ENTSPANNEN:
Almgasthof Teichwirt ❷ Teichalm 41, 8163 Teichalm, Tel. +43 (31 79) 71 69, teichwirt.at
Steirischer Jockl ❹ Tel. +43 (6 64) 1 52 68 45
Latschenhütte ❾ Teichalm 134, 8163 Fladnitz an der Teichalm, Tel. +43 (31 79) 71 27, latschenhuette.at

Abseits der Route empfehlenswert:
Zum Guten Hirten, Burgstall 6, 8131 Mixnitz, Tel. +43 (6 64) 1 63 60 46
Tyrnaueralm, Schrems 40, 8163 Fladnitz an der Teichalm, Tel. +43 (31 79) 62 48, almerich.at

ENTDECKEN & ERLEBEN:
Teichalmsee ❶ **Hochlantsch – Gipfelkreuz** ❸
Wallfahrtskirche Schüsserlbrunn ❺ schüsserlbrunn.at **Ochsenbodenloch** ❻
Almerlebnispark ❼ Teichalm 143, 8163 Teichalm, Tel. +43 (6 64) 88 24 82 02, almpark.at
Almochse ❽

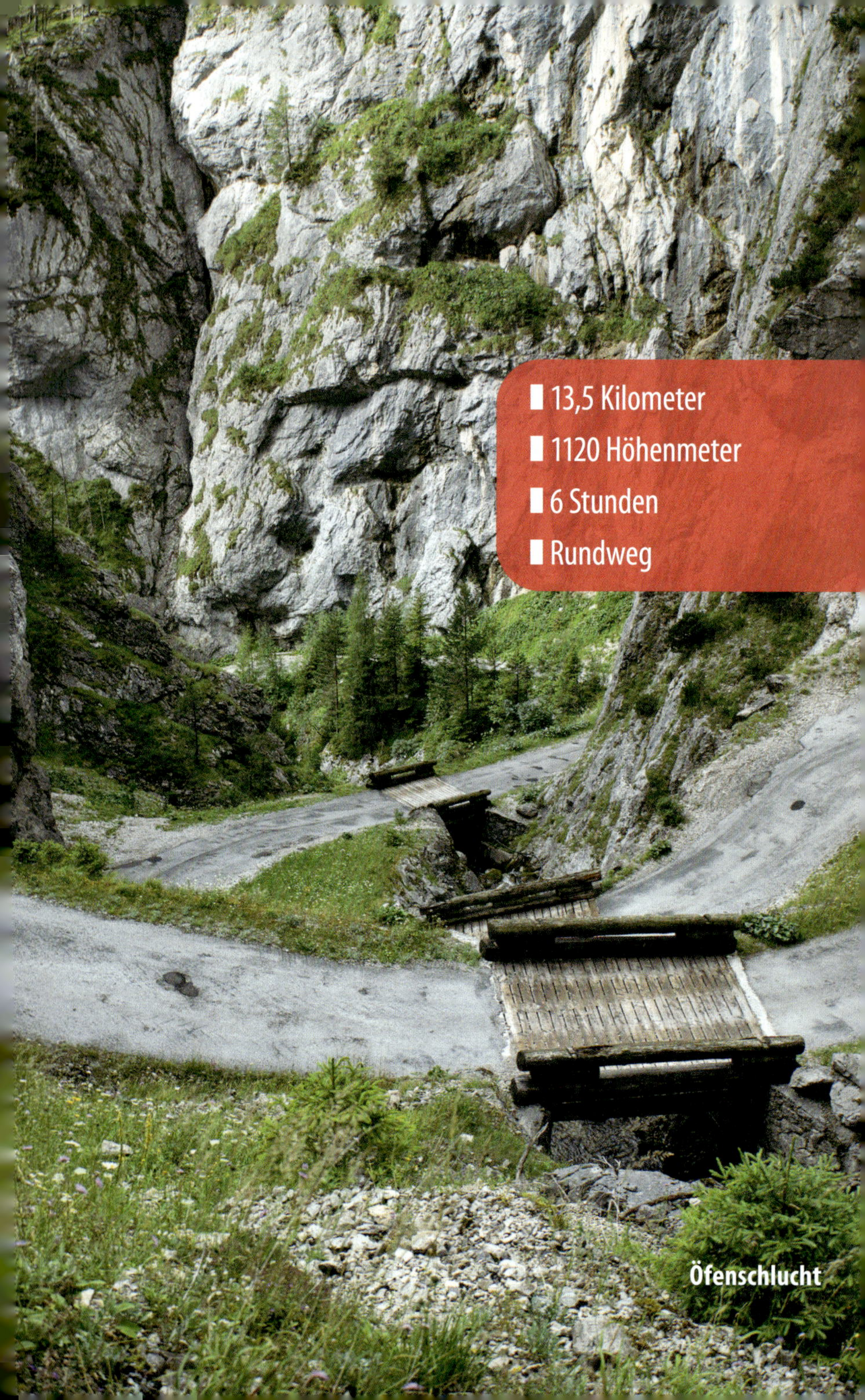

- 13,5 Kilometer
- 1120 Höhenmeter
- 6 Stunden
- Rundweg

Öfenschlucht

Unsere heutigen Ziele sind der Gipfel des Stoderzinken und das Friedenskircherl, das auch unter dem Namen Stoderkircherl bekannt ist. Wir parken bei der **Kneippanlage Lend** in Gröbming und spazieren entlang eines Zauns geradeaus. Nur wenige Meter später tauchen die ersten gelben Wandertafeln auf. Da wir zum

Gipfelglück

Zum Stoderzinken

Stoderzinken-Gipfel hinaufwollen, orientieren wir uns an der Wegnummer **618** mit einer Gehzeitangabe von 3,5 Stunden. Kurz danach passieren wir eine Schranke und spazieren durch die beeindruckende **Öfenschlucht** **1** mit Felswänden, die bis in den Himmel zu ragen scheinen.

Über einen Asphaltweg schreiten wir in Serpentinen steil hinauf. Nach wenigen Minuten wird uns ein herrliches Schauspiel geboten: Die massiven Felsen vor unserer Nase geben den Blick auf einen Wasserfall frei. Mehrere kleine Holzbrücken führen über den Gröbmingbach.

Einen Augenblick später lädt eine Wasserquelle dazu ein, leere Trinkflaschen wieder aufzufüllen. Da wir noch nicht weit gewandert sind, sind unsere Behälter aber so gut wie voll.

Inzwischen ist der Weg wieder flacher geworden, und wir passieren ein Hinweisschild mit der Abbildung einer Kuh. Nur einen Moment später hören wir Kuhglocken läuten. Die Kühe stehen wirklich überall: auf dem breiten Wanderweg, im Waldstück rechts und links und am Bächlein.

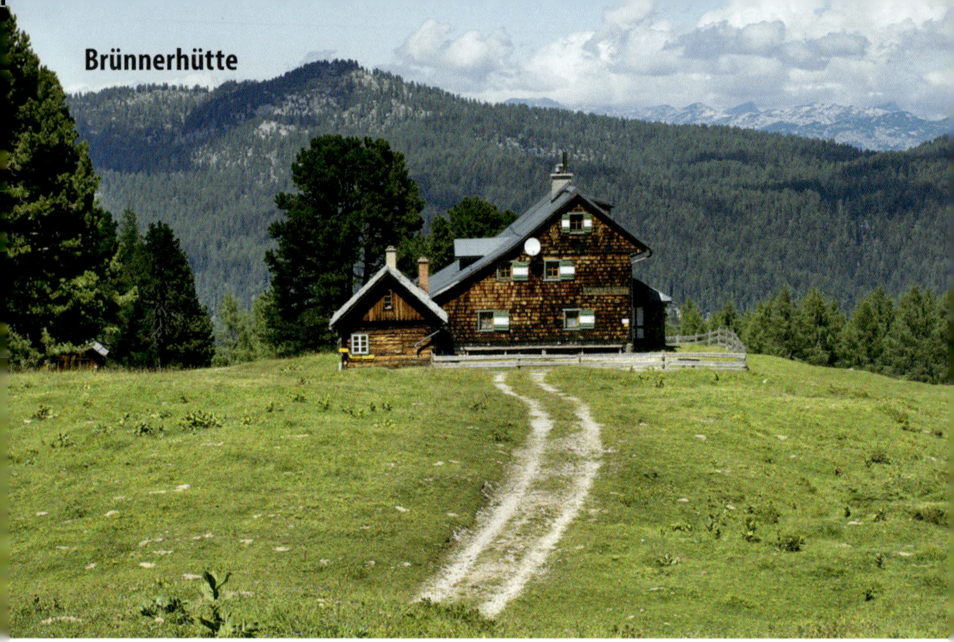

Langsam nähern wir uns den nächsten Wandertafeln. Wir folgen weiterhin der Aufschrift **Stoderzinken.** Das ist dieselbe Richtung wie die **Brünnerhütte,** die wir später noch sehen werden und die ebenfalls markiert ist. Die Route führt uns links über einen steinigen und wurzeligen Waldweg bergauf. Das Läuten der Kuhglocken wird immer leiser.

Wo es nicht mehr weiter geradeaus geht, folgen wir einem Waldweg rechts. Die Wegmarkierung ist allgegenwärtig, die **rot-weißen** Farbstreifen an Baumstämmen weisen uns die richtige Richtung. Wir folgen einer Rampe hinauf, aber nicht mehr so steil. Rechts und links breitet sich immer noch Wald aus. Kurz darauf spazieren wir über eine Wiese. Hier haben wir einen beeindruckenden Ausblick auf die markante Kammspitze (2139 m). Auch unser Wanderziel, der Stoderzinken, ist in Sichtweite. Wieder folgt ein Waldstück. Das Terrain ist ab und an ein wenig anspruchsvoll, sodass wir die Hände zu Hilfe nehmen. Genügend Steine und Äste zum Festhalten sind da!

Wegen des starken Regens am Vortag sind so manche Passagen recht feucht. Ameisen scheinen sich hier besonders wohlzufühlen, denn sie sind eine Zeit lang unsere Wegbegleiter. Die lange Ameisenstraße zwischen unseren Füßen ist beeindruckend.

Schließlich erreichen wir eine Lichtung mit einer Blumenwiese und kleinen Holzhütten: den Almboden der **Stoderalm ❷.** Wie ein Gemälde wirkt dieser idyllische Ort. Im Zickzack überqueren wir die Wiese, um

Für die Seele

Als wäre die traumhafte Rundsicht auf die höchsten Berge nicht schon Belohnung genug: Das hübsche Friedenskircherl versüßt die Tour zusätzlich.

trockene Füße zu behalten – denn an manchen Stellen ist es wegen des vorausgegangenen Regenwetters etwas sumpfig. Bald schon entdecken wir die **Brünnerhütte.** Eine **Rastbank** lädt zu einer kurzen Pause ein – und zu einem Ausblick auf die schöne Hütte. Wir nehmen uns etwas Zeit, unsere Energiespeicher wieder aufzufüllen. Proviant haben wir zum Glück im Tagesrucksack.

Der Stoderzinken liegt nun vor uns, und so wird der nächste Teil der Wanderung uns einige Höhenmeter abverlangen. Wir folgen dem Schild mit der Aufschrift **Stoderzinkengipfel Nr. 675,** das uns den steilen Weg nach oben anzeigt. Die sanfte Bergwiese lassen wir nun hinter uns und betreten einen steinigen Pfad mit leichtem Geröll. Links und rechts am Wegesrand strahlen uns schöne Blumen an. Eine davon ist die Glockenblume. Mit einem Blick zurück sehen wir das mächtige Dachsteinmassiv in der Ferne emporragen. Wir sind also in Sichtweite des höchsten Bergs der Steiermark. Die Gipfel, die zum Massiv gehören, sehen beeindruckend aus. Wir aber wollen jetzt noch die letzten Höhenmeter hinter uns bringen!

*Das **Dachsteinmassiv** ist die höchste Erhebung der Steiermark; auch die Bundesländer Oberösterreich und Salzburg haben Anteil an dem Gebirgsstock. Der Hohe Dachstein misst 2995 Meter über der Adria. Der Gletscher liegt auf der oberösterreichischen Seite.*

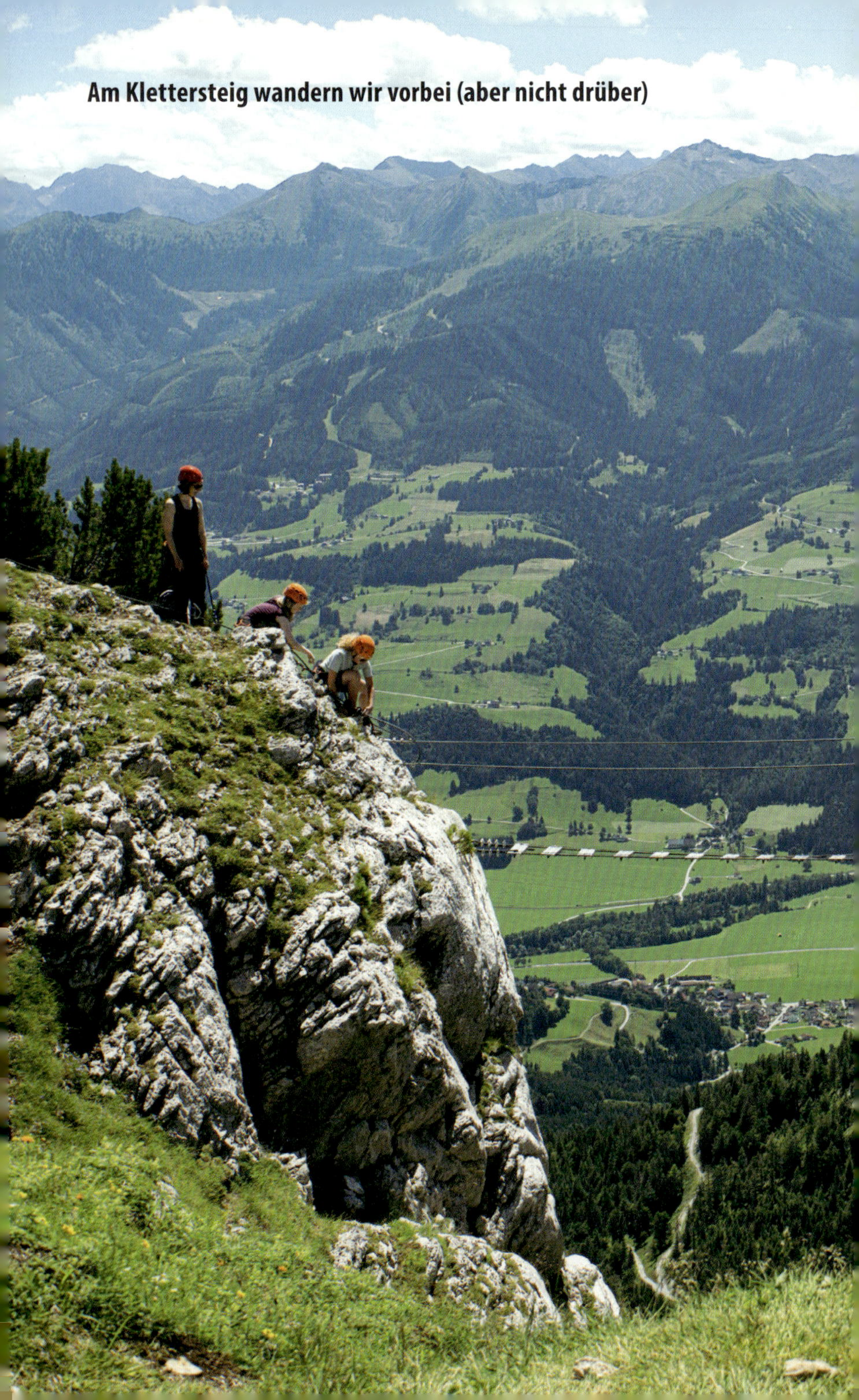
Am Klettersteig wandern wir vorbei (aber nicht drüber)

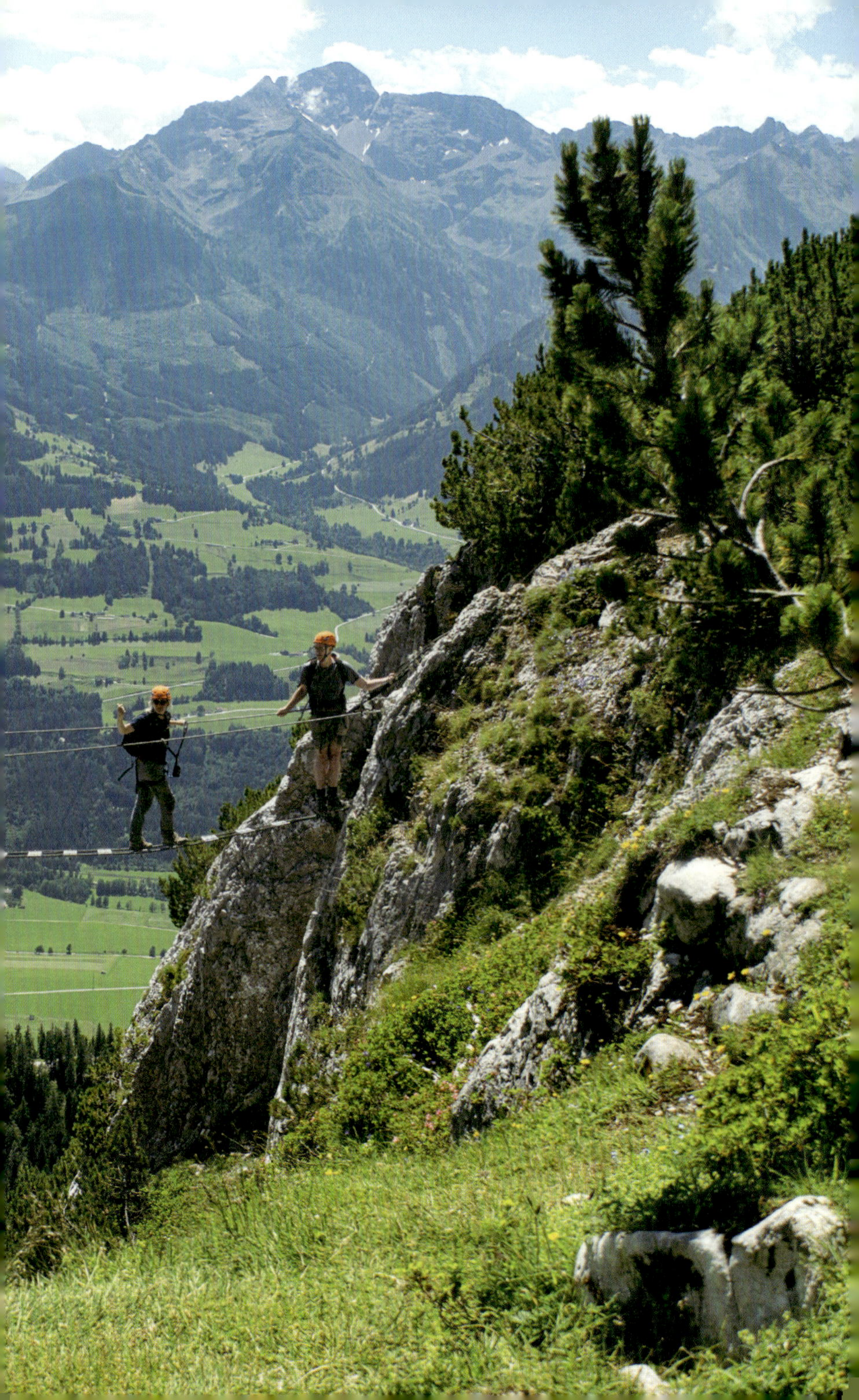

Bis hierher haben wir keinen anderen Menschen getroffen. Doch jetzt steigen immer wieder Wanderer den Geröllweg herab, den wir gerade hinaufgehen. So kommt es ab und an zu einer kurzen Verschnaufpause, um die anderen an Engstellen passieren zu lassen. Mit dem Hinweis „Es ist nicht mehr weit" motiviert uns ein Wanderer für die letzten Höhenmeter. Und dann sind wir am höchsten Punkt der heutigen Tour angekommen: Wir stehen am **Gipfel des Stoderzinken** ❸.

Die ***Hängebrücke am Stoderzinken*** *ist bekannt aus der TV-Sendung „Die Bergretter" und wurde einst für das beliebte TV-Format von Bergführern errichtet. Seit der fünften Staffel ist sie in dramatischen Szenen immer mal wieder im Fernsehen zu sehen.*

Einige Menschen picknicken auf dem Plateau oder posieren am Gipfelkreuz für ein Foto. Auch Paraglider fliegen von hier zurück ins Tal, der Ort ist ein Startplatz für Gleitschirmflieger. Wir legen eine Rast ein, um zu Kräften zu kommen. Währenddessen genießen wir die Aussicht auf das Dachsteinmassiv und auf das Tote Gebirge, das ein Stück weiter rechts aufragt. Der Gipfel der Hochwildstelle ist ebenfalls zu sehen. Der Berg ist der höchste Gipfel, der der Steiermark allein gehört und den sie nicht mit anderen Bundesländern teilen muss.

Gut versorgt wollen wir nun hinabsteigen und beim Friedenskircherl vorbeischauen. So geht es ein kleines Stück zurück und dann links über eine aussichtsreiche Wiese.

Peter Rosegger *(1843–1918) war ein steirischer Schriftsteller und Journalist. Dreimal wurde er für den Literaturnobelpreis nominiert. An vielen Orten in der Steiermark trifft man auf die Spuren des reisefreudigen Literaten.*

Auf der linken Seite erkennen wir eine seilversicherte Hängebrücke, die zu einer Klettersteigroute gehört. Ein paar Mutige sind gerade dabei, die wackelige Brücke zu überqueren.

Für uns geht es weiter über den Gipfelweg geradeaus. So manche Passage ist dermaßen eng, dass man kurz den „Gegenverkehr" passieren lässt. Oft reicht ein Blick, um sich abzustimmen, wer zuerst darf.

Als wir beim **Rosegger-Denkmal** ❹ ankommen, legen wir einen kurzen Halt ein. Nach dem Denkmal zeigt uns eine Holztafel mit der Aufschrift **Friedenskircherl** den Weg. So halten wir uns links. Wir sind nur noch wenige Meter von dem kleinen Gotteshaus entfernt.

Über einen schmalen und steinigen **Panoramaweg** geht es am Felshang entlang. Und dann sehen wir das **Friedenskircherl 5,** das auch **Stoderkircherl** genannt wird. Wir haben den zweiten Höhepunkt der Tour erreicht. Einen Moment verweilen wir und genießen den Ausblick bis ins Tal. Auf einem Holzpodest hinter der Kirche entdecken wir eine Glocke, die durch eine Handbewegung zum Läuten gebracht werden kann. Das probieren wir natürlich aus!

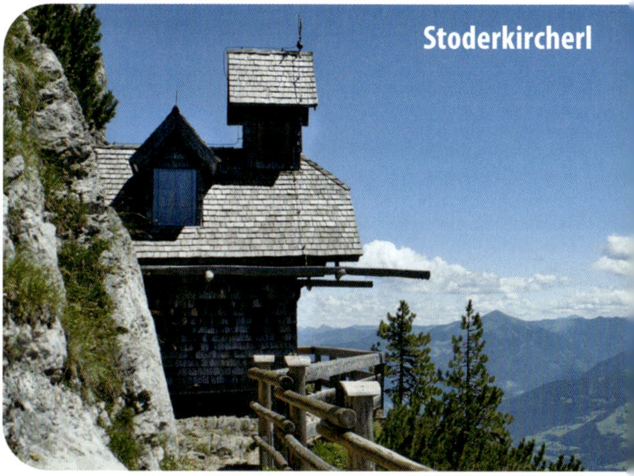
Stoderkircherl

Entlang der Felswand spazieren wir dasselbe Stück wieder zurück bis zum **Rosegger-Denkmal** – und dann weiter geradeaus bis zu einer Schautafel, die uns über die **alte Stoderstraße** aufklärt. Das ist ein historischer Karrenweg, den Ende des 19. Jahrhunderts Gefangene erbauen mussten. Kurz danach treffen wir auf **Ruinen der ehemaligen Schutzhütte Alpenheim Horstig.** Auf den zerfallenen Mauerresten haben Besucher kleine Steine übereinandergestapelt.

Es geht weiter talwärts, bis wir den **Berggasthof Steinerhaus 6** erreichen. Diese Hütte ist bewirtschaftet und serviert sogar auf einer Panoramaterrasse. Eine kürzere Variante der heutigen Wanderung würde von hier aus starten. Die Anfahrt erfolgt über die gebührenpflichtige Stoderzinken-Panoramastraße. Wir sind froh, dass wir uns für die längere Etappe mit der beeindruckenden Öfenschlucht entschieden haben.

Und nun geht es für uns zurück ins Tal! Wir folgen der Beschilderung Richtung **Gröbming,** bis wir die große Almwiese bei der **Brünnerhütte** wieder erreichen. Die Wiese überqueren wir und legen eine kurze Pause

!

Den abenteuerlichsten Ausblick auf das Friedenskircherl haben Kletterer auf dem ***Florasteig.*** *Am Ziel kommen die Kletterer genau bei der Kirche an. Der Klettersteig ist aber nur für Geübte und Schwindelfreie, denn der Pfad ist sehr abschüssig.*

Panoramatour 6

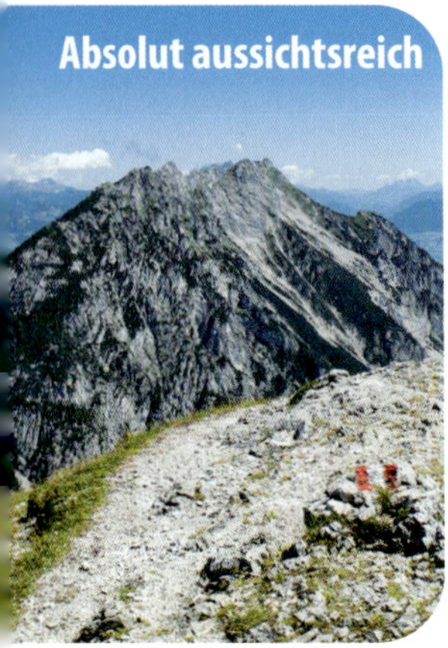

ein, um die aussichtsreiche Wanderung noch einmal Revue passieren zu lassen. Wieder entdecken wir ein paar Kühe und Schafe, die sich auf dem Hinweg versteckt haben müssen.

Danach geht auf dem uns schon bekannten Weg erneut in den Wald, dann über Stock und Stein und durch die Öfenschlucht zurück ins Tal. Da wir jetzt hinabspazieren, haben wir eine ganz andere Perspektive auf die enge Schlucht mit den hohen Felsen und die Serpentinen. Wir leiden mit den Fahrradfahrern, die hinauffahren. Schon bald erreichen wir das Auto. Doch vor der Heimfahrt lockt noch das Kneippbecken, um die dampfenden Füße abzukühlen …

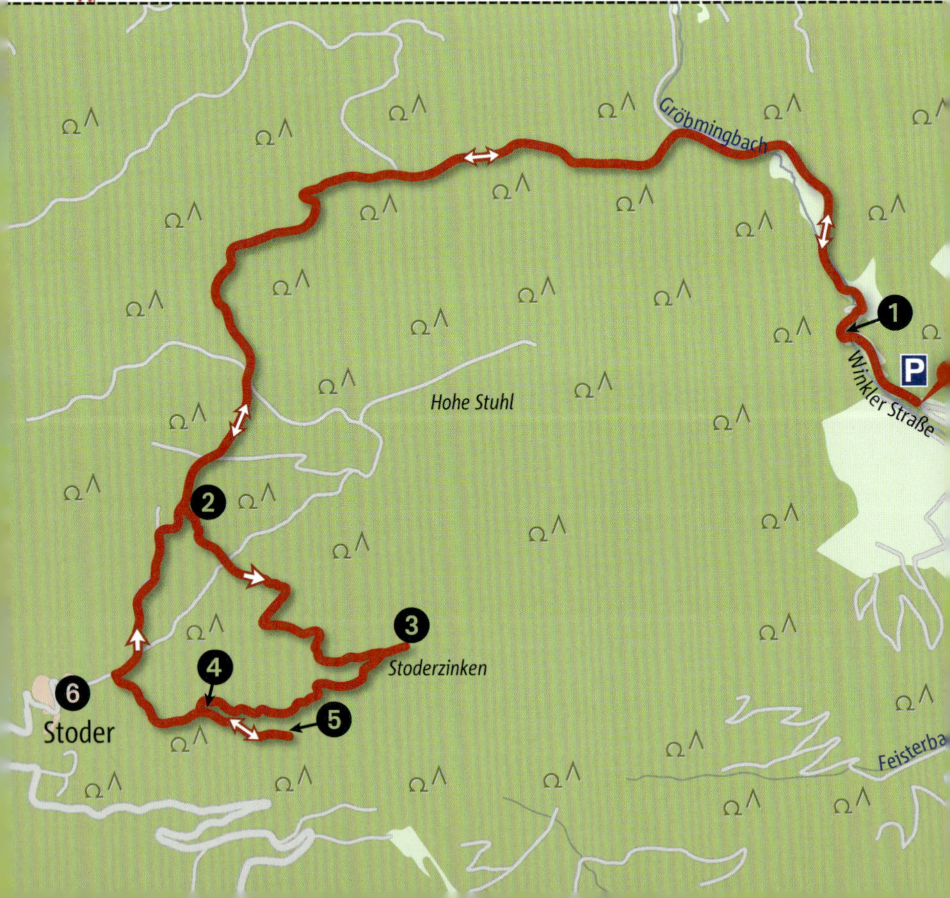

Alles auf einen Blick

WIE & WANN:
Überwiegend unbefestigte Wege durch den Wald und über Geröll; beste Zeit Juni bis September; im Winter ungeeignet; festes Schuhwerk notwendig

Entspannung ★★☆☆☆
Genuss ★★★★☆
Romantik ★★★☆☆

HIN & WEG:
Auto: Großer Parkplatz neben der Kneippanlage Lend, 8962 Gröbming (GPS: 47.466836, 13.852260)
ÖPNV: Keine direkte Anbindung an die Strecke

ESSEN & ENTSPANNEN:
Berggasthof Steinerhaus (6) Stoderzinken-Alpenstraße 2, 8962 Gröbming, Tel. +43 (36 86) 26 46, steinerhaus.at

ENTDECKEN & ERLEBEN:
Öfenschlucht (1)
Stoderalm mit Brünnerhütte (2)
Gipfel des Stoderzinken (3)
Rosegger-Denkmal (4)
Friedenskircherl (Stoderkircherl) (5)

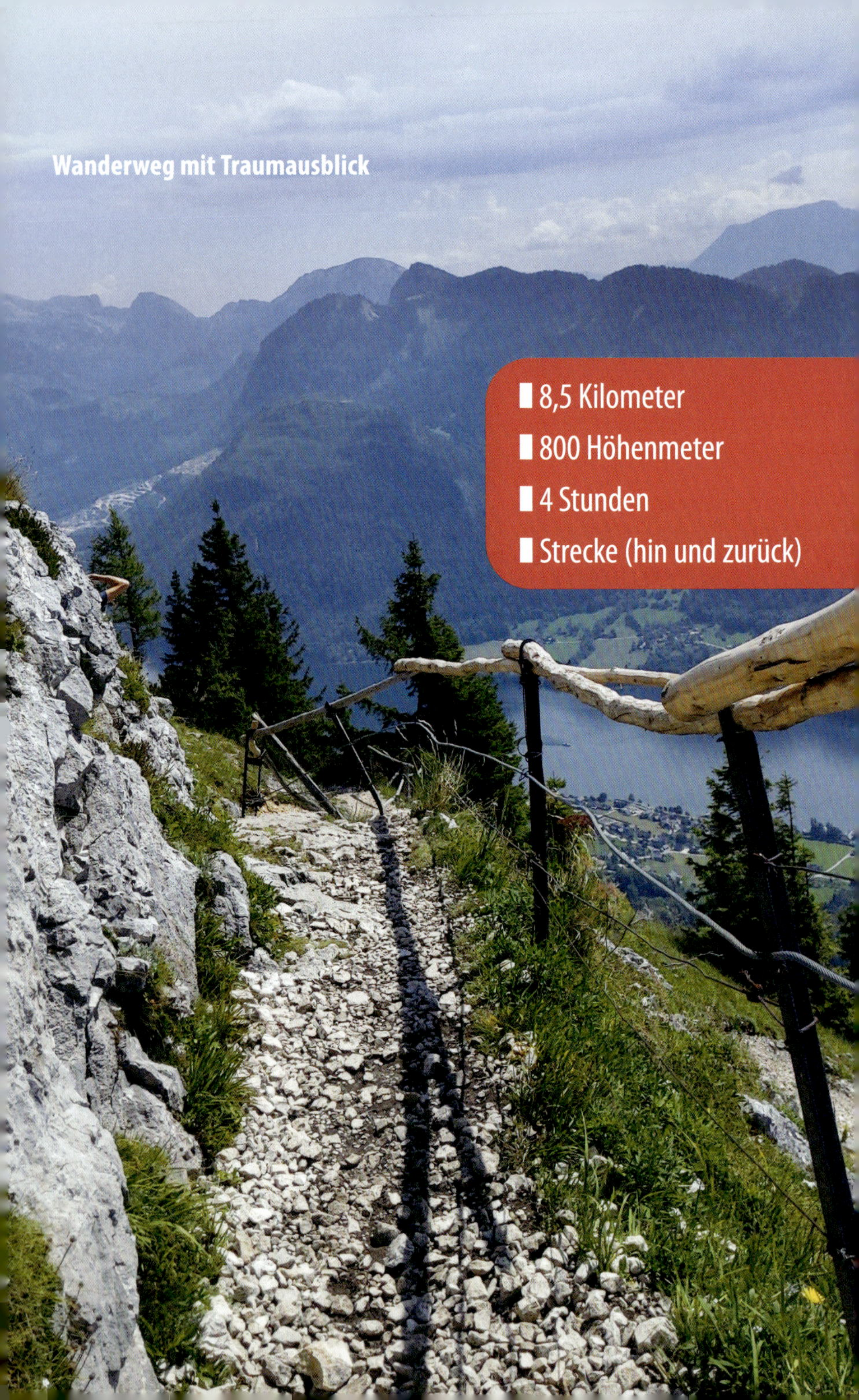
Wanderweg mit Traumausblick
8,5 Kilometer
800 Höhenmeter
4 Stunden
Strecke (hin und zurück)

Herrliche Aussichten auf zwei Seen, den Altausseer See und den Grundlsee, erwarten uns bei dieser kurzen Tour mit vielen Höhenmetern. Beide Seen liegen auf einer Höhe von etwa 700 Metern, unser Ausgangspunkt sogar noch höher. Wir wollen diese blau und türkis schimmernden Gewässer aus der Vogelperspektive betrachten.

Traumseenblick

Hinauf zur Trisselwand

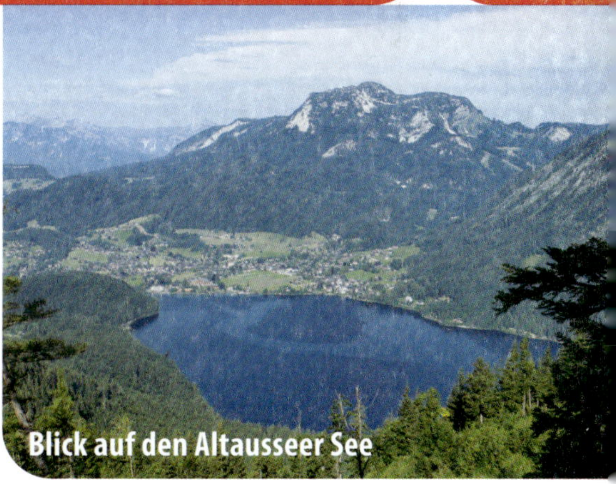

Blick auf den Altausseer See

So starten wir unsere Wanderung vom Parkplatz am **Gasthof Trisselwand** ❶. Von dort sehen wir unser Tagesziel bereits vor Augen: das Gipfelkreuz der Trisselwand. Wir folgen am Gasthaus dem **grünen Schild** mit der Aufschrift **Trisselwand** nach links. Kurz dahinter steht eine gelbe Wandertafel mit gleicher Aufschrift (Weg Nr. **233**), die den Weg nach rechts vorgibt. Fortan bewegen wir uns leicht bergauf an saftig grünen Wiesen vorbei, die durch ein Absperrband von unserem Weg getrennt sind.

Weiter spazieren wir entlang einer eingezäunten Viehweide, und dann geht es in den Wald hinein. Ein steiniger und wurzelreicher Pfad führt über Waldboden bergauf. Rechts und links stehen die Bäume dicht beieinander. Doch es dauert nicht lange, bis wir den ersten Blick auf den **Altausseer See** ❷ geboten bekommen. Das Wasser blitzt dunkelblau durch die Blätter der Bäume. Viel trinken ist wichtig, so gönnen wir uns eine kurze Trinkpause.

*Die mautpflichtige **Loser-Panoramastraße** führt Autos und Fahrräder über eine Distanz von 9 Kilometern bis auf 1600 Meter hinauf. Bei der Auffahrt sind Traumausblicke auf die Bergwelt garantiert. Es gibt einige Aussichtsplattformen und Einkehrmöglichkeiten.*

Der Altausseer See gilt als einer der schönsten Seen im Salzkammergut und lockt im Sommer zahlreiche Badegäste an. Er liegt am Fuße des beeindruckenden Loser, der wegen seiner auffälligen, burgartigen Gipfelform als Wahrzeichen der Region Ausseerland gilt.

Auf unserem weiteren Weg über einen schmalen Waldpfad werden wir immer wieder mit Aussichten auf den Altausseer See und den Loser belohnt. Bei dem Schild mit der Aufschrift **Gamsstelle** bleiben wir auf dem Hauptweg geradeaus. Links hinab käme man zum Ufer des Altausseer Sees.

Als wir eine breite Schotterstraße erreichen, überlegen wir, wo es weitergeht. Nach einem kurzen Rundumblick entdecken wir das etwas versteckte Schild. Auf grünem Untergrund steht **Sattler-Kurve** geschrieben, darunter ist eine angestrichene Holztafel in Rot-Weiß mit der Nummerierung **233/234** angebracht. Weiter geht es leicht geradeaus durch den Wald, bis wir zu einer **Lichtung** gelangen. Eine große Schautafel informiert uns über das Tote Gebirge, in dem wir uns

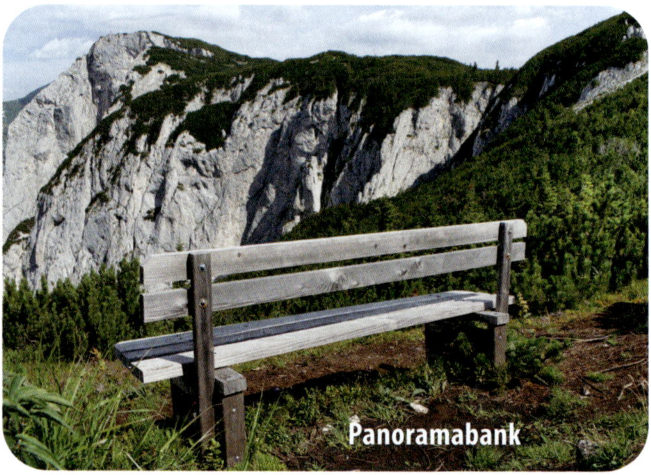

Panoramabank

gerade befinden. Verschiedene Spechtarten sind in diesem Europaschutzgebiet beheimatet, unter anderem Schwarzspechte, Dreizehenspechte, Grauspechte und Buntspechte. Wir nehmen uns vor, von nun an auf die Geräusche aus dem Wald zu lauschen, um einen Specht ausfindig zu machen.

Für die Seele

Auf unserem Weg genießen wir fast durchgängig den Ausblick auf den Altausseer See und den Grundlsee, die türkis und azurblau schimmern.

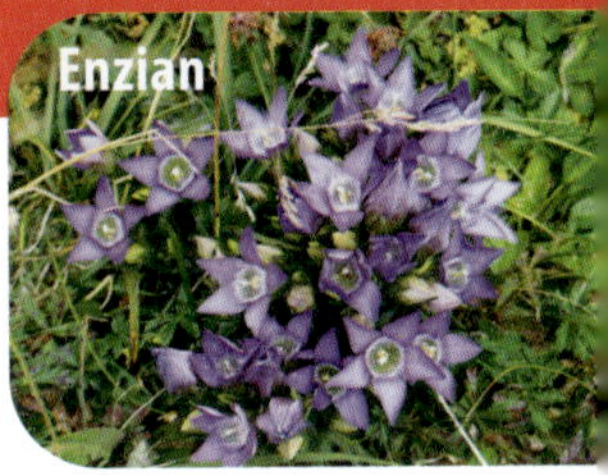

Ein Blick nach oben zeigt uns von Neuem das Gipfelkreuz der Trisselwand, das hoch über uns aufragt. Nun liegt wieder ein Abschnitt durch den Wald vor uns. Ein Trampelpfad führt hindurch. Dann lichten sich die Bäume langsam, und wir haben freie Sicht auf das Umland. Ganz weit in der Ferne – aber sehr gut zu sehen – zeigt sich das Dachsteinmassiv. Wir genießen den grandiosen Ausblick auf die höchste Erhebung der Steiermark, die zugleich ein Gletscher ist. Die Bergspitzen tragen Schnee. Nicht ganz so weit entfernt wie der Gletscher, aber dennoch im Hintergrund, sehen wir die Aussichtswarte Tressenstein. Sie liegt nicht auf unserer Route, sondern auf einem anderen Gipfel.

*Das **Tote Gebirge** liegt in den Nördlichen Kalkalpen und hat den Namen aufgrund seiner zum Teil vegetationslosen Hochfläche. Die Region umfasst insgesamt sechs Naturschutzgebiete. Es gibt zahlreiche Höhlen und Seen.*

Ein kurzes steiles Stück führt an einer Steinwand entlang. Praktischerweise bieten die Felswände viele Möglichkeiten, um sich mit den Händen festzuhalten. Mitten im Wald werden wir von einem Baumstamm begrüßt, der die Form eines Sitzplatzes hat. Für uns geht es weiter durch das Gehölz bergauf, bis wir erneut auf eine Sitzmöglichkeit stoßen. Auf der **Ruhebank** ❸ nehmen wir für einen Augenblick Platz und genießen die wunderschöne Aussicht auf das Tote Gebirge.

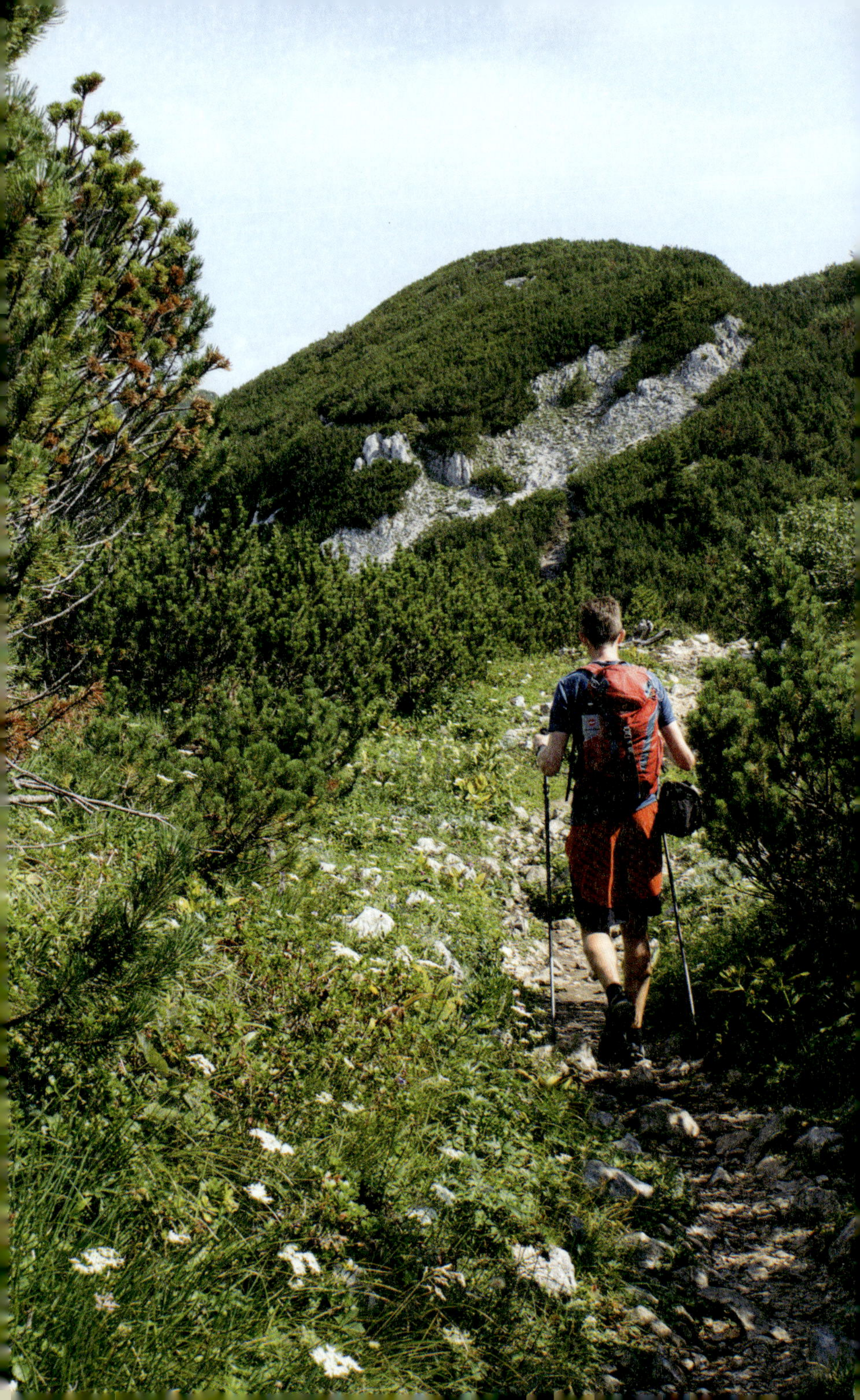

Bald erreichen wir ein Plateau und sehen den Ahornkogel (1687 m) direkt vor uns. Da wollen wir jetzt hinauf. Entlang der Felswand führt ein versicherter Weg mit traumhaftem **Blick auf den Grundlsee ❹** hinauf. Der See liegt uns dann im Rücken. Da ist die Vorfreude auf dem Rückweg bereits groß, um dieses Panorama noch einmal in uns aufzusaugen.

Oben angekommen, geht es auf dem **Plateau des Ahornkogel ❺** weiter. Hier steht bereits das erste Gipfelkreuz, das aber nicht direkt auf unserem Weg liegt. Ein Pfad links führt über einen kleinen Umweg von 100 Metern je Richtung dorthin. Geradeaus verläuft der Weg überwiegend über eine Wiese. Wieder einmal lädt eine **Panoramabank ❻** zu einer Pause ein und verspricht einen Blick auf die Trisselwand. Kurz danach heißt es eine letzte Steilstelle meistern, und danach geht es (vorerst) flach weiter.

An einer Weggabelung gäbe es die Möglichkeit, zur Schoberkiesalm und zur Henaralm (Weg Nr. 234) zu wandern. Die Gehzeit ist mit 4,5 Stunden angegeben. Für uns interessant ist der Wegweiser mit der Nummer **233,** der nach links zeigt. So langsam nähern wir uns dem Ziel! Das letzte Stück führt hinauf zum **Gipfelkreuz der Trisselwand ❼,** das auf 1755 Metern thront. Wir haben es geschafft! Mit dem obligatorischen Gipfelfoto beweisen wir, dass wir oben waren. Wer mag, kann sich ins Gipfelbuch eintragen. Auf dem Plateau ist viel Platz zum Picknicken im weichen Gras. Wir genießen den Rundumblick auf das Tote Gebirge. Sogar die Bergbahn des gegenüberliegenden Gipfels, des Loser, ist zu erkennen. Ein Tiefblick zeigt wieder einmal ein malerisches Bild des Altausseer Sees. Aber bloß nicht zu weit gehen! Hinter dem Gipfelkreuz fällt das Gelände steil ab.

Nach einer ausgiebigen Pause ist unser Rucksack etwas leichter, und wir nehmen mit neuer Energie den Rückweg in Angriff. Es geht auf derselben Strecke zurück. Zunächst wandern wir hinab zum Ahornkogel und dann entlang der Felswand mit Tiefblick auf den Grundlsee. Die Aussicht ist wirklich beeindruckend, eigentlich noch viel schöner als beim Aufstieg. Das ist doch mal wieder ein Foto wert! Dieser Ausblick auf Grundlsee und Altausseer See wird uns für ein Stück lang begleiten, bevor wir den Wald erreichen und bald zurück am Ausgangspunkt sind.

Die Jausenhütte vor dem Gasthof Trisselwand hat inzwischen geöffnet und wir belohnen uns mit hausgemachten Mehlspeisen für die vielen Höhenmeter. Im Blickfeld ist die Trisselwand mit ihrem kleinen Gipfelkreuz – jetzt wieder ganz weit von uns entfernt.

*Der **Altausseer See** ist bei Tauchern im Salzkammergut beliebt. Der Unterwasserwald bietet zahlreichen Fischarten einen Unterschlupf, aber auch andere Tauchplätze im dunkelblauen See locken mit Unterwassererlebnissen.*

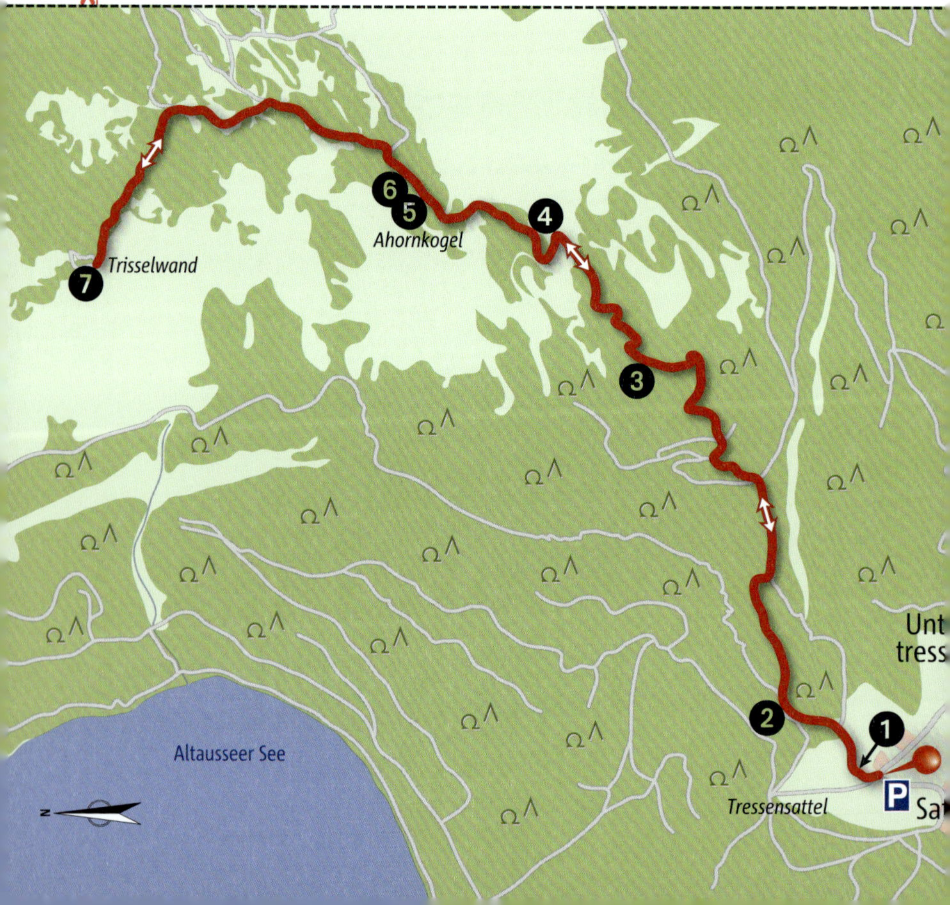

Alles auf einen Blick

WIE & WANN:
Überwiegend unbefestigte Wege über Stock und Stein; beste Zeit Mai bis Oktober; im Winter nicht zu empfehlen; festes Schuhwerk und Trittsicherheit notwendig

Entspannung ✸✸✸✸✸ (2 von 5)
Genuss ✸✸✸✸✸ (3 von 5)
Romantik ✸✸✸✸✸ (3 von 5)

HIN & WEG:
Auto: Gebührenpflichtiger Parkplatz am Gasthof Trisselwand, Untertressen 37, 8993 Grundlsee (GPS: 47.62919, 13.79715)
ÖPNV: Keine direkte Anbindung an die Strecke

ESSEN & ENTSPANNEN:
Gasthof Trisselwand ❶ Untertressen 37, 8993 Grundlsee, Tel. +43 (36 22) 5 30 08

ENTDECKEN & ERLEBEN:
Blick auf den Altausseer See ❷
Ruhebank ❸
Blick auf den Grundlsee ❹
Plateau des Ahornkogel ❺
Panoramabank ❻
Trisselwand – Gipfelkreuz ❼

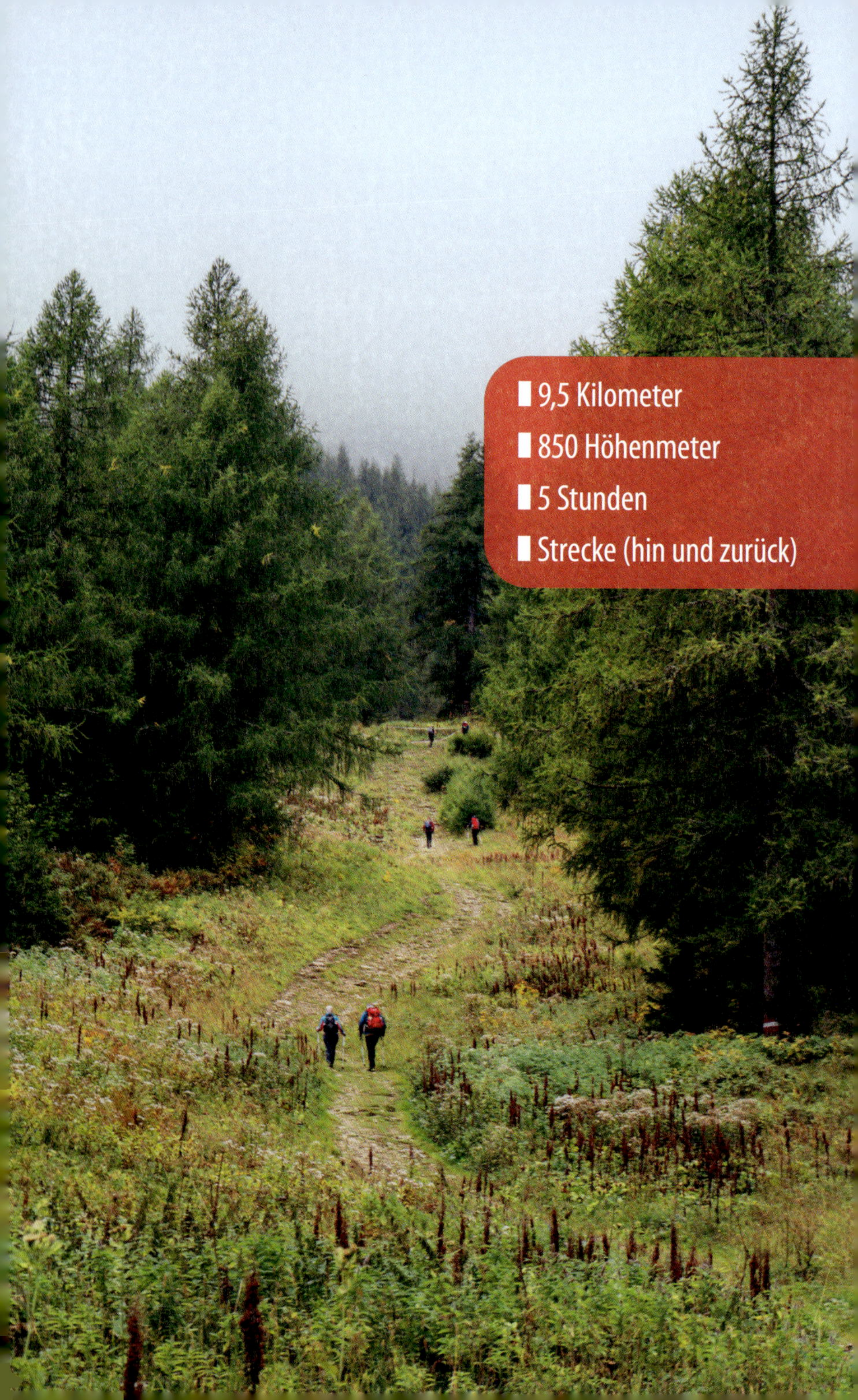

- 9,5 Kilometer
- 850 Höhenmeter
- 5 Stunden
- Strecke (hin und zurück)

Unsere heutige Wanderung beginnt am Parkplatz des **Hotel-Restaurant Präbichlerhof** ❶ in der Nähe der Präbichl-Passhöhe auf der Eisenstraße. Wir befinden uns bereits auf einer Seehöhe von 1260 Metern. Auf dem Programm steht die Besteigung des Eisenerzer Reichenstein (2165 m), auf dem eine der schönsten

Hüttenglück

Der Eisenerzer Reichenstein

Hütten der Steiermark thront. Grandiose Ausblicke werden uns begleiten.

Auf der großen Parkfläche entdecken wir ein **Holzhäuschen** mit mehreren Tafeln. Eine Schautafel gibt Einblick in das Naturschutzgebiet der Eisenerzer Alpen und dessen Besonderheiten, eine weitere informiert, dass in der Region mit Sprengarbeiten zu rechnen ist. So werden zum Beispiel nach Neuschnee Lawinenabgänge künstlich ausgelöst. Eine gelbe Wandertafel zeigt uns die Tour hinauf zum **Eisenerzer Reichenstein** (Weg Nr. **605**) mit einer Gehzeit von 2,5 Stunden an.

Bitte Holz mitnehmen

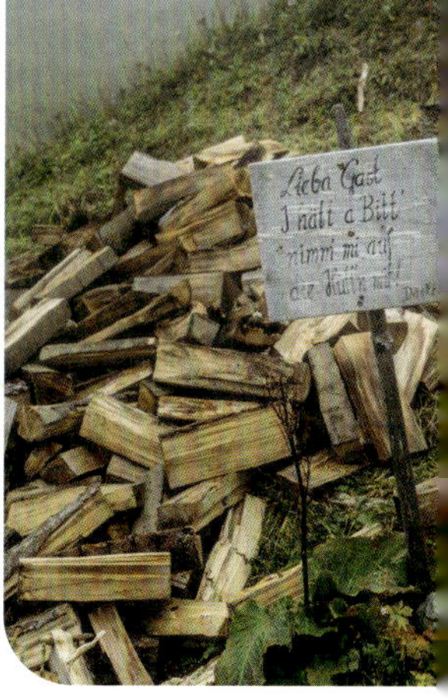

Es geht geradeaus und dann über einen begrasten Hang hinauf. Auf der rechten Seite steht ein Brunnen. Bei heißem Wetter könnte man sich am kalten Wasser bedienen, um Gesicht und Hände zu erfrischen. Heute ist ein herbstlicher Tag und der Nebel hängt tief bis ins Tal. Um uns herum ist die Aussicht gerade eher bedeckt. Angesagt haben sie Sonnenschein und Temperaturen um die 20 Grad – für Anfang Oktober klingt dies vielversprechend. Wir lassen uns überraschen!

Als wir auf ein Schild mit der Aufschrift „Achtung, Mountaincarstrecke" stoßen, grinsen wir. Am Präbichl warten so einige Abenteuer auf Aktivmenschen. Mit den Drei-Räder-Fahrzeugen geht es den steilen Berghang hinab. Zum jetzigen Zeitpunkt sehen wir jedoch keine dieser sogenannten Mountaincars.

Auf einem Trampelpfad geht es weiter hinauf. Statt dem Forstweg zu folgen, halten wir uns rechts über einen Wiesenweg, der auf etwas flacherem Terrain verläuft. Rechts und links stehen vereinzelte Fichten. Als wir zu einer Absperrung gelangen, folgen wir der **rot-weißen Markierung** am Baum, die uns weiter geradeaus führt. Die Absperrbänder scheinen nur vorübergehend angebracht worden zu sein. Und so schlendern wir dahin, bis wir zu einem großen Haufen voller Holzblöcke gelangen. Ein Schild bittet Wanderer dar-

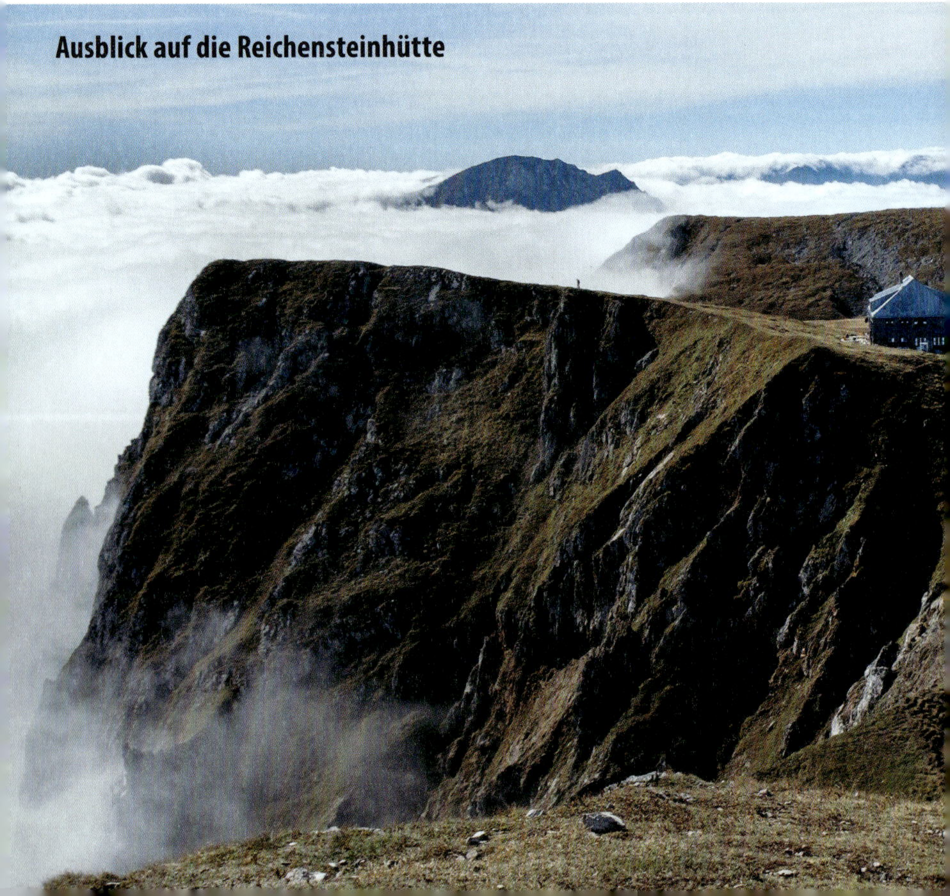

Ausblick auf die Reichensteinhütte

um, etwas Holz mit nach oben bis zur Schutzhütte am Reichenstein zu bringen. Da die Reichensteinhütte ausschließlich über den Wanderweg zu erreichen ist, sind die Hüttenbetreiber auf die Mithilfe von Freiwilligen angewiesen. Alles, so auch Wasser, muss zu Fuß hochgetragen werden – oder wird mit dem Helikopter

Für die Seele

Wir genießen den Ausblick auf die Bergwelt der Eisenerzer Alpen. Gipfelkreuz und Genusshütte warten am höchsten Punkt auf uns.

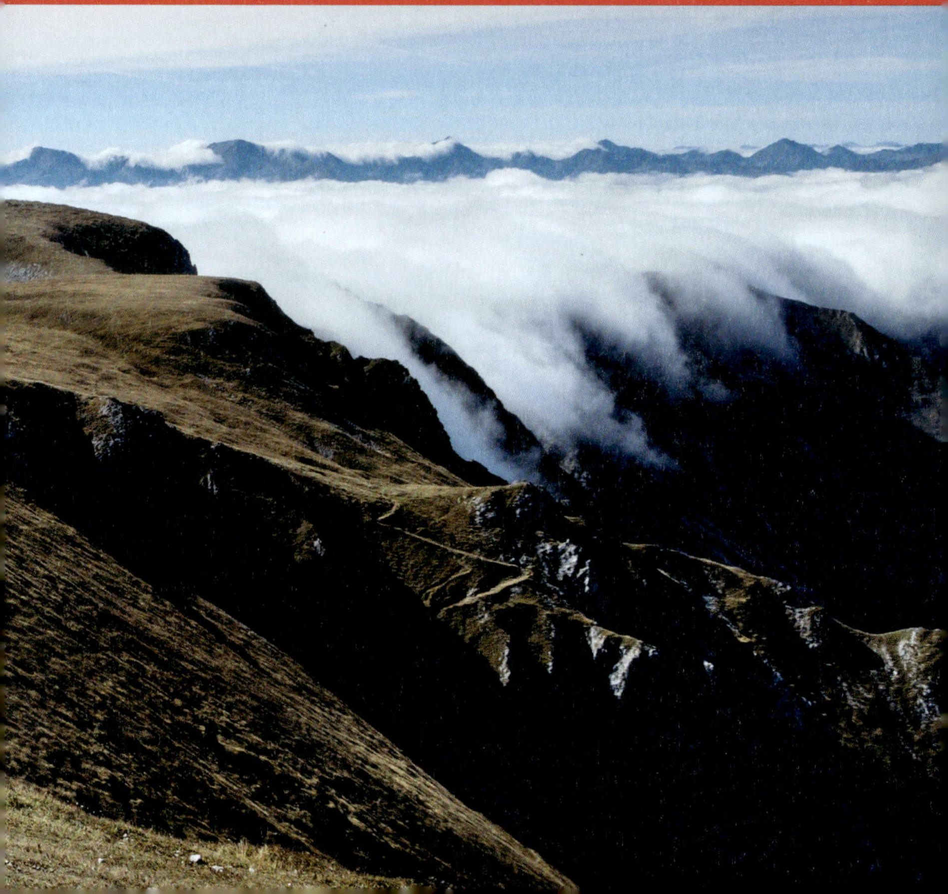

geliefert. Wir überlegen nicht lange und suchen uns ein Stück aus, das sich gut am Rucksack befestigen lässt. Andere Wanderer tun Gleiches.

Als wir später eine **Gabelung** erreichen, führt uns der Weg nach rechts. Die Alternative wäre ein Pfad zur Krumpalm nach links. Laut Aufschrift der **gelben Markierung** sollen es bis zum Reichenstein-Gipfel noch 1,5 Stunden zu wandern sein. Ein steiniger, mit etwas Gestrüpp überwachsener Weg führt nun wieder steiler bergauf durch den lichten Wald. Wir sind inmitten des Nebels, hören andere Stimmen sprechen, sehen aber niemanden. Diese Stimmung hat schon etwas Unheimliches! Über einen Kamm geht es bei eingeschränkter Sicht weiter auf einem schmalen, steinigen Pfad. Immer mal wieder lichtet sich der Nebel, und wir bekommen eine kurze Aussicht auf die sanfte, hügelige Landschaft links unter uns.

Der Pfad verläuft so, dass wir links entlang des Hangs spazieren und sich zu unserer Rechten ein Ausblick bietet. Und was für einer! Ein paar schroffe Gipfel schauen aus dem Wolkenfeld heraus. So langsam lichtet sich der Nebel, und die Wolken ziehen in einem rasanten Tempo am Gipfel über uns dahin. Der blaue Himmel ist dahinter zu erahnen. Die Aussicht könnte gerade nicht reizvoller sein! Unzählbar viele Berge liegen in Sichtweite. Ein richtiges Meer aus Gipfeln!

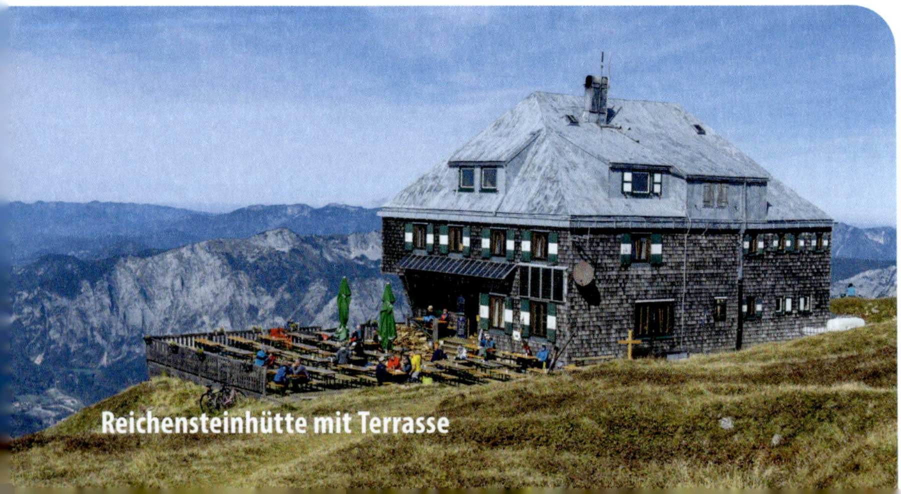
Reichensteinhütte mit Terrasse

An einer Gabelung wählen wir den linken Weg Richtung **Reichenstein.** Weiter geht es über einen Panoramaweg am Berg. Der Pfad ist schmal, aber relativ einfach zu begehen. Ganz unten im Tal erkennen wir den Hauch eines türkis schimmernden Wasserbeckens. Bis zum Ziel, dem Reichenstein-Gipfel, werden wir fortan diesen überwältigenden **Ausblick** ❷ genießen können: Tief unten im Tal liegt der auffällige Erzberg, zu dem dieses künstliche Gewässer gehört. Am **Erzberg** ist auch heute noch der Tagebau allgegenwärtig. Seit mehr als 1300 Jahren wird in diesem Gebiet Erz abgebaut.

Wir treten an eine **Abzweigung** heran, wo wir zwischen zwei Wegen wählen können. Der eine Weg würde steil hinauf (leicht links) über eine Stiege führen. Ein Hinweis appelliert an die Selbsteinschätzung. Nur Geübte sollten diesen Weg gehen. Wir bleiben auf dem **Normalweg,** der leicht rechts weiterführt und mit einer verbleibenden Wanderstunde angeschrieben ist.

Der schmale Pfad verläuft entlang eines steilen Hangs. Von Weitem ist der Weg sehr gut zu sehen, wie er in Serpentinen immer höher leitet. Zu beiden Seiten sehen wir begrastes Terrain, das ins Tal reicht, aber ein Blick nach oben zeigt auch ein paar schroffe Zacken des Reichensteins. Ein kurzes steiles Stück verläuft über grobe Steine, und dann erreichen wir einen auffälligen Felsen, der ein beliebter Fotospot zu sein scheint. Wir beobachten andere Wanderer beim Posieren – im Hintergrund der Erzberg-Hügel, dazu Berggipfel, so weit das Auge reicht.

Endlich sehen wir das Gipfelkreuz des Eisenerzer Reichensteins hoch oben! Einen kurzen Marsch entlang der Serpentinen haben wir noch vor uns. Wie klein die Menschen dort oben am Ziel doch wirken!

Da stoßen wir noch einmal auf eine **Wandertafel** mit zwei Optionen: entweder direkt zum Gipfelkreuz oder direkt zur Eisenerzer Reichensteinhütte. Beides liegt ohnehin sehr nah beieinander – sogar in Sicht-

Einer Sage nach soll sich ein ***Wassermann*** *vor langer Zeit aus seiner Gefangenschaft befreit haben, indem er den Menschen am Erzberg Folgendes bot: „Gold für zehn Jahr", „Silber für hundert Jahr" oder „Eisen für immer". Wofür man sich wohl entschieden hat?*

weite. Wir entscheiden uns für das Gipfelkreuz (2165 m) und halten uns links. Der Weg zum höchsten Punkt dauert nicht lange, fordert aber noch einmal Kraft. Der Panoramaausblick vom **Gipfelkreuz des Eisenerzer Reichenstein ❸** ist absolut lohnend. Nur ein Berg der Eisenerzer Alpen thront höher als wir: das Gösseck mit 2214 Metern.

Nach ein paar Panoramafotos geht es die wenigen Meter erneut hinab – und weiter zur Hütte, die in unserem Sichtfeld liegt. Hier oben auf einer Höhe von über 2000 Metern zeigt sich dann doch einmal wieder der Nebel. Die ganze Atmosphäre mit der Hütte, die aus dem Nebelfeld herausragt, sieht direkt kitschig aus. Alles rundherum ist von einem Nebelteppich umgeben und wirkt wie auf Leinwand gemalt.

Wir spazieren das kurze Stück bis zur Hütte und legen die transportierten Holzstücke ab. Für eine Wei-

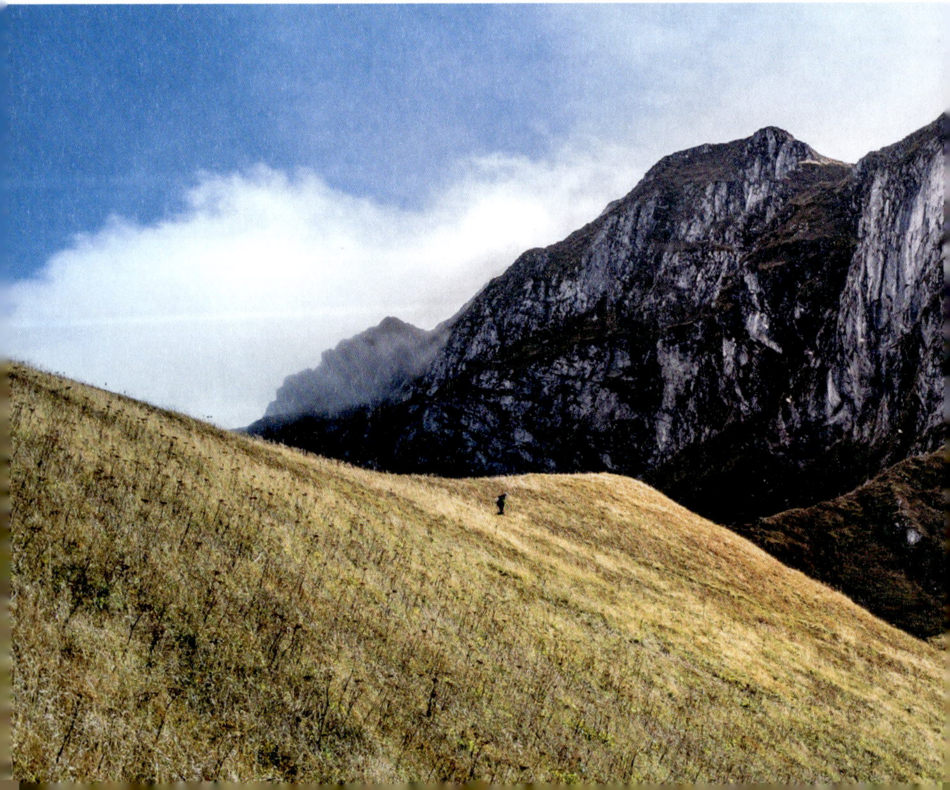

le wollen wir in der **Reichensteinhütte** **4** rasten. Im schönen umzäunten Panorama-Gastgarten laden wir unsere Kohlenhydratspeicher wieder auf. Es gibt Süßes und Pikantes. Also für jeden etwas! Wir erfahren, dass man auf der Hütte auch nächtigen kann. Wie gern würden wir hier einmal den Sonnenuntergang und Sonnenaufgang erleben.

Nach Speis und Trank schauen wir uns auf dem Bergplateau um und bewundern das Gipfelkreuz des Reichensteins – jetzt aus einiger Entfernung – und die Bergwelt drumherum. So viele bekannte Gipfel in der Steiermark können wir sehen.

Zurück bis zum Ausgangspunkt geht es nahezu denselben Weg. Zunächst folgen wir dem Schild **Präbichl Abstieg** und steigen den kurvenreichen Weg wieder hinab, bis wir auf unseren Hinweg treffen. Diesmal bewegen wir uns über den Bergweg direkt auf den Erz-

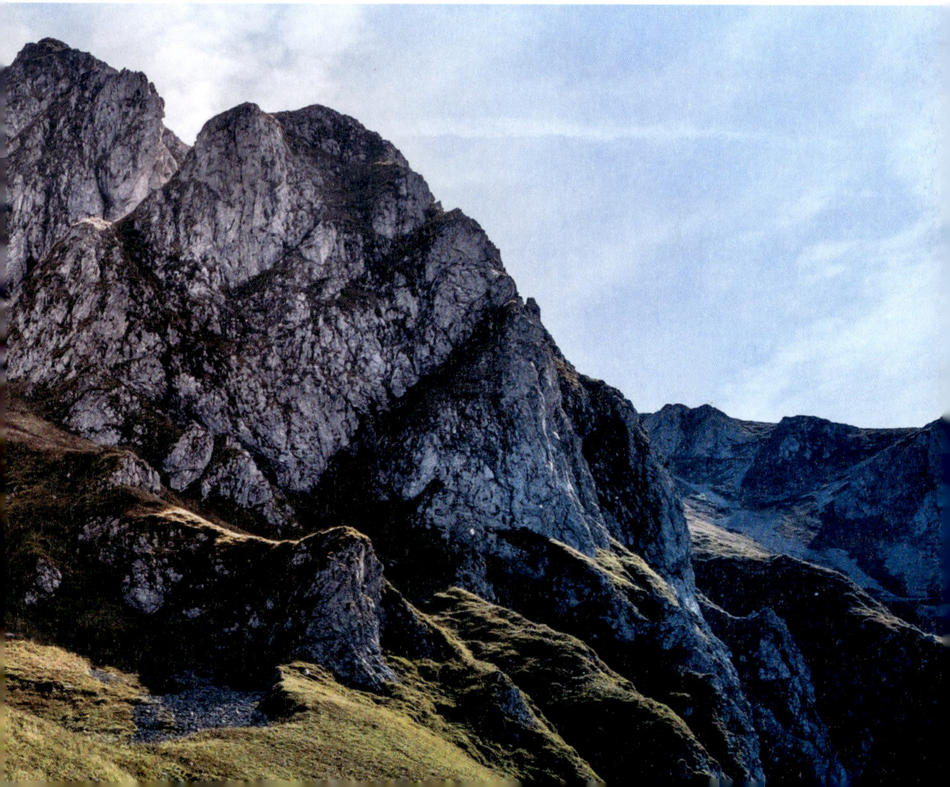

berg und das türkisfarbene Gewässer zu. Auf Fotos halten wir die Aussicht fest. Die Stelle, wo der Normalweg und der Weg für Geübte zusammentreffen, ist mit einer Hinweistafel versehen. Der schwere Pfad darf nur in eine Richtung begangen werden (Einbahn). Selbstverständlich bleiben wir auf dem Normalweg.

Landschaften, die wir am Morgen hinter Nebelschleiern wahrgenommen haben, erstrahlen nun bei Sonnenschein und blauem Himmel. Auf dem Rückweg entdecken wir wilde Wiesen, die sich hinab ins Tal schlängeln. Bergab führt uns ein steiniger Pfad durch ein lichtes Waldstück. Den letzten Abschnitt bis zum Parkplatz spazieren wir auf dem Forstweg.

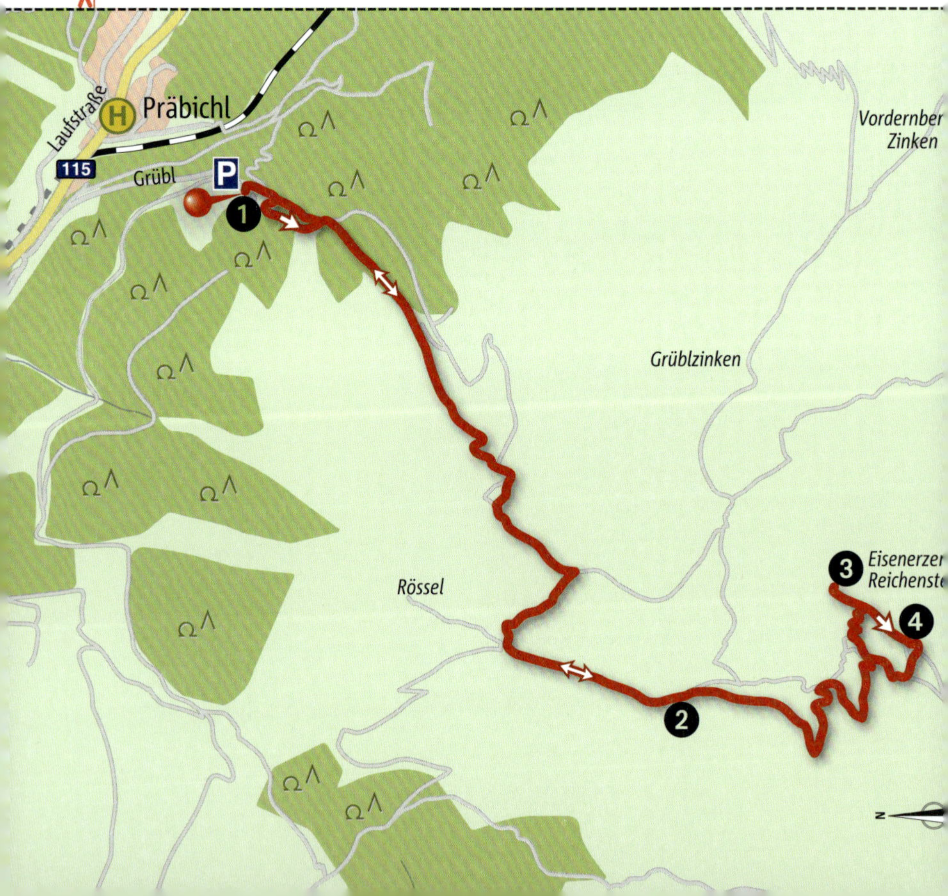

Alles auf einen Blick

WIE & WANN:
Unbefestigte Bergwege; beste Zeit Mai bis Oktober; im Winter wegen Lawinengefahr nicht geeignet; gutes Schuhwerk unbedingt zu empfehlen

Entspannung ★★★☆☆
Genuss ★★★★★
Romantik ★★★★☆

HIN & WEG:
Auto: Parkplatz Präbichlerhof, Grübl 6, 8794 Vordernberg (GPS: 47.51802, 14.94916)
ÖPNV: Bus 820 bis Präbichl Passhöhe, von dort 15 Minuten Fußweg: Richtung Windrad, dann links der Beschilderung zum Präbichlerhof folgen

ESSEN & ENTSPANNEN:
Hotel-Restaurant Präbichlerhof ❶ Grübl 6, 8794 Vordernberg, Tel. +43 (38 49) 2 19 60, praebichler-hof.at
Reichensteinhütte ❹ Tel. +43 (6 64) 9 83 61 64

ENTDECKEN & ERLEBEN:
Ausblick auf den Erzberg mit Wasserbecken ❷
Eisenerzer Reichenstein – Gipfelkreuz ❸

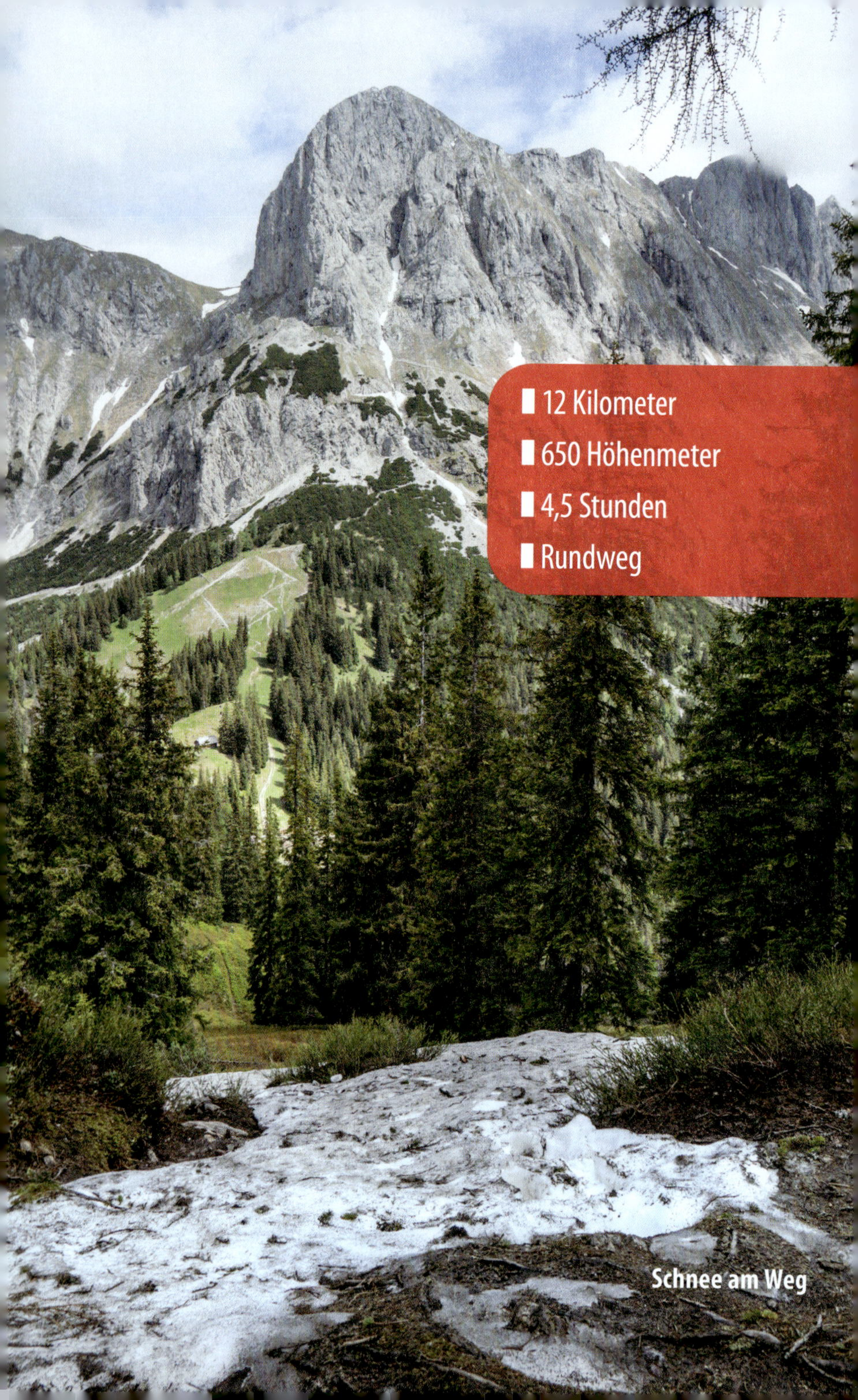

- 12 Kilometer
- 650 Höhenmeter
- 4,5 Stunden
- Rundweg

Schnee am Weg

Unsere heutige Bergwanderung ist reich an Panoramamotiven. Sie bietet viel Abwechslung und kommt mit weniger als 700 Höhenmetern auch Anfängern entgegen, die einen Gipfel erklimmen möchten. Ausgangspunkt ist die **Kaiserau ①**, eine Hochebene, die bereits auf einer Seehöhe von 1100 Metern liegt. Zur

Nationalparkblick

Auf den Lahngang

kalten Jahreszeit ist dieser Ort ein Paradies für Wintersportler, im Sommer zieht es Wanderer von überall hierher. Denn die vielen Gipfel und Hütten bieten Wanderrouten für Anfänger und Fortgeschrittene.

Wir schauen uns um und erkunden die Gegend: Das **Schloss Kaiserau** steht auf einer Wiese. In der Ferne grasen ein paar Kühe. Rundherum stehen Infotafeln, die über die Kaiserau informieren. Einige stellen die Region als Wintertourismusgebiet vor. Wir lassen unseren Blick ganz langsam und in aller Ruhe über die Gesäuseberge streifen, die teils von einem Nebelfeld verhüllt sind. Ein großer Teil sind schroffe Felsen, die steil abfallen, andere sind bewaldet und erscheinen rundlicher. So wie der Lahngang, den wir heute besteigen wollen.

Am großen Parkplatz wartet die erste Einkehr: das **Panoramarestaurant Kaiserau ②**, ehemals Sportalm. Von dort spazieren wir zurück zu einer **Schranke** und passieren diese. Direkt dahinter wartet die erste gelbe Wandertafel mit der Aufschrift **Lahngang – Klinkehütte.** Ein Wirtschaftsweg führt bergauf und verläuft über eine Weide. Es sind nur wenige Meter, bis wir auf Höhe des Brunntallift-Häuschens den Weg nach

*Der **Nationalpark Gesäuse** ist der einzige Nationalpark in der Steiermark und zudem der jüngste in ganz Österreich – er besteht seit dem Jahr 2002. Das Areal unterliegt strengen Kriterien, um den Erhalt des besonderen Lebensraums sicherzustellen.*

rechts einschlagen und damit an einem Zaun vorbeimarschieren. Dass wir auf dem richtigen Pfad sind, verrät uns die **rot-weiße Markierung** in der Nähe des Zauns auf der rechten Seite. Der Nase nach geht es über die Wiese weiter in Richtung der Schlepplifte, unter denen wir dann herlaufen.

Da der Winter bereits vorbei ist, haben auch die Schlepplifte ihre Sommerpause eingelegt. Die einzigen, die sich hier bewegen, das sind wir. Wir genießen die Ruhe und atmen die feuchte Luft ein, die sich dank des Nebels gebildet hat.

Wir durchqueren eine hölzerne Vorrichtung, die das Ende der Viehweide darstellt. Über eine Wiese geht es steil bergauf. Unsere Waden werden es uns aber nicht verübeln, denn wir müssen uns nur einmal zurück zum Bergpanorama drehen, und die Anstrengung ist vergessen.

Wir kreuzen einen Forstweg, halten uns aber weiter geradeaus auf dem Trampelpfad. Bald schon können wir den Lahngang zu unserer Linken sehen. Wäh-

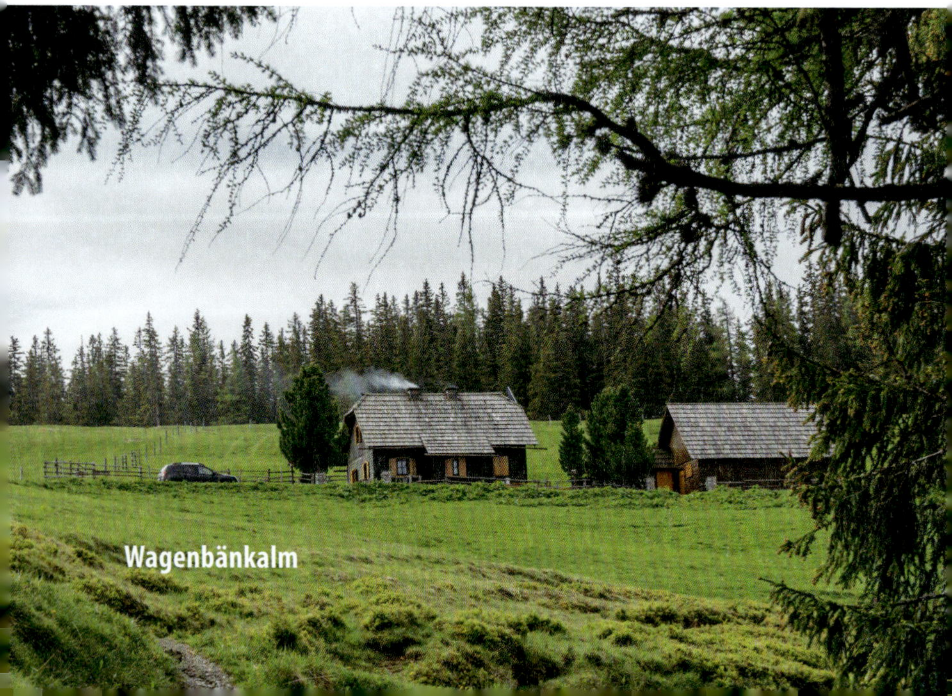

Wagenbänkalm

rend die schroffen Felsen weit dahinter thronen, leuchtet er ziemlich grün. Und wie er leuchtet! Bis wir das Gipfelplateau erreichen, haben wir aber noch einige Zeit und einige Erlebnisse vor uns.

An einer **Gabelung** folgen wir dem Weg Richtung **Lahngang** über eine Forststraße und kommen an ein

Für die Seele

Es verschlägt uns zu einer Alm, die mit Postkartenmotiven lockt. An den Bergpanoramen können wir uns einfach nicht sattsehen.

paar ruhenden Baggern vorbei. Wer hier im Sommer arbeitet, der darf diesen Berggenuss tagtäglich sehen.

Immer wieder hören wir Wasser plätschern und machen uns auf die Suche nach der Quelle. Zahlreiche kleine Bäche finden ihren Weg durch die wilde Natur und fließen steil hinab ins Tal. Was könnte reiner sein als echtes Bergwasser?

Immer mal wieder finden wir **rot-weiße Markierungen** oder gelbe Wandertafeln. Aber auch Schilder mit der Aufschrift **Schiroute** verlaufen fast gleich mit unserer Wanderroute.

An einer Gabelung, wo ein Fließgewässer zu unserer Linken liegt, halten wir uns links, der Wegmarkierung nach. Ein Schild an einem Baum benennt den nächsten Abschnitt mit **Gustl-Steig ❸.**

Unter dem schön gestalteten Gustl-Steig-Schild finden wir ein paar bemalte Steine mit aufgepinselten Weisheiten. Wir heben einen auf und schauen uns die Rückseite an. Wir wollen schließlich etwas über den Maler erfahren. Dann legen wir den Stein zurück.

Voller Vorfreude auf einen erlebnisreichen Pfad folgen wir dem schmalen Weg durch den Wald. Über Stock und

In der Steiermark findet man auf Wanderwegen öfter ***bemalte Steine.*** *Es gibt einige privat organisierte Gruppen, die Steine mit schönen Motiven bemalen und auslegen. Der Finder darf den Stein mitnehmen, muss ihn aber woanders wieder auslegen.*

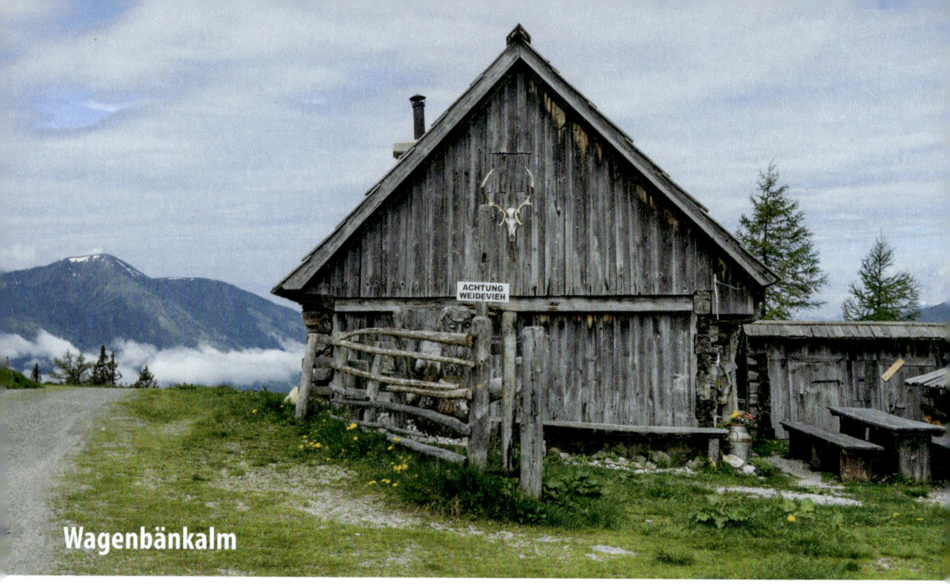

Wagenbänkalm

Stein steigen wir und gewinnen weitere Höhenmeter. Mal passieren wir ein Holzgeländer oder überqueren eine Brücke aus Baumstämmen, die bei Nässe etwas rutschig sind.

Jeder von uns hat schon einmal unterwegs etwas verloren. Auf einem Schild können wir nachlesen, was aktuell beim „Fundbüro" auf der Wagenbänkalm abgegeben wurde. Wer sich angesprochen fühlt, kann seine vermissten Gegenstände abholen.

Als wir eine Holzhütte durch die Blätter des Waldes hindurch erspähen, wissen wir, dass wir die **Wagenbänkalm** ❹ erreicht haben. Nun folgen wir einer Forststraße über die großflächige Alm, die einem idyllischen Postkartenmotiv gleicht. Rundherum ragen die imposanten Berggipfel empor.

Ein Stück folgen wir dem Weg, und als wir links oben wieder gelbe **Wandertafeln** sehen, überqueren wir die Wiese bergauf.

An der **Rastbank** beim Schild legen wir einen Halt ein, damit wir das Umfeld noch einmal genauer anschauen können. Auf der Alm stehen einige kleine Holzhütten. In den Sommermonaten grasen hier Kühe, heute ist jedoch alles ruhig. Auch sehen wir den rundlichen Lahngang. Er ragt immer noch über unseren Köpfen. Aber viele Höhenmeter sind es nicht, und eine weitere Belohnung wartet auf uns.

Unser Weg verläuft nun auf einem Trampelpfad hinauf durch ein Schwarzbeerenfeld. Wohin wir auch schauen, überall Schwarzbeerpflanzen, die im Herbst besonders schön rot leuchten werden. Eine Panoramabank bietet die Gelegenheit für eine weitere Pause mit Ausblick.

In der Ferne hören wir laute Stimmen, die uns erahnen lassen, dass wir bald am Gipfel ankommen werden. Ein Gipfelkreuz ist ein schöner Ort für eine gemütliche Rast und eine ausgiebige Pause.

Oben angekommen, fällt uns sofort das **Gipfelkreuz des Lahngangkogel** ❺ ins Auge. Es gibt ein Buch zum Eintragen, und auf dem Boden liegen wieder schön bemalte Steine. Die Aussicht ist einfach fantastisch. Da bleibt einem die Spucke weg! Wir können bis zum Grimming schauen, einem der markantesten Berge in der Steiermark.

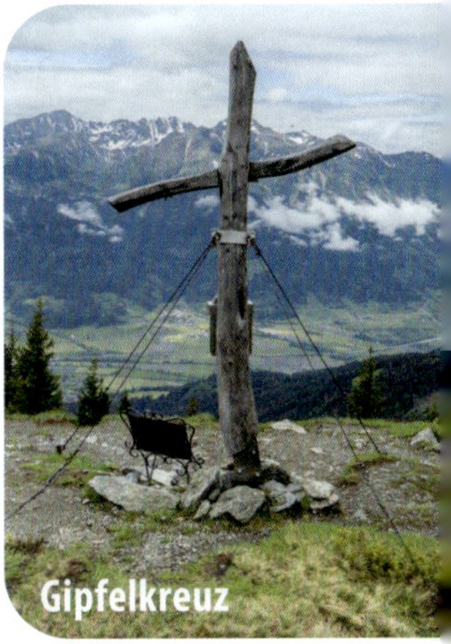
Gipfelkreuz

Genug Höhenmeter für heute, nun geht es wieder bergab! Der kürzere Weg wäre mit circa 4,3 Kilometern derselbe, auf dem wir gekommen sind. Da wir aber eine Rundwanderung machen und noch die Klinkehütte besuchen wollen, lockt uns die etwas längere Strecke mit neuen Panoramaaussichten, die mehr als willkommen sind.

Auf dem weiteren Weg geradeaus finden wir erneut Schwarzbeerenfelder, die rechts und links unseres Weges erblühen. Vor unseren Augen ragen die Gipfel des Kalbling und des Admonter Reichenstein auf. Das Panorama ist so wunderbar, dass wir aus dem Schwärmen und Fotografieren gar nicht mehr herauskommen. Das Motiv mit schroffen Felsen in der Ferne und schmalem Weg im Grünen unter unseren Füßen ist wahnsinnig schön.

Offensichtlich sind wir auf der schattigen Seite, sodass wir selbst Ende Mai auf vereinzelte Schneefelder treffen und uns an den Fußspuren orientieren, wenn mal keine Wegmarkierung zu sehen ist. Ansonsten richten wir uns nach den **rot-weißen** Zeichen.

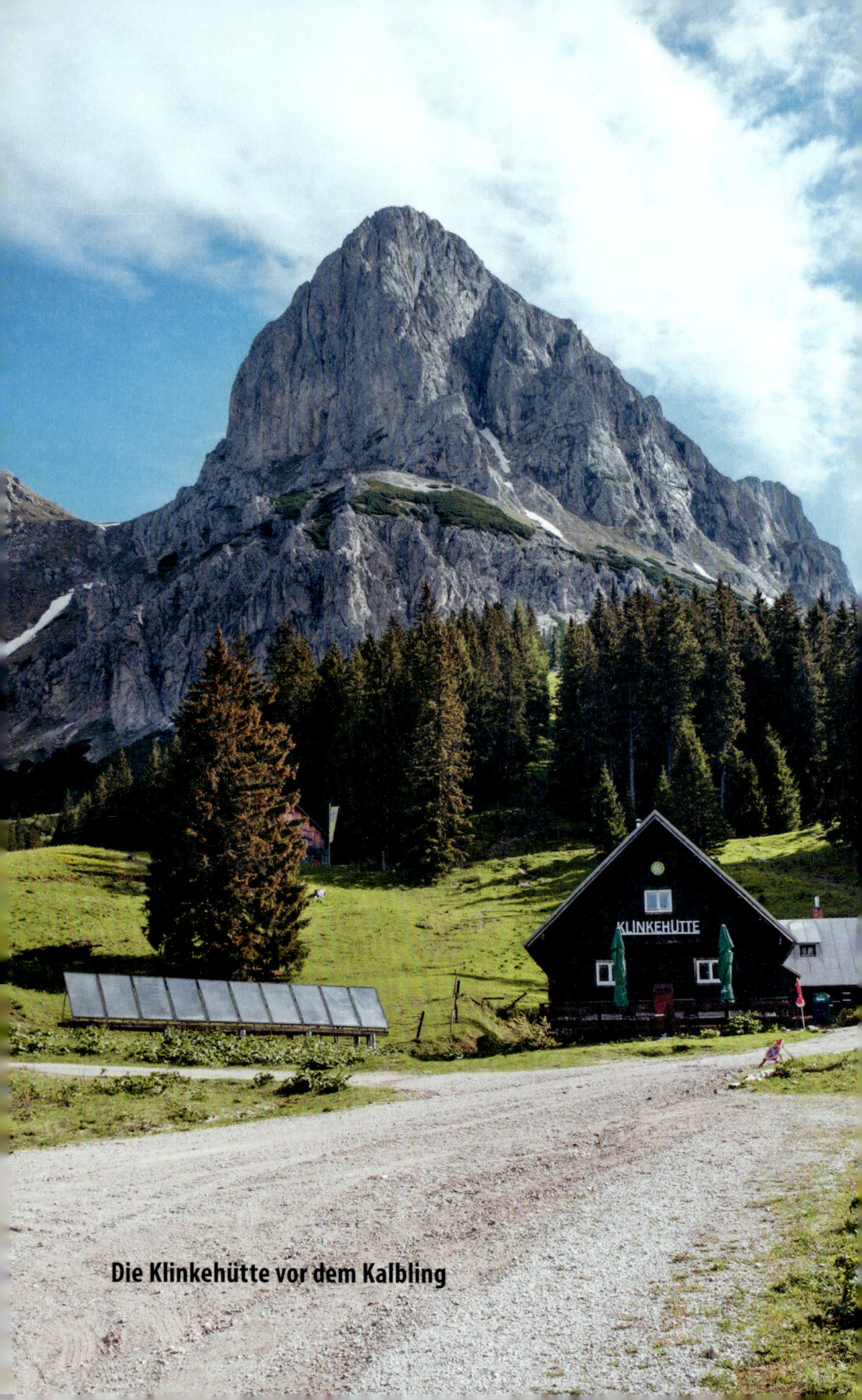

Die Klinkehütte vor dem Kalbling

Der Weg wird uns von Postkartenmotiven versüßt. Es geht einen steilen Hang hinab, der von den Stämmen gefällter Bäume übersät ist. Am Gegenhang steht eine urige Holzhütte, und dahinter ragen die Gipfel in die Höhe.

Unten kommen wir auf eine Forststraße und können auf einem Blechschild bei einer Gabelung lesen, dass wir uns auf dem **Kalblinggatterl** auf einer Höhe von 1542 Metern befinden.

Wanderer haben hier mehrere Möglichkeiten. Geradeaus, in Richtung der Hütte, die wir von oben sahen, würden wir auf den Kalbling wandern. Da wir aber nun schon ein paar Kilometer unterwegs sind, wollen wir stattdessen lieber zur **Klinkehütte** weiterwandern, die mit 15 Minuten angeschrieben ist.

Wir verlassen die Forststraße und spazieren auf einem Wanderweg links etwas abwärts weiter. So erreichen wir die **Klinkehütte** ❻ wie angekündigt. Die Hütte gleicht einem Postkartenmotiv, denn genau hinter ihr ragt der markante Kalbling-Gipfel imposant hervor.

Neben der Klinkehütte, die dem Österreichischen Alpenverein gehört, steht eine weitere Hütte. Dort findet man das erste alpine Ausbildungszentrum der Ostalpen. Wer in der Klinkehütte essen und trinken möchte, kann dies sowohl in der Hütte und auch direkt davor. Sehr erfrischend ist die Gesäuse-Perle. Das sprudelnde Getränk gibt es in verschiedenen Geschmacksrichtungen, wie Apfel und Holunder.

Nach einer wohlverdienten Rast haben wir zwei Möglichkeiten, um die restliche Strecke bis zum Ausgangsort zurückzulegen: Entweder nehmen wir einen etwas kürzeren Wanderweg durch dichten Wald, der links von den Parkplätzen weiterführt – oder wir spazieren auf einer Forststraße und haben damit einen etwas längeren Weg. Wir wählen letztere Variante, damit wir noch einmal Berge sehen. Später wechseln wir dann auf den Wanderweg. Auf Tafeln lesen wir nach,

!

*Die **Klinkehütte** liegt auf dem Luchstrail, der in elf Etappen durch drei Großschutzgebiete Österreichs verläuft: Nationalpark Kalkalpen, Nationalpark Gesäuse und das Wildnisgebiet Dürrenstein-Lassingtal. Die Mehrtagestour umfasst mehr als 220 Kilometer und 12.000 Höhenmeter.*

dass wir gerade auf drei Weitwanderwegen unterwegs sind: dem Luchstrail, dem Nordalpenweg und dem Eisenwurzenweg. Alle Wege sind Mehrtageswanderungen mit unterschiedlicher Etappenanzahl.

Nach dem kalten Winter sind offenbar noch nicht alle Wege wieder hergerichtet. So steigen wir über den einen und anderen Baumstamm, der umgefallen ist. Ein kurzer Abschnitt führt über ein Steinfeld.

Nicht mehr ganz weit erkennen wir die Kaiserau. Während wir die letzten Schritte zum Auto spazieren, lassen wir unsere heutige Wanderung mit ihren unvergesslichen Ausblicken auf die Gesäuseberge Revue passieren.

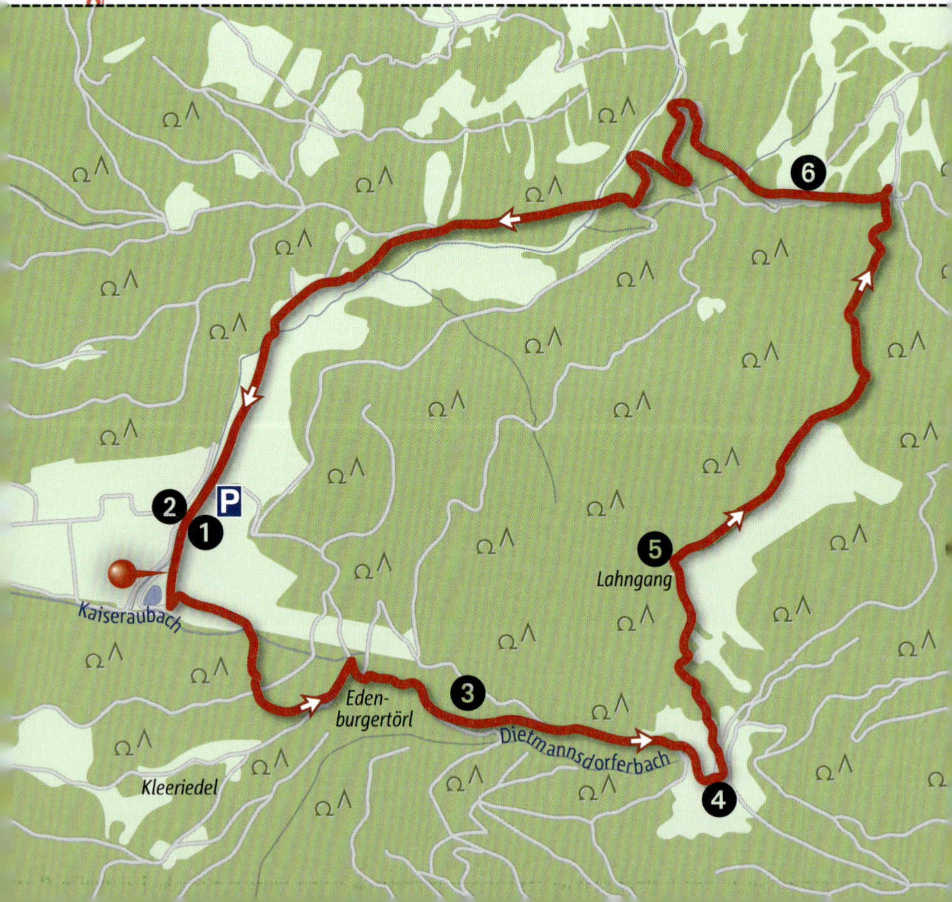

Alles auf einen Blick

WIE & WANN:
Unbefestigte Wege; beste Zeit Mai bis November; gute Wanderschuhe empfohlen

HIN & WEG:
Auto: Parkplatz Kaiserau, 8911 Admont (GPS: 47.528591,14.484590)
ÖPNV: Keine direkte Anbindung an die Strecke

Entspannung ✱✱✱✱✱
Genuss ✱✱✱✱✱
Romantik ✱✱✱✱✱

ESSEN & ENTSPANNEN:
Panoramarestaurant Kaiserau ❷ Krumau 23, 8911 Admont, Tel. +43 (36 13) 2 82 42
Klinkehütte ❻ Krumau 2, 8911 Admont, Tel. +43 (36 13) 26 01

ENTDECKEN & ERLEBEN:
Kaiserau ❶
Gustl-Steig ❸
Wagenbänkalm ❹
Lahngangkogel – Gipfelkreuz ❺

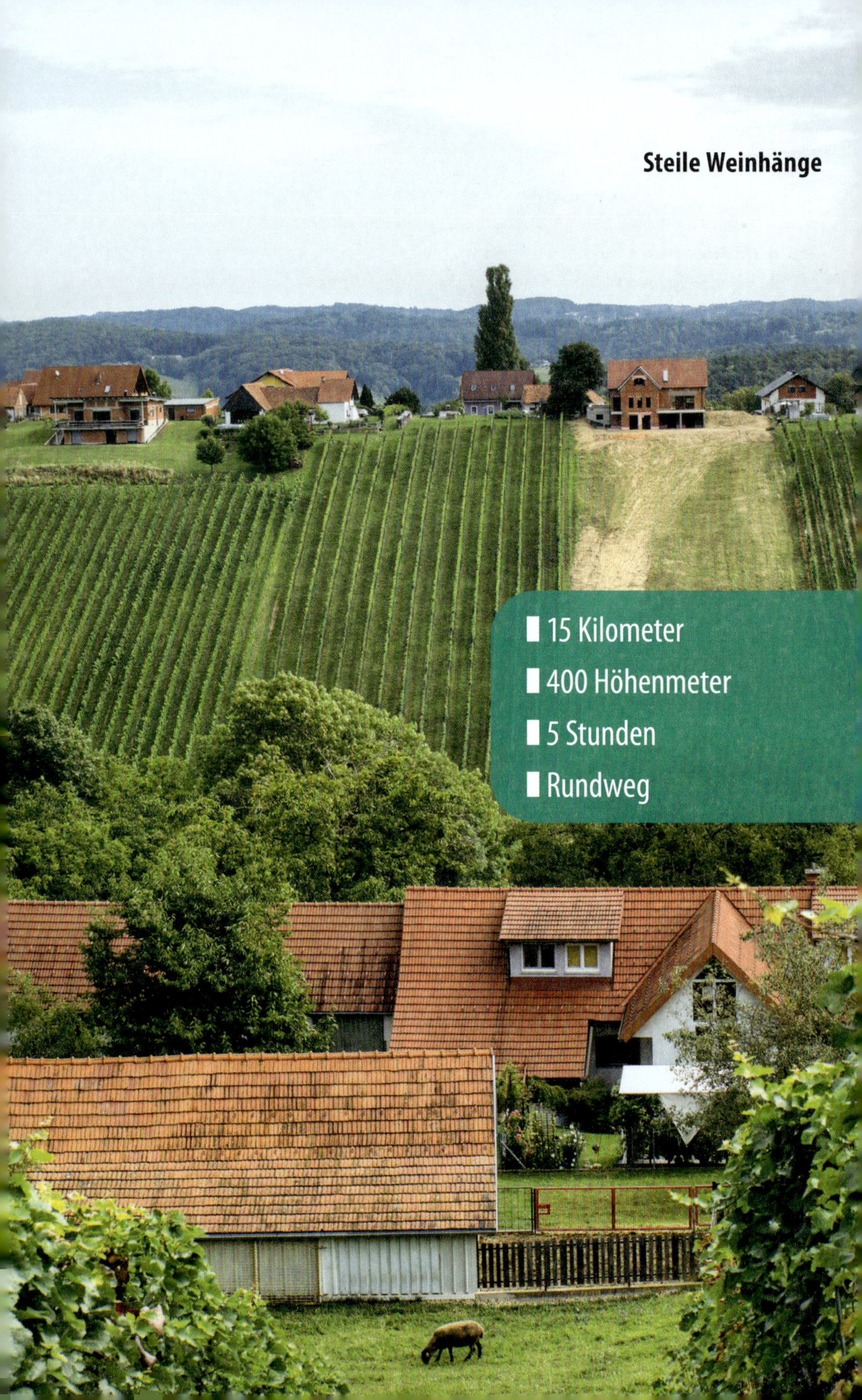

Steile Weinhänge

- 15 Kilometer
- 400 Höhenmeter
- 5 Stunden
- Rundweg

Am Parkplatz wird uns gleich eine genussvolle Aussicht auf die Weinberge geboten. Uns gegenüber ragt eine kleine gelbe Kapelle empor, die auf unserer heutigen Rundtour durch das Weinland liegen wird.

Das grüne Blechschild **Weinweg 300 m** gibt uns die Richtung nach rechts vor. Wir gehen am Straßenrand entlang auf die Pfarrkirche St. Anna am Aigen zu. Einen Bürgersteig gibt es nicht, sodass wir die Dorfstraße, die wir uns mit den Autos teilen müssen, zügig passieren. Auf der linken Straßenseite entdecken wir die **Bäckerei** und das **Café Pecsek ❶.**

Wir passieren ein Informationsbüro und dann das Marktgemeindeamt, die auf der rechten Seite liegen. Von einer **Aussichtsplattform ❷** links genießen wir ei-

Im Land der Traube

Der Weinweg der Sinne bei St. Anna

nen Weitblick auf die andere Seite der Südsteiermark. Das Umland erinnert uns an das bekannte Landschaftsbild der Toskana: Wir sehen Weinhügel und Pappeln vor uns. Der Blick reicht bis nach Slowenien.

Direkt unter der Plattform entdecken wir einen sehr einladenden Gastgarten mit einer langen Tafel, der sich schön in die Landschaft einbettet. Ein Glas Blauen Zweigelt und dazu einen Käseteller genießen, das wäre doch was. Dieser herrliche Ort gehört zur **Gesamtsteirischen Vinothek ❸.**

Uns gegenüber liegt eine weitere **Aussichtsplattform** mit zwei Rastbänken in Herzform. Einmal die Straße dorthin überqueren – und wir lassen unseren Blick erneut über das weitere Weinland streifen. Fürs Erste

*Die **Gesamtsteirische Vinothek** liegt im Zentrum von St. Anna am Aigen. Es gibt über 120 verschiedene Weine aus allen Weinbaugebieten der Steiermark. Alles ist hier möglich: verkosten, genießen, entspannen und mitnehmen.*

haben wir reichlich Eindrücke aufgesogen, und so wollen wir nun den Weinweg der Sinne angehen. Die **St. Anna-Kirche** vor uns werden wir vorerst nicht näher anschauen.

Ein sehr kurzes Stück spazieren wir zurück Richtung Tourismusinformation, bis wir ein Schild an einer Hauswand finden. An diesem Punkt ist der offizielle Start des Weinwanderwegs. Der Pfeil für die Wanderroute zeigt nach links. Dem Hinweis folgen wir. Bei einem kleinen Parkplatz am Hinterhof nehmen wir ein zusätzliches Schild in Gelb mit der Aufschrift Auf den **Spuren der Vulkane Rückgrat** wahr und folgen rechts einer **schmalen Treppe,** die uns einige Meter hinunterführt.

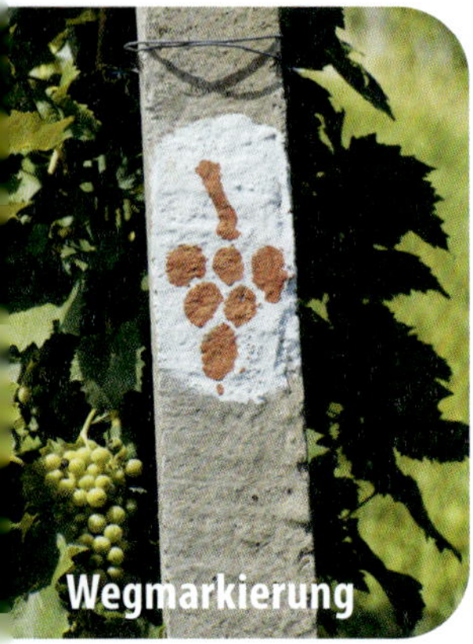
Wegmarkierung

Auf der Route **Weinweg der Sinne** werden wir immer wieder auf Schautafeln treffen, die uns die Besonderheiten der Region – allem voran den Wein – näherbringen wollen. So informiert uns die erste Tafel über die Edelkastanie und deren Bedeutung für den Weinanbau.

Weiter geht es über einen Trampelpfad, und wir entdecken eine Wegmarkierung an einem Baum. Das Symbolbild für den Themenweg ist die rote Traube auf weißem Hintergrund. Wir werden es auf der gesamten Tour immer wieder vorfinden. Genauso wie sehr kreative Wegweiser aus alten Weinflaschen.

An einem **Tennisplatz** mit Bänken zeigen uns Pfeile am Boden den Weg – und so machen wir eine Biegung nach rechts. Fortan sind wir wieder im Wald und erreichen eine Station des Themenwegs: Ganz nach dem Motto „Mit allen Sinnen erleben“ sollen wir hier den Duft des Eichenholzes riechen. Auch die Station mit der Wasserorgel lädt zum Mitmachen ein. Durch Heben und Senken des Geräts kann eine ganze Symphonie komponiert werden. An der ersten **Labestation Frühwirth Erika** ❹ verführen ein paar Stühle und Weinfässer als Tische zu einer Genusspause. Zur Selbstbedienung stehen Weine, Säfte und Gläser bereit. Manche derartigen Stationen bieten auch kleine Snacks zum „Laben“, also zum Stärken, an.

Auf diesem Abschnitt fallen uns die vielen Veilchen am Wegesrand auf. Inzwischen haben wir auch einen fließenden Begleiter, dem wir durch den Wald folgen: Der **Pleschbach** liegt zu unserer Rechten, später zu unserer Linken.

Wir haben den Wald inzwischen wieder verlassen und spazieren über eine Wiese bergauf entlang eines Zauns – und später an mehreren Häusern vorbei. Ein **Eichenfass** ist eine weitere Station auf dem Weinweg. Hier sind wieder einmal die Sinne gefragt: Wie sieht das Weinfass aus? Wie riecht es? Wie fühlt es sich an?

Auf einem Weinhügel entdecken wir einen **Klapotetz,** ein hölzernes Windrad, wie sie typisch für das südsteirische Weinland sind. Bei Windstille bewegt es

Für die Seele

Wir wandern dort, wo der Wein wächst und gedeiht, lassen uns von Labestationen anlocken und kosten lokale Produkte.

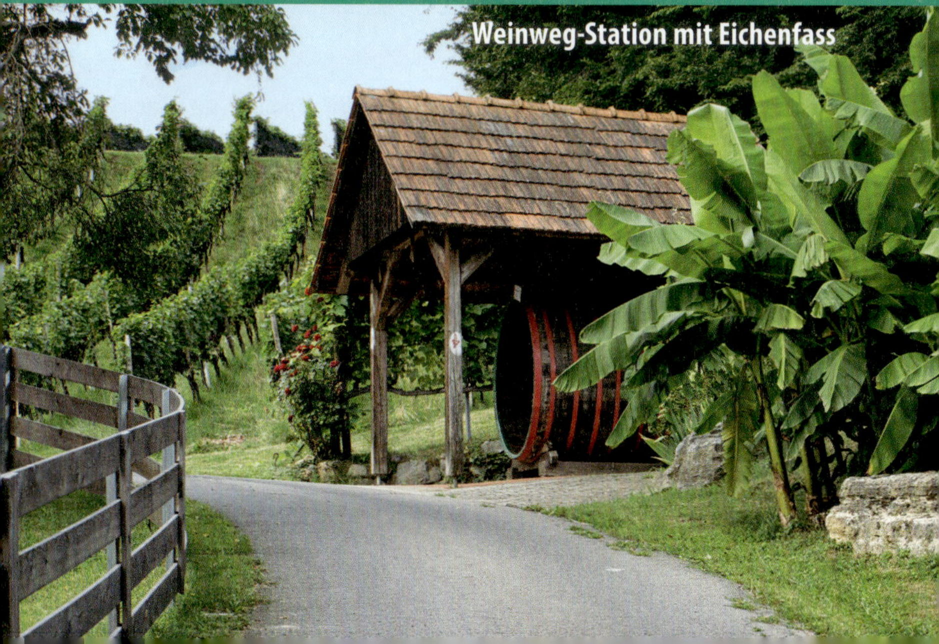

Weinweg-Station mit Eichenfass

sich nicht. Wir bestaunen die Reben, die auf beiden Seiten des Wegs emporwachsen. Auf einem Asphaltweg geht es weiter aufwärts. In der Ferne sehen wir die hübsche Pfarrkirche St. Anna am Aigen, wo wir unsere Wanderung begonnen haben. Rechts und links von uns gibt es aber nicht nur Weinreben, sondern auch Apfelbäume, Holunder und andere Obstsorten. Wir spazieren offenbar gerade durch das Paradies!

Der Wein-Themenweg lehrt uns, dass die wunderschönen Rosen vor uns den Beginn und den Abschluss einer Weinreihe kennzeichnen. In Sichtweite vor uns steht die Schemmingkapelle, die wir bereits vom Parkplatz aus gesehen haben. Bevor wir sie erreichen, legen wir eine kurze Pause am **Pestkreuz** ein.

*Die **Schemmingkapelle** wurde um 1865 aus Dankbarkeit erbaut. Ein Herr Kriegler versprach, eine Marienkapelle zu errichten, sofern er Linderung seiner schweren Augenkrankheit erfahre. Noch heute steht die Kapelle mit Blickrichtung zur Pfarrkirche St. Anna am Aigen.*

Für die **Schemmingkapelle** ❺ planen wir einen 5-minütigen Umweg ein, gehen an einer Weggabelung rechts und folgen dem Holzschild **Zur Kapelle** die Stufen hinauf. Die Kapelle ist ein wahrer Kraftplatz! Panoramabänke laden zum Verweilen ein. Mit malerischem Ausblick auf St. Anna am Aigen und die Genusshügellandschaft.

Wir spazieren die Stufen wieder hinab, folgen der Beschilderung nach rechts und gelangen alsbald wieder in den Wald. An der nächsten **Labestation Fischer Weine** ❻ legen wir eine Rast ein. Wir mischen aus Mineralwasser und Traubensaft einen Spritzer. Schließlich wollen wir diese besondere Region auch schmecken!

Eine weitere **Weggabelung** ist mit drei Flaschen dekoriert. Hier könnten wir eine kürzere Wegvariante wählen und dieser folgend in etwa 1,5 Stunden zurück nach St. Anna spazieren. Wir wollen aber die ganze Runde erkunden und halten uns rechts. Zurück im Wald, liegt links von uns der **Höllischgraben.** Auf der rechten Seite sehen wir eine lustige Zusammenstellung aus Kupferfiguren und erkennen eine Hexe. Wir befinden uns an einem mystischen Punkt, denn früher sollen sich hier Hexen getroffen haben. Der Teufel, der auch zugegen war, soll im Streit diesen Graben geschaffen haben.

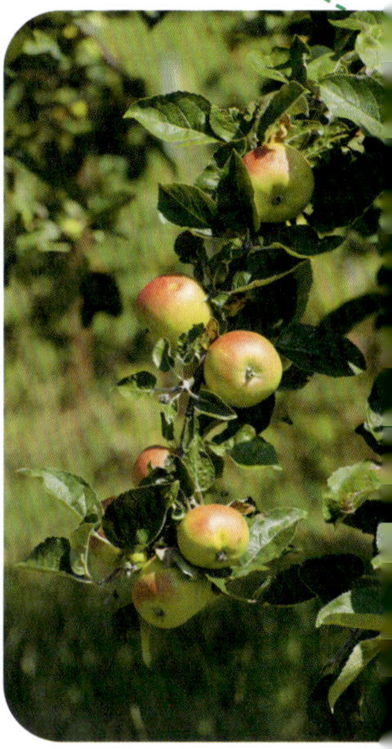

Als wir den **Grenzlandhof** 7 erreichen, staunen wir über den Ausblick beim Gasthaus. Die Reben wachsen bis zum Haus hinauf. Hier gibt es erstklassige Weine direkt vom Weinbauern, wie zum Beispiel den frischfruchtigen Welschriesling. Die Region des südoststeirischen Hügellands zählt zum Europaschutzgebiet, wie uns eine Infotafel kurz nach dem Gasthaus erklärt. Sogar Fledermäuse soll es hier geben. Wir spazieren entlang eines Obstgartens, der in den letzten Jahren einen Preis gewann: Er wurde zum schönsten Streuobstgarten in der Steiermark gekürt. Uns wundert dies nicht. Die Apfelbäume könnten kaum schöner und die Äpfel nicht appetitanregender aussehen.

Wir kommen bei der **Vulkanland-Aussichtswarte** 8 in Frutten-Gießelsdorf an und staunen nicht schlecht: Der Turm ist 41 Meter hoch und gilt als steirischer Eiffelturm. Was wird das für eine grandiose Aussicht von oben sein? Das wollen wir natürlich herausfinden – und steigen die 180 Stufen hinauf. Der Rundumblick zeigt uns die Südoststeiermark und das Land darüber hinaus aus der Vogelperspektive.

Wieder unten angekommen, kehren wir bei der **Jausenstation** ein. Nun heißt es für Stärkung sorgen. Erdäpfelsalat mit Kernöl – und zum Nachtisch ein Brombeerkuchen – tanken den Energiehaushalt wieder auf.

Dann begeben wir uns auf den Rückweg. Wir folgen den bekannten Wegweisern des Weinwegs und erreichen bald eine asphaltierte Straße mit hübschen Häusern auf beiden Seiten. Weitere Labestationen laden noch hungrige Spaziergänger zu einer Einkehr ein. Auf der rechten Seite stoßen wir auf eine riesige Aussichtsplattform, die über den Weinreben liegt. Die Wegmarkierung zeigt an, dass wir genau diese Holzkonstruktion passieren müssen. Auf einer Art Balkon spazieren wir über das quietschende Holz, bis uns eine Rampe zurück auf die Wiese führt. Die Kirche in St. Anna am Aigen ist endlich wieder in Sichtweite vor uns. Wir sind

> *Die **Brodlsulz** bei Klapping sieht aus wie eine blubbernde Pfütze. Das Wasser sprudelt aufgrund der aufsteigenden Kohlendioxidgase, was auf vulkanische Aktivitäten zurückzuführen ist. Der kleine „Vulkanausbruch" ist auf jeden Fall eine Besonderheit.*

also nicht mehr weit vom Ausgangspunkt entfernt und bewegen uns darauf zu. Vor einer kurzen Holzbrücke zeigt ein Wegweiser nach rechts zur Brodlsulz. Da der Weg dorthin einen größeren Umweg bedeuten würde, bleiben wir auf dem Weinweg.

Wir spazieren über einen Wiesenpfad neben einem Maisfeld, bis wir zu einer Straße gelangen. Jetzt haben wir es fast geschafft. Eine steile Treppe führt wieder hinauf zum Ortskern von St. Anna. Bänke laden letztmalig zu einer Rast ein, bevor wir die Gesamtsteirische Vinothek erreichen. Von hier sind es nur noch wenige Meter bis zum Ausgangspunkt.

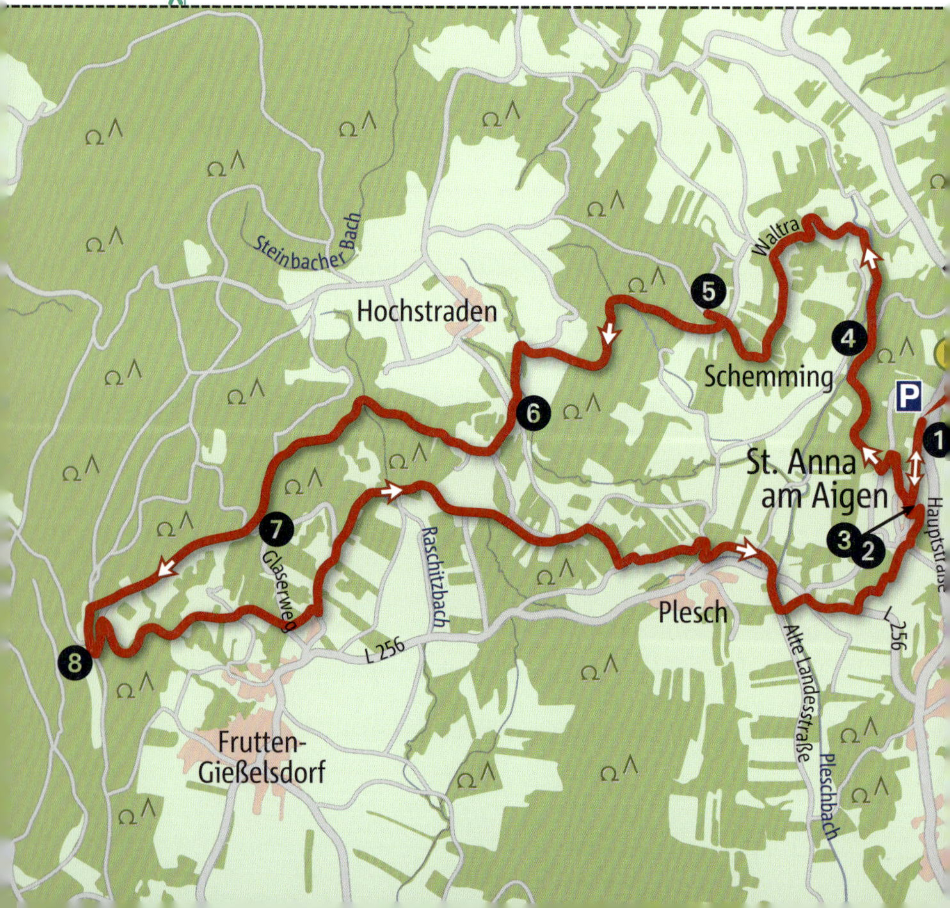

Alles auf einen Blick

WIE & WANN:
Durchgängig befestigte Forstwege, asphaltierte Straßen, Wald- und Wiesenwege; ganzjährig möglich, besonders farbenfroh im Herbst

HIN & WEG:
Auto: Parkplätze in St. Anna am Aigen, Marktstraße 31, 8354 St. Anna am Aigen (GPS: 46.83508, 15.97457)
ÖPNV: Bus 409 bis St. Anna am Aigen Schulen (Sa. und So. kein Verkehr)

ESSEN & ENTSPANNEN:
Bäckerei-Café Pecsek (ehemals Bäckerei Spann) ❶ Marktstraße 26, 8354 St. Anna am Aigen, Tel. +43 (31 58) 22 14, baeckerei-pecsek.at
Gesamtsteirische Vinothek ❸ Marktstraße 6, 8354 St. Anna am Aigen, Tel. +43 (31 58) 28 01, gesamtsteirische-vinothek.at

Entspannung ✱✱✱✱✱
Genuss ✱✱✱✱✱
Romantik ✱✱✱✱✱

Labestation Frühwirth Erika ❹
Labestation Fischer Weine ❻
Grenzlandhof ❼ Gießelsdorf 107, 8354 St. Anna am Aigen, Tel. +43 (6 64) 6 38 17 78, grenzlandhof.at
Jausenstation bei der Aussichtswarte ❽ Frutten-Gießelsdorf, 8354 St. Anna am Aigen, Tel. +43 (6 64) 8 64 58 33

ENTDECKEN & ERLEBEN:
Aussichtsplattform ❷
Schemmingkapelle ❺
Vulkanland-Aussichtswarte ❽ siehe ESSEN & ENTSPANNEN

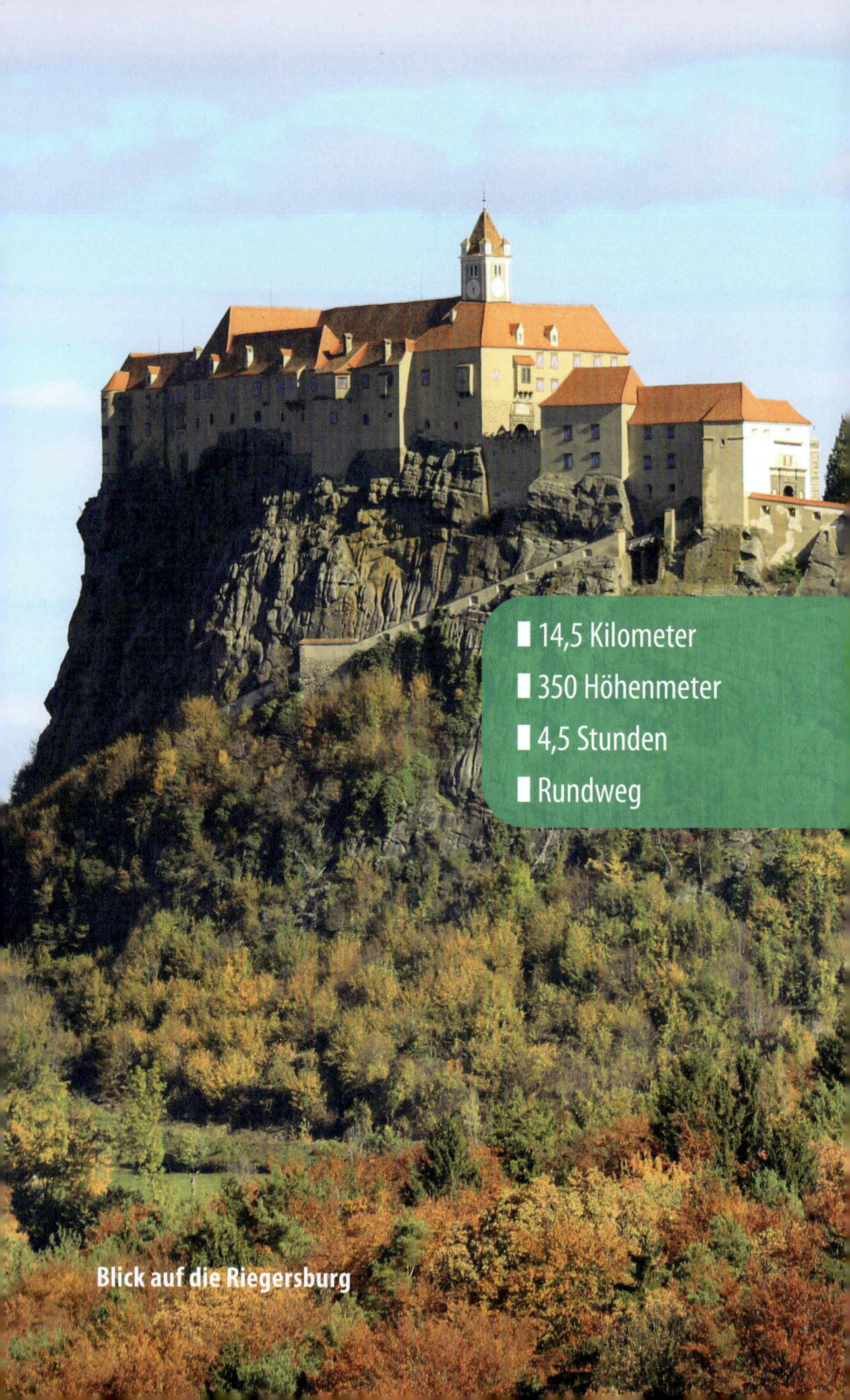

- 14,5 Kilometer
- 350 Höhenmeter
- 4,5 Stunden
- Rundweg

Blick auf die Riegersburg

Los geht's vom Besucherparkplatz in der Nähe der Riegersburg. Eine große Schautafel zeigt eine Karte der Wanderregion. Der im Jahr 2011 eröffnete Genusswanderweg Riegersburg teilt sich in zwei Schleifen: die Zotter-Schleife (westlich der Burg) und die Gölles-Schleife (östlich der Burg). Beide Routen führen vorbei an kulinarischen Highlights und zahlreichen Aussichtspunkten. Eine weitere Route verläuft einmal kurz um die Burg herum und ist eher ein kleiner Spaziergang.

Für uns interessant ist die **Zotter-Schleife des Riegersburg Genusswanderwegs** mit angegebenen 12,5 Kilometern. Wir folgen der Beschilderung mit dem **Genussschinken,** die uns eine schmale Treppe hinaufführt.

Vulkanland

Riegersburger Zotter-Schleife

Alsbald haben wir den ersten fantastischen Ausblick auf die majestätische Riegersburg.

Oben angekommen, geht es leicht links über den **Marktplatzweg** weiter, dem Wegweiser folgend. Über den Bürgersteig spazieren wir durch den Ort. Die ersten Einkehrmöglichkeiten bieten lokale Köstlichkeiten. Das **Burgcafé Riegersburg** ❶ bietet selbst gemachte Mehlspeisen an. Wer der Verlockung nicht widerstehen kann, kehrt hier gleich ein. Am Weg entdecken wir auf der linken Seite einen zinnroten Brunnen. Dahinter in der Ferne liegt die wunderschöne Hügellandschaft.

Etwas später sehen wir auf der rechten Seite die Kasse für die Besucher der **Riegersburg** ❷. Unser Wanderweg führt uns geradeaus und an der nächsten Gabelung leicht

*Die **Riegersburg** gilt als stärkste Festung des Abendlands; nie konnte sie erobert werden. Sie thront auf einem erloschenen Vulkanfelsen und ist bei guter Sicht sogar vom Plabutsch (Fürstenstand) in Graz zu erkennen.*

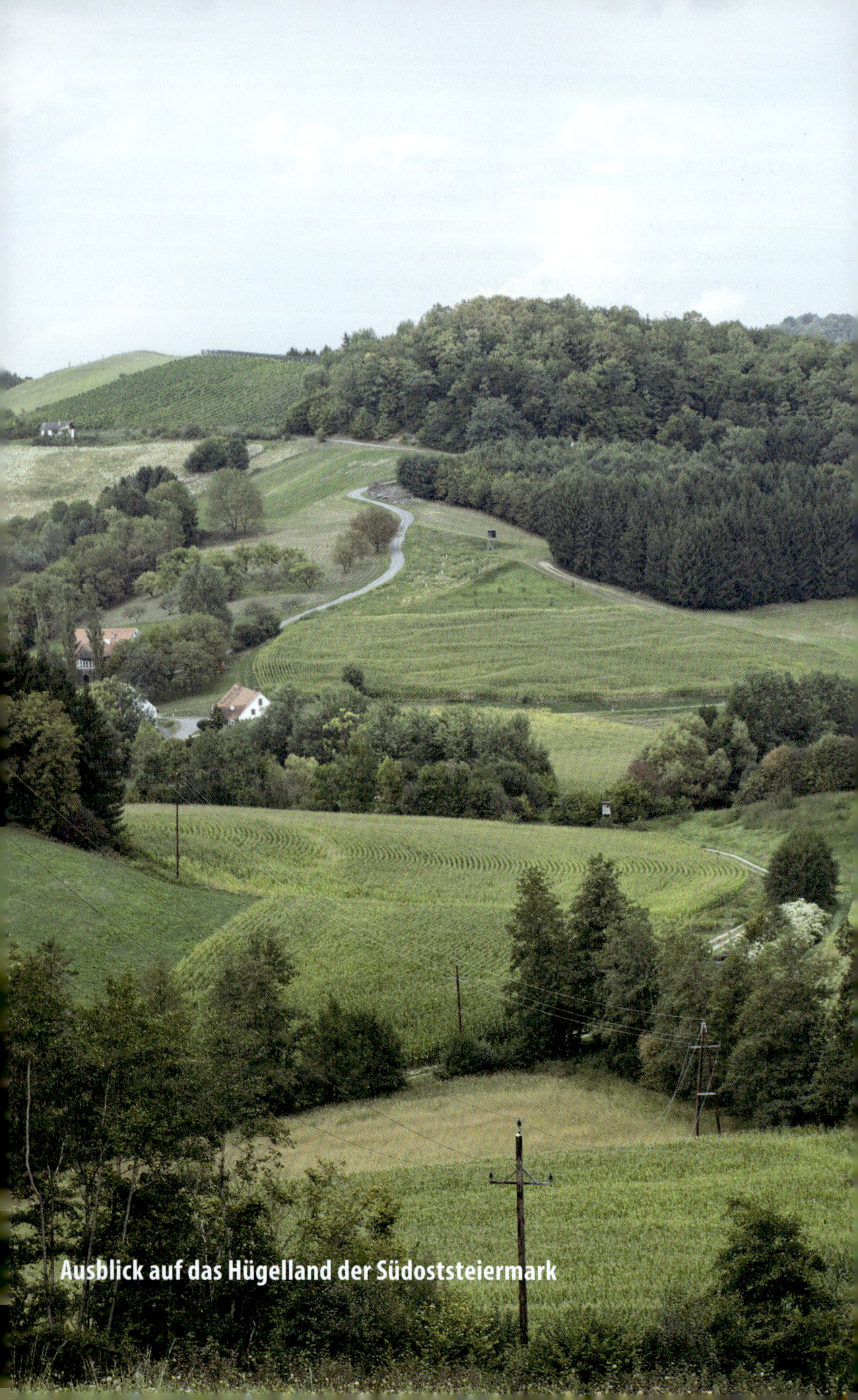

Ausblick auf das Hügelland der Südoststeiermark

nach links hinab. Es geht ein kurzes Stück durch eine Siedlung hindurch. Bisher finden wir überall eine Wegmarkierung vor. So ist es einfach, sich zurechtzufinden, zumal bei der überdimensionalen Größe der Wandertafel.

Das Ortsgebiet haben wir inzwischen verlassen. Wir passieren einen Kreisverkehr und gehen weiter geradeaus in Richtung der Ortstafel **Altenmarkt bei Riegersburg.** Danach biegen wir links ab und folgen für 2,4 Kilometer einem asphaltierten Weg. Als wir ein **Ziegengehege** ❸ erreichen, lädt uns eine Rastbank ein, eine erste Pause zu machen, die Tiere zu beobachten und uns über sie zu informieren. Auf einer Schautafel stehen die Rufnamen der Ziegen und welche weiteren Kleintiere in der Nähe gezüchtet werden – unter anderem Mini-Shetland-Ponys.

Für die Seele

Auf dem Genusswanderweg spazieren wir durch das südoststeirische Hügelland – mit Ausblick auf eine romantische Burg.

Nach dieser tierischen Rast geht es in ein Waldstück hinein, leicht bergauf. Eine Infotafel mit der Aufschrift „Die damische Kathel" erzählt die Sage um eine verschwundene Burg. Der Richtungspfeil zeigt nach rechts. Etwa 400 Meter Umweg führen zum Schauplatz der Geschichte. Wir nehmen dies zur Kenntnis, schlendern aber weiter geradeaus, bis wir den Wald wieder verlassen und auf Asphalt spazieren. Von Weitem sehen wir eine hübsche, gelb angestrichene Kapelle, die im Jahr 1858 erbaut wurde. Kurz danach erreichen wir das Mekka für Schokoladenliebhaber: die **Zotter Schokoladenmanufaktur** ❹ mit großem Verkaufsladen.

Weiter geht es entlang des Fußgängerwegs neben der Straße. Ein riesiger Aufsteller in Form einer Sektfla-

Die **Zotter Schokoladenmanufaktur** *setzt auf Fair Trade und stellt alles bis zur fertigen Schokoladentafel im eigenen Haus her. Die Kakaobohnen werden vor allem von Kleinbauern aus Lateinamerika bezogen.*

sche „VULKANLAND Sekt" kündigt an, dass in der Nähe eine spritzige Manufaktur liegen muss.

Nicht mehr lange, und die bereits bekannte Genussweg-Markierung navigiert uns über eine Wiese leicht bergab. Zur Linken sehen wir ein Maisfeld, weit rechts ragen Bäume hervor. Ganz in der Ferne erspähen wir ein Bild, das an die Toskana erinnert: ein sanfter Hügel mit Pappeln, die sich aneinanderreihen. Es geht wieder hinab ins Tal.

Von der saftigen Wiesenlandschaft wandern wir ein kurzes Stück durch einen Wald, dessen Bäume wenig Licht durchlassen. Danach geht es wieder über eine Wiese, neben Maisfeldern entlang. Ein längeres Stück spazieren wir am Rand einer asphaltierten Straße. Es ist sehr ruhig! Kein einziges Auto fährt an uns vorbei. Ein schönes Fotomotiv bietet sich uns an einer Gabelung: Ein Baum spendet einer Ruhebank etwas Schatten. Wir halten uns hier geradeaus und folgen einer Biegung, sodass wir die majestätische Riegersburg in der Ferne sehen und ein Stück genau auf sie zuspazieren – und dann zeigt uns eine Wandertafel, dass wir links abbiegen müssen. An der Gabelung verspricht ein Schild „Tomaten, Gurken, Paprika": Verhungern kann man hier nicht!

Nur wenige Hundert Meter entfernt entdecken wir Tiere mit braunem, zotteligem Fell. Als wir uns nähern, erkennen wir: Es sind drei Hochlandrinder, die auf einer Weide grasen. Nach der Weide geht es rechts weiter. Nun erwartet uns ein steiles Stück bergauf, das überwiegend durch einen Wald führt. Der Herbst ist deutlich zu spüren, der Boden ist von einem gelbroten Blätterteppich bedeckt. Am höchsten Punkt angekommen, verlassen wir bald den Wald und spazieren ein längeres Stück entlang von Streuobstwiesen mit fruchttragenden Apfelbäumen zu beiden Seiten. Die Bäume reihen sich unter einem Dach aus Netzen, um sie vor Vögeln zu schützen. Eine **Rastbank** liegt in Sichtweite. Sie steht direkt unter einem schönen Baum. Die Sonne strahlt durch die Äste hindurch.

Inzwischen bewegen wir uns wieder auf einem asphaltierten Weg und spazieren durch die Zivilisation. Wohnhäuser stehen am Wegesrand, kleine Selbstbedienungsläden, wie das **Sitzwohl ⑤,** machen neugierig. Was es hier denn an lokalen Köstlichkeiten zum Mitnehmen gibt?

Da wir nun doch ein paar Höhenmeter unter uns haben, können wir den prächtigen Ausblick auf das Hügelland genießen. Links sehen wir einen der Hausberge der Grazer, den Schöckl – und dann fällt unser Blick wieder auf die Riegersburg, die auf ihrem Vulkanfelsen steht. Um uns herum Wiesen, Maisfelder und Bäume.

Die Aufschrift einiger Wegweiser „Flaschenwein, Traubensaft“, „Frizzante“, „Uhudler-Sturm“ locken Genusssuchende wieder einmal vom Weg ab. Wir halten uns weiter geradeaus und erreichen bald das **Genusshotel Riegersburg,** an dem wir links vorbeispazieren. Noch einmal gibt es paradiesische Ausblicke auf die Burg und eine toskanisch anmutende Landschaft, bevor es langsam zurück ins Tal geht.

Indessen haben wir einen Parkplatz und eine Bushaltestelle direkt am Fuß des Burggeländes erreicht, wo der Aufzug hinauf zum Burgareal fährt. Eine letzte Schleife steht uns bevor, wir spazieren über die Gleichenberger Straße (B 66) und folgen einem beschilderten Wanderweg, der bergab führt. Jetzt haben wir eine Perspektive von unten auf die Burg.

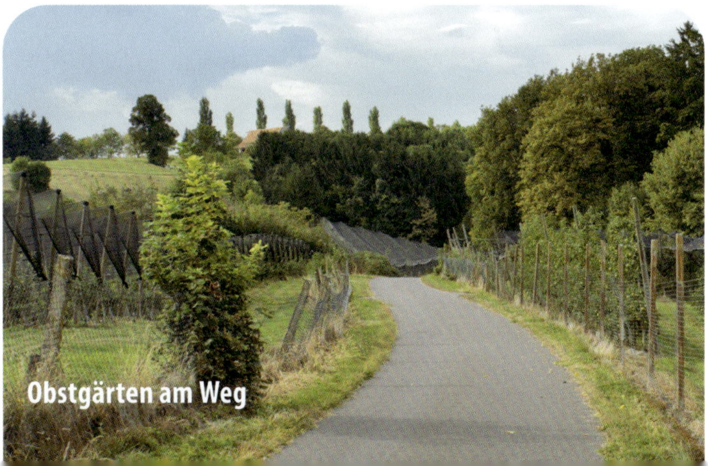
Obstgärten am Weg

Verwöhntour 11

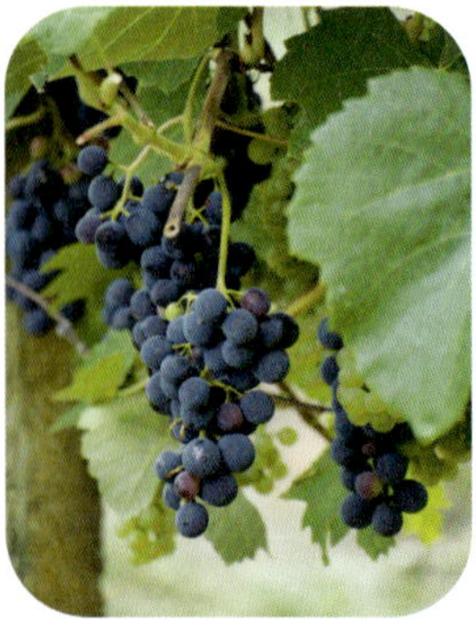

Der letzte Abschnitt verläuft vorbei an besonders fruchtbarem Gelände. Wir entdecken Sonnenblumen, Tomaten, Paprika und Äpfel, die zum Greifen nah wachsen. Am Ende des Wegs zeigt die Beschilderung nach links, und wir sind zurück im Ort. Zum Abschluss der Genussrunde suchen wir uns einen netten Ort, um die Wanderung Revue passieren zu lassen. Zur Auswahl haben wir das **Burgcafé Riegersburg,** den **Lasslhof** 6 mit Gewölbekeller und den **Riegersburgerhof** 7 mit Sonnenterrasse.

Für einen späteren Zeitpunkt merken wir uns die Gölles-Schleife vor, die sicherlich genauso fantastische Eindrücke zu bieten hat wie die heutige Zotter-Schleife.

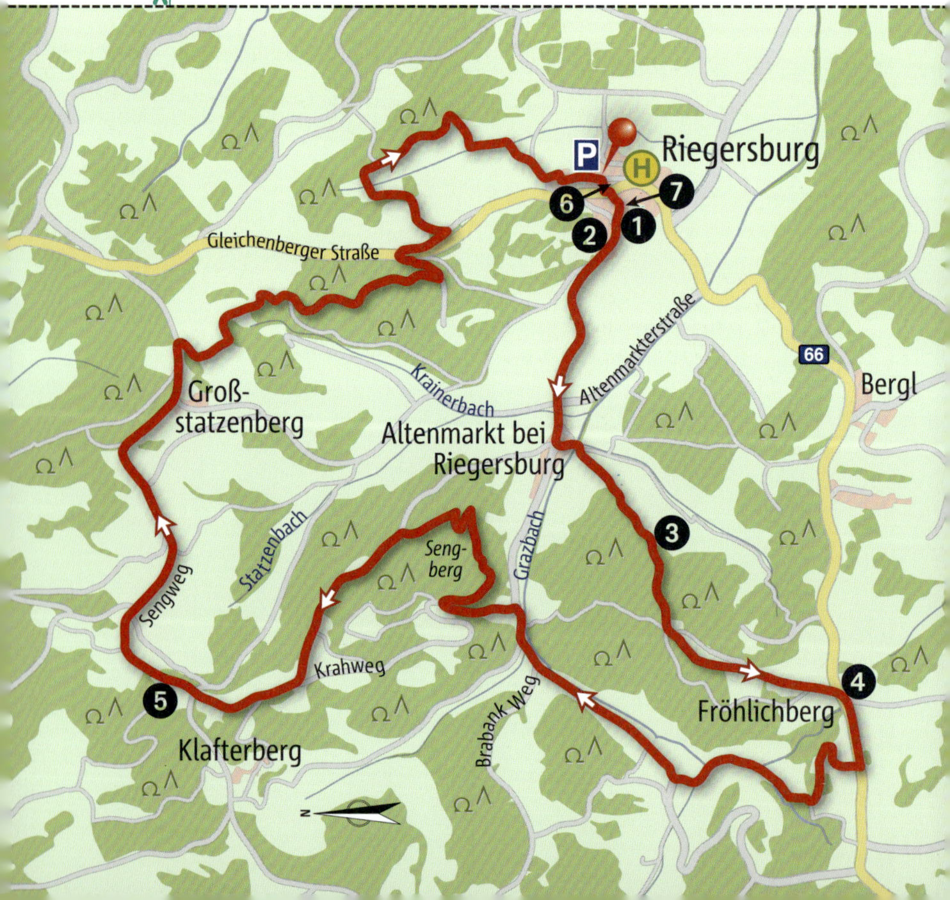

Alles auf einen Blick

WIE & WANN:
Durchgängig befestigte Forstwege, asphaltierte Straßen, Wald- und Wiesenwege; ganzjährig möglich, besonders farbenfroh im Herbst

HIN & WEG:
Auto: Parkplatz Riegersburg, 8333 Riegersburg (GPS: 47.001523,15.937616)
ÖPNV: RegioBus 406 bis Riegersburg Süd

ESSEN & ENTSPANNEN:
Burgcafé Riegersburg ❶ Riegersburg 30, 8333 Riegersburg, Tel. +43 (31 53) 7 14 17
Sitzwohl ❺ Krennach 70, 8333 Riegersburg, Tel. +43 (31 53) 83 60, sitzwohl.at
Lasslhof ❻ Riegersburg 20, 8333 Riegersburg, Tel. +43 (31 53) 7 10 94, lasslhof.at
Riegersburgerhof ❼ Riegersburg 29, 8333 Riegersburg, Tel. +43 (31 53) 82 16, riegersburgerhof.at

Entspannung ✱✱✱✱✱
Genuss ✱✱✱✱✱
Romantik ✱✱✱✱✱

ENTDECKEN & ERLEBEN:
Riegersburg, Kasse und Eingang ❷ Tel. +43 (31 53) 82 13, dieriegersburg.at
Ziegengehege ❸
Zotter Schokoladenmanufaktur ❹ Bergl 56, 8333 Riegersburg, zotter.at

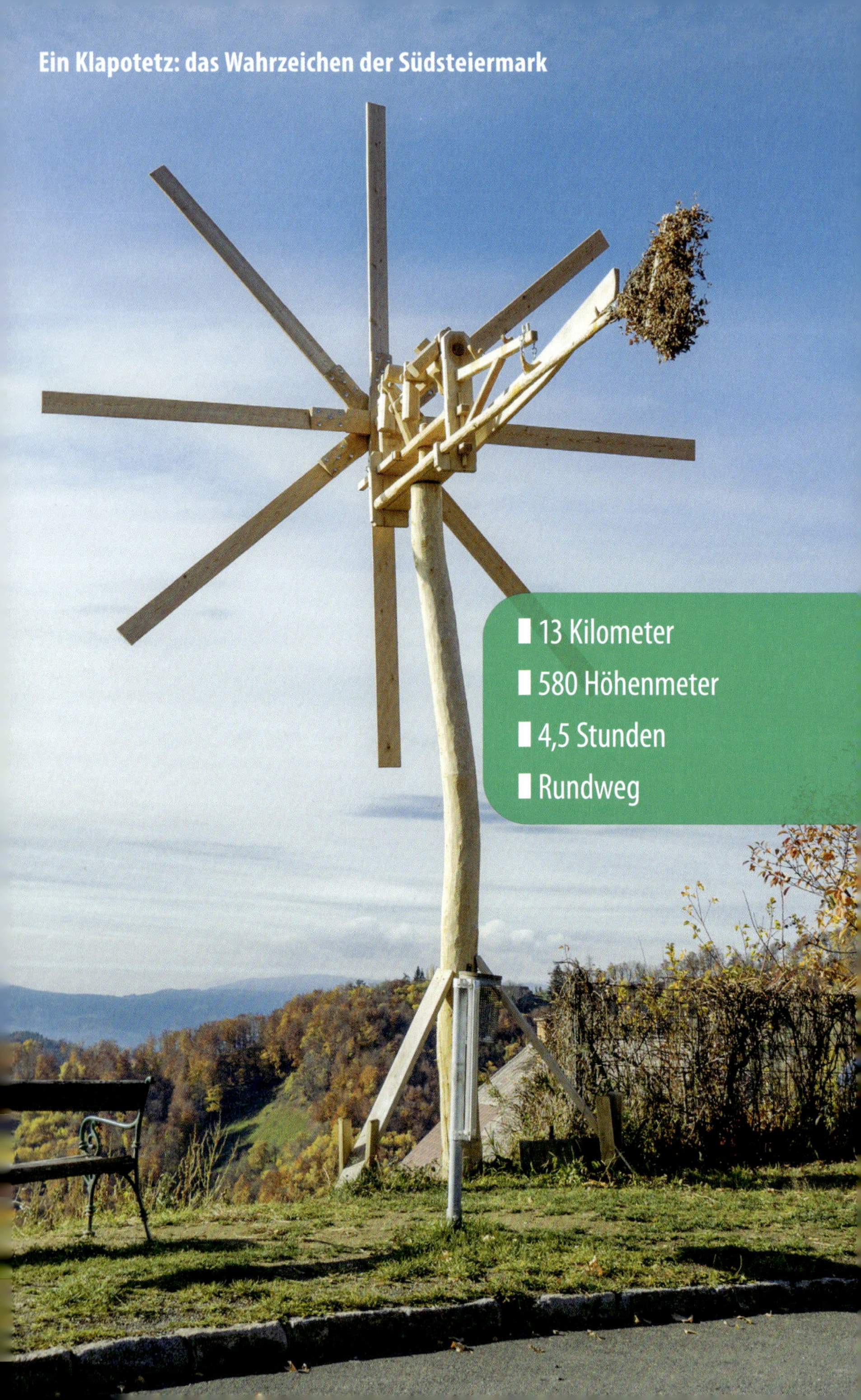

Ein Klapotetz: das Wahrzeichen der Südsteiermark

- 13 Kilometer
- 580 Höhenmeter
- 4,5 Stunden
- Rundweg

Bereits die Anfahrt über die Sausaler Weinstraße steigert unsere Vorfreude auf die heutige Wanderung durch das höchstgelegene Weingebiet in Europa. Im Herbst zeigt sich das Landschaftsbild in leuchtenden Farbtönen.

Wir starten die Wanderung schräg gegenüber der **Pfarrkirche Kitzeck.** Am Parkplatz bietet sich uns ein herrliches Panorama auf das hügelige Weinland Richtung Osten. Drüben bei der Kirche zeigt sich die westliche Seite mit ebenso eindrucksvollen Weinhängen, die sich bis tief ins Tal schlängeln.

Bei der Kirche gibt es ein öffentliches WC. Am hölzernen Windrad – Klapotetz genannt – prangen über vierzig Richtungstafeln zu Einkehrmöglichkeiten.

*Die **Sausaler Weinstraße** ist eine von mehreren Weinstraßen, die durch den Südwesten und Südosten der Steiermark verlaufen. Die Route führt von Leibnitz nach Kitzeck und ermöglicht Aussichten auf malerische Weinlandschaften.*

Steile Weinberge

Kitzecker Weinweg

Zahlreiche Weingüter und Gasthöfe locken mit regionalen Köstlichkeiten.

Für uns heißt es nun erst einmal ein wenig frische Luft schnappen. Wir spazieren für etwa 1,5 Kilometer entlang der Hauptstraße mit viel Aussicht und ein paar Haltepunkten.

Zunächst passieren wir das ehemalige Restaurant Kirchenwirt und kommen dann zum **1. Steirischen Weinmuseum** ❶. Es wurde im Jahr 1979 als erstes Weinmuseum in der Steiermark eröffnet und liegt in den Räumlichkeiten eines alten Winzerhauses. Die Ausstellung verteilt sich auf sieben Räume. Besucher bekommen Einblick in das Leben der Winzer und den Weinanbau früherer Zeiten.

Auf dem folgenden Weg reihen sich die Einkehrmöglichkeiten nebeneinander. In der **Tourismusinformation** können wir uns mit Broschüren über die Südsteiermark eindecken. Abseits der Straße stehen Rastbänke mit herrlicher Aussicht parat. Und dann treffen wir noch auf einen bewegungslosen Klapotetz. Er steht still, da zurzeit kein Wind weht.

So viele Erlebnisse bereits auf dem ersten Abschnitt! Beim Vorbeischlendern am **Restaurant Wohlmuth-Lückl** ❷ entdecken wir einen einladend aussehenden Wintergarten. Wir wollen aber erst einmal unserem Bewegungsdrang nachgehen.

*Das Wort **Klapotetz** leitet sich vom slowenischen klopotec ab, was so viel wie „Klappern" bedeutet. Bezeichnet wird damit ein Windrad, das Vögel von den Weinreben verscheuchen soll.*

Beim **Weingut Lambauer** ❸ verlassen wir die Hauptstraße und schwenken links auf den **Gaisriegel-Weg** ein. Auf der Wanderung orientieren wir uns am markierten Weg **K4** Richtung **Demmerkogel.**

Auf einem Schotterweg geht es direkt neben Weinhängen entlang, die herbstlich goldfarben leuchten. Beeindruckt von der fantastischen Fernsicht legen wir eine

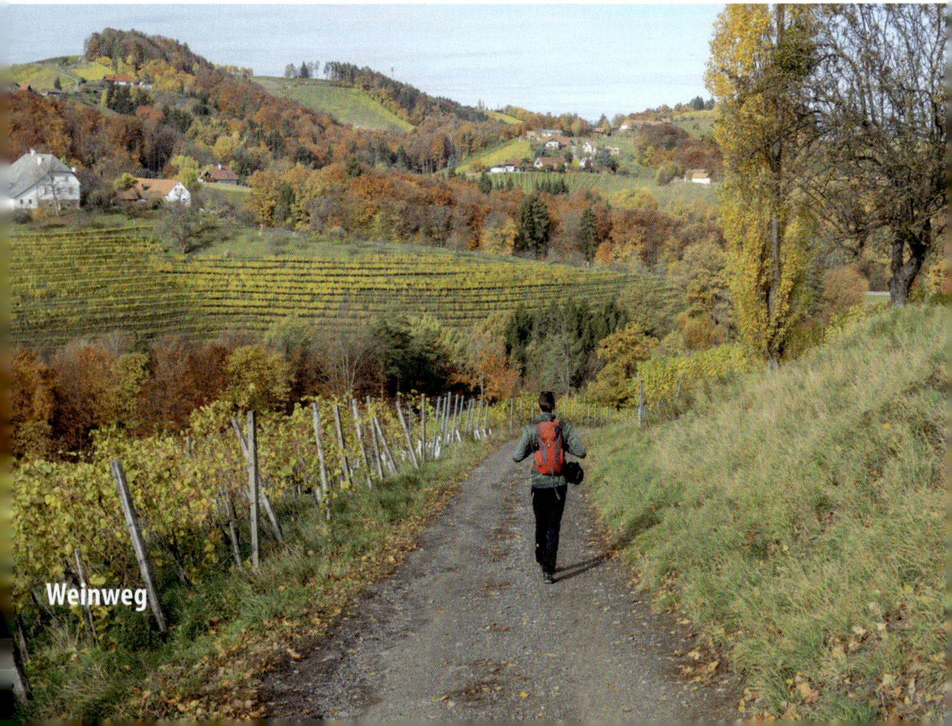

Weinweg

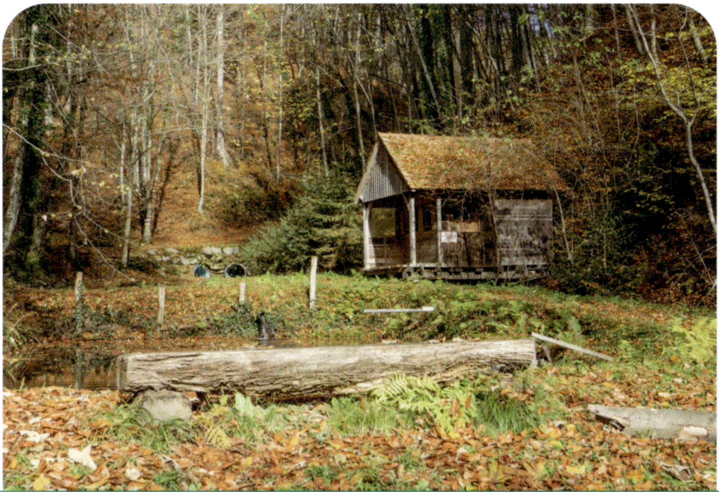

Für die Seele

In der Südsteiermark spazieren wir entlang malerischer Weingärten. Wir wechseln zwischen Höhen- und Tiefenlage und bestaunen die steilen Rebenhänge.

kurze Verschnaufpause ein. Vor unseren Augen breiten sich sanfte Weinberge und bunte Wälder aus, dazwischen kleine Häuser. Ein absoluter Augenschmaus!

Beim **Buschenschank Schauer** ❹ folgen wir dem Weg rechts, entlang von Weingärten – und alsbald in den Wald hinein. Der Waldpfad bringt uns zu einem Teich mit einer Hütte.

Eine Beschilderung gibt uns den Hinweis, dass es bis zum **Demmerkogel** noch etwa 45 Gehminuten sind. Und nun folgt der steilste Abschnitt der gesamten Tour! Wir setzen den Weg in Serpentinen bergauf fort. Unter unseren Füßen ist der herbstliche Waldboden überzogen von einem herrlichen, gelb leuchtenden Blättermeer und Kastanien.

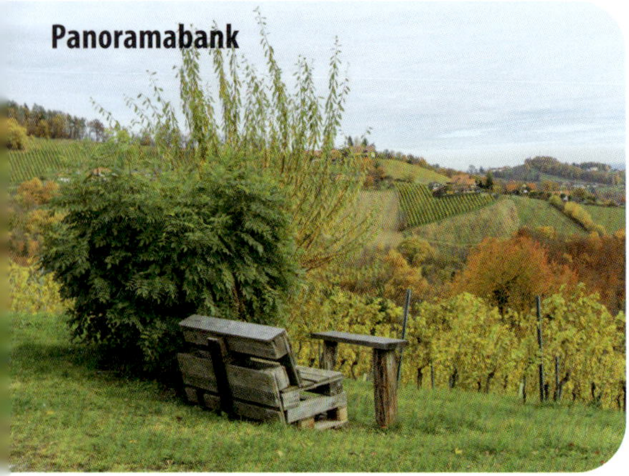

Für einen Augenblick verlassen wir den Wald und erreichen einen Aussichtspunkt: Über die Weinhänge hinweg sehen wir die Kirche in Kitzeck, wo wir heute am Morgen gestartet sind. Zwischen dem Gotteshaus und uns liegt das tiefe Tal. Wir folgen der Straße, an der Wohnhäuser stehen, leicht rechts, um dann wieder in den Wald zu spazieren. Weiter geht es hinauf.

Als wir eine **Station des Themenwegs „Das große Abenteuer am Demmerkogel"** ❺ erreichen, treffen wir auf ein seltsames Objekt aus Holz, das einem Fernglas ähnelt. Eine Infotafel verrät uns, dass es sich bei dieser Station Nummer 7 um die weltgrößte Ohrmuschel handelt. Sie lädt zum Hineinlegen und Lauschen ein.

Nur wenige Gehminuten weiter und wir kommen bei der nächsten Station an. Nun sind es nur noch wenige Meter hinauf bis zum höchsten Punkt unserer heutigen Wanderung. Der **Demmerkogel** ❻ ist mit 671 Metern die höchste Erhebung im Sausal. In den letzten Jahrhunderten thronten auf dem Plateau verschiedene Aussichtswarten. Doch keine hielt dauerhaft stand. Die letzte wurde im Jahr 2019 durch einen Brand zerstört. Heute erkennt man nur noch das Fundament.

Zwar gibt es keine Warte, aber ein paar **Rastbänke.** Wir legen eine kurze Verschnaufpause ein. Mit neuer Energie geht es weiter, und zwar wieder hinab – zumindest vorerst. Wir folgen den Wegnummern **21/22** über eine Böschung hinunter durch das Naturschutzgebiet am Demmerkogel. Die Wiese, über die wir spazieren, ist als bunte **Schmetterlingswiese** ❼ bekannt. Zwischen April und September flattert hier der Gemeine Bläuling.

Die Blütezeit ist leider schon vorbei, dafür zeigt sich der Herbst von seiner goldenen Seite: Die Baumwipfel leuchten, und die von Weinreihen umgebene **Theresienkapelle** könnte nicht malerischer aussehen. An diesem fantastischen Gemälde vor unseren Augen dürfen wir uns auf dem nächsten Abschnitt noch ein Weilchen erfreuen.

Unten angekommen, wählen wir einen asphaltierten Weg nach rechts (Weg Nr. **K4**) und spazieren etwa einen Kilometer entlang einer Straße durch ein Wohngebiet. Wieder einmal sehen wir einen ruhenden Klapotetz. Mit Wind ist heute wohl nicht mehr zu rechnen!

An einer Gabelung ist der größte Klapotetz der Welt ausgeschildert. Ein kurzer Umweg von etwa 500 Metern je Richtung führt zu diesem Tourismusmagneten der Südsteiermark. Dort gibt es einen beschilderten Fotospot, um das schöne Motiv perfekt mit der Kamera festzuhalten.

Wir halten uns links auf dem asphaltierten **Demmerkogelweg.** An der übernächsten Gabelung bringt uns ein Pfad links **(Hochbrudersegg-Weg)** in lichten Wald hinein. So langsam führt der Weg weiter bergab, und wir sehen die Theresienkapelle zu unserer Rechten in weiter Ferne.

Die Buschenschänken reihen sich aneinander, in bester Lage. Sie locken mit besonderen Weinen und weiteren lokalen Spezialitäten. So liegen das **Weingut Gerngross** ❽ und das **Weingut Ilgi** ❾ auf dem Wanderweg. Auf Höhe Ilgi folgen wir der Beschilderung **K4** nach links. Auf dem folgenden Abschnitt geht es immer

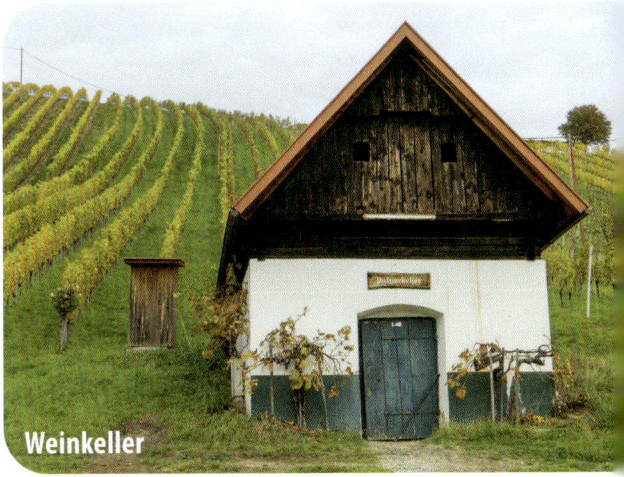
Weinkeller

*Die **Theresienkapelle** ist eine Messkapelle aus dem Jahr um 1838, die der „Maria vom Guten Rat" geweiht wurde. Sie thront auf einer Anhöhe mit 561 Metern. Ihre Pilaster sind im toskanischen Stil gehalten.*

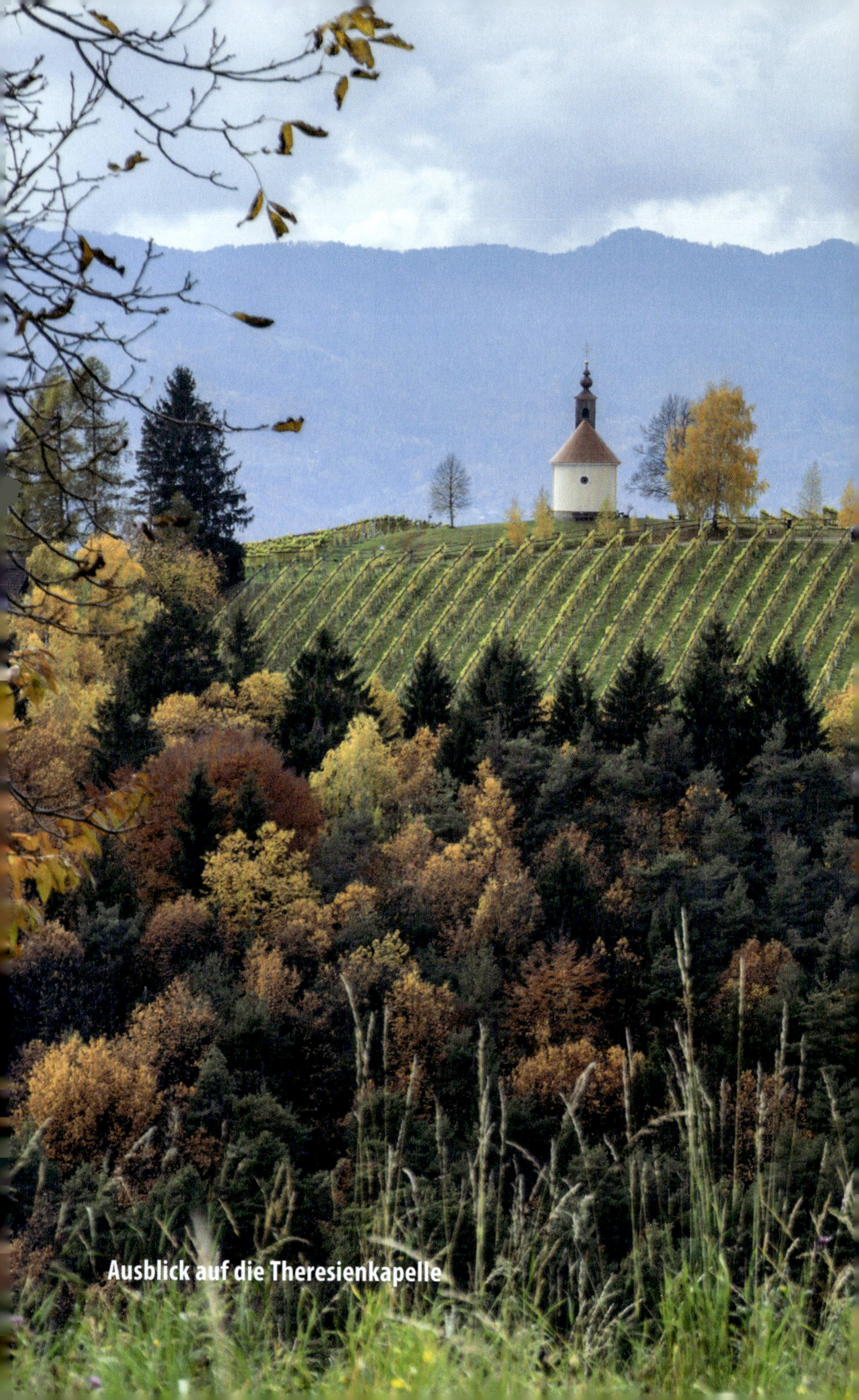

Ausblick auf die Theresienkapelle

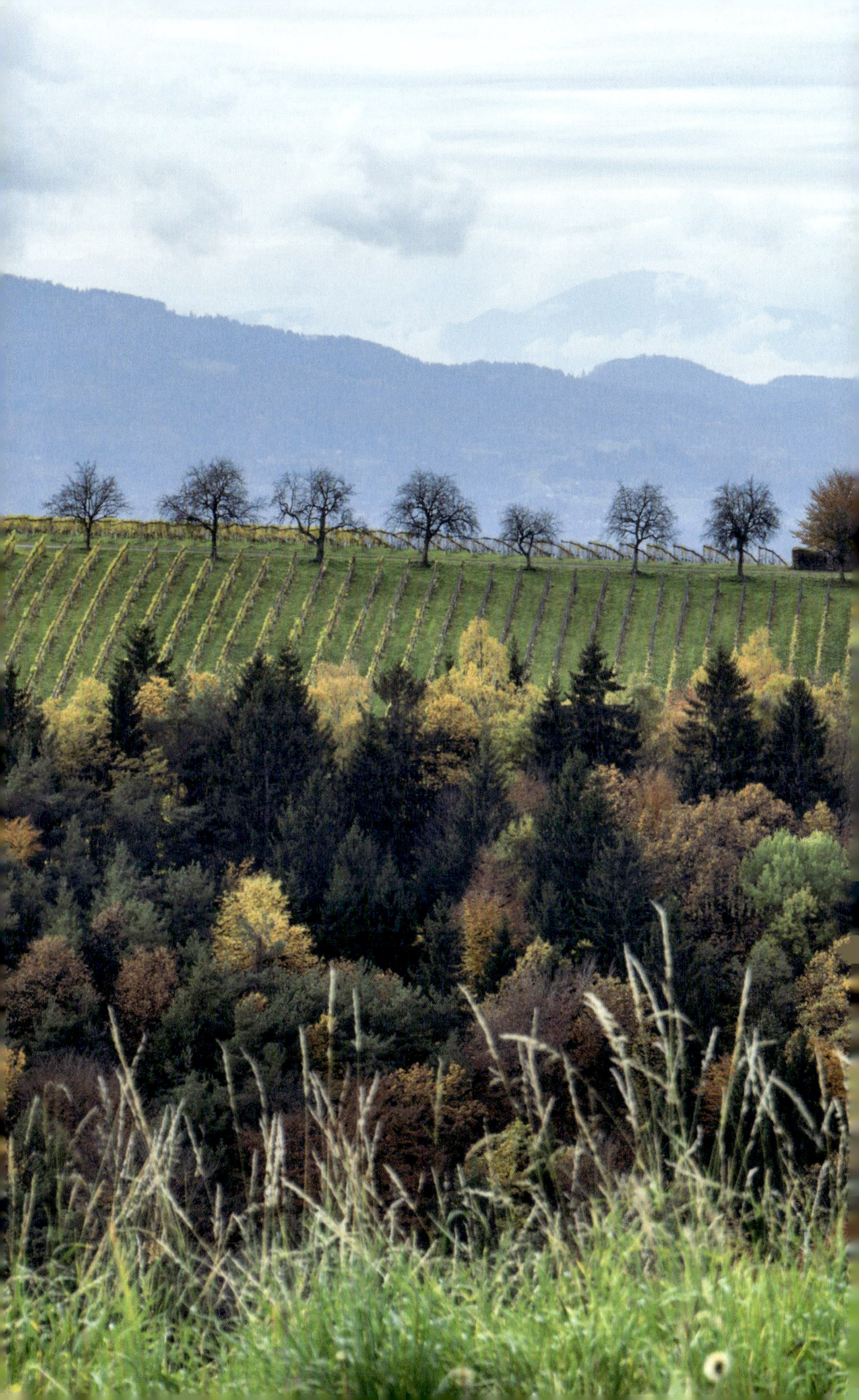

steiler bergab durch den Wald. Bald stoßen wir auf eine Weide mit Kamerunschafen. Als wir den Kroisgrabenbach sehen, überqueren wir das Bächlein, schreiten durch den Wald – und gewinnen wieder ein paar Höhenmeter. Den gelben Wandertafeln und rotweißen Markierungen nach **Kitzeck** folgend, geht es im Wechsel weiter durch Wald, über Wiese und dann auf Asphalt, bis wir das Ortsschild **Kitzeck im Sausal** passieren. Das letzte Stück führt für etwa 300 Meter die Straße hinauf, bis wir wieder beim **Weinmuseum** ankommen. Es sind nur noch wenige Meter bis zum Auto. Am liebsten hätten wir von jedem Weinbauern eine Flasche Wein mitgenommen, wären es nicht so viele … Aber wir können jederzeit wiederkommen.

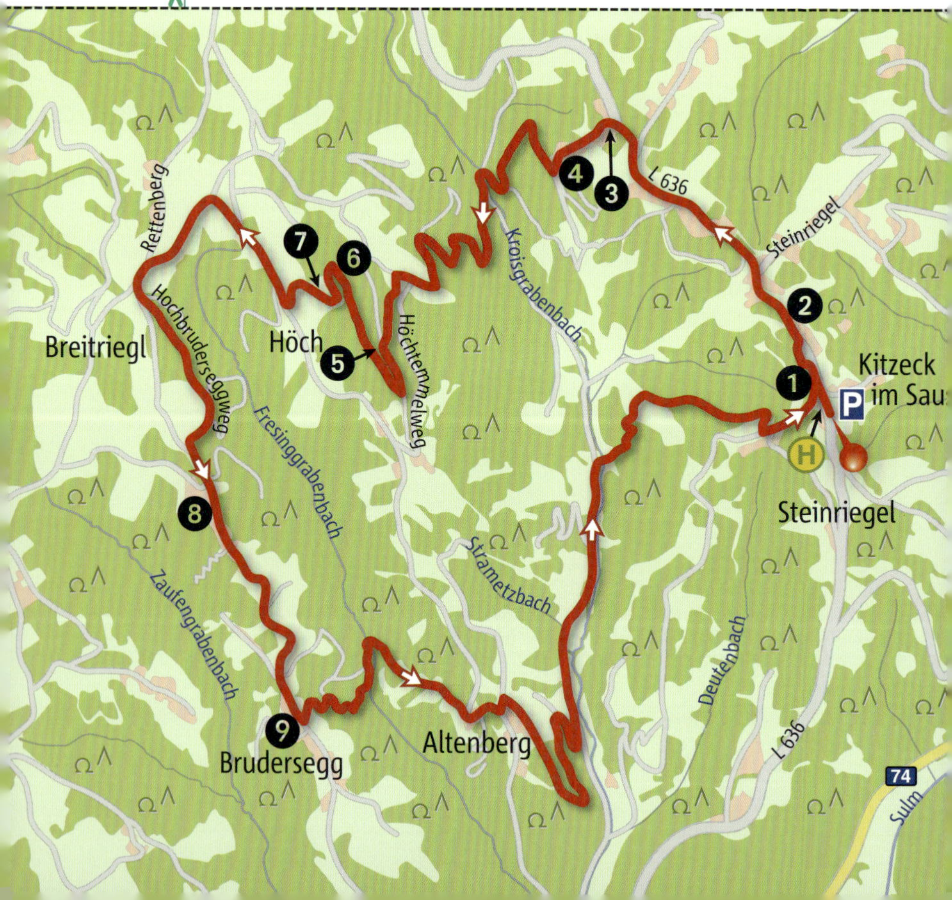

Alles auf einen Blick

WIE & WANN:
Überwiegend Waldwege, Wiesenwege und asphaltierte Straßen; ganzjährig möglich

HIN & WEG:
Auto: Parkbucht schräg gegenüber der Pfarrkirche, 8442 Kitzeck im Sausal (GPS: 46.781506, 15.454070)
ÖPNV: Bus 647 bis Kitzeck Kirchplatz/Postamt (Sa. und So. kein Verkehr)

ESSEN & ENTSPANNEN:
Restaurant Wohlmuth-Lückl ❷ Steinriegel 77, 8442 Kitzeck im Sausal, Tel. +43 (6 60) 8 91 19 11, wohlmuth-lueckl.at (telefonische Tischreservierung vorab erforderlich)
Weingut Lambauer ❸ Greith 19, 8442 Kitzeck im Sausal, Tel. +43 (34 56) 22 35, weingut-lambauer.at

Entspannung ✱✱✱✱✱
Genuss ✱✱✱✱✱
Romantik ✱✱✱✱

Buschenschank Schauer ❹ Greith 21, 8442 Kitzeck im Sausal, Tel. +43 (34 56) 35 21, weingut-schauer.at
Weingut Gerngross ❽ Rettenberg 11, 8441 Fresing, Tel. +43 (6 64) 5 25 07 83, weingut-gerngross.at
Weingut Ilgi ❾ Brudersegg 34, 8441 Fresing, Tel. +43 (6 80) 1 23 54 38, weingut-ilgi.at

ENTDECKEN & ERLEBEN:
1. Steirisches Weinmuseum ❶ Steinriegel 15, 8442 Kitzeck im Sausal, Tel. +43 (6 50) 9 89 28 56 (Voranmeldung erforderlich)
Stationen zu „Das große Abenteuer am Demmerkogel“ ❺
Demmerkogel ❻
Schmetterlingswiese ❼

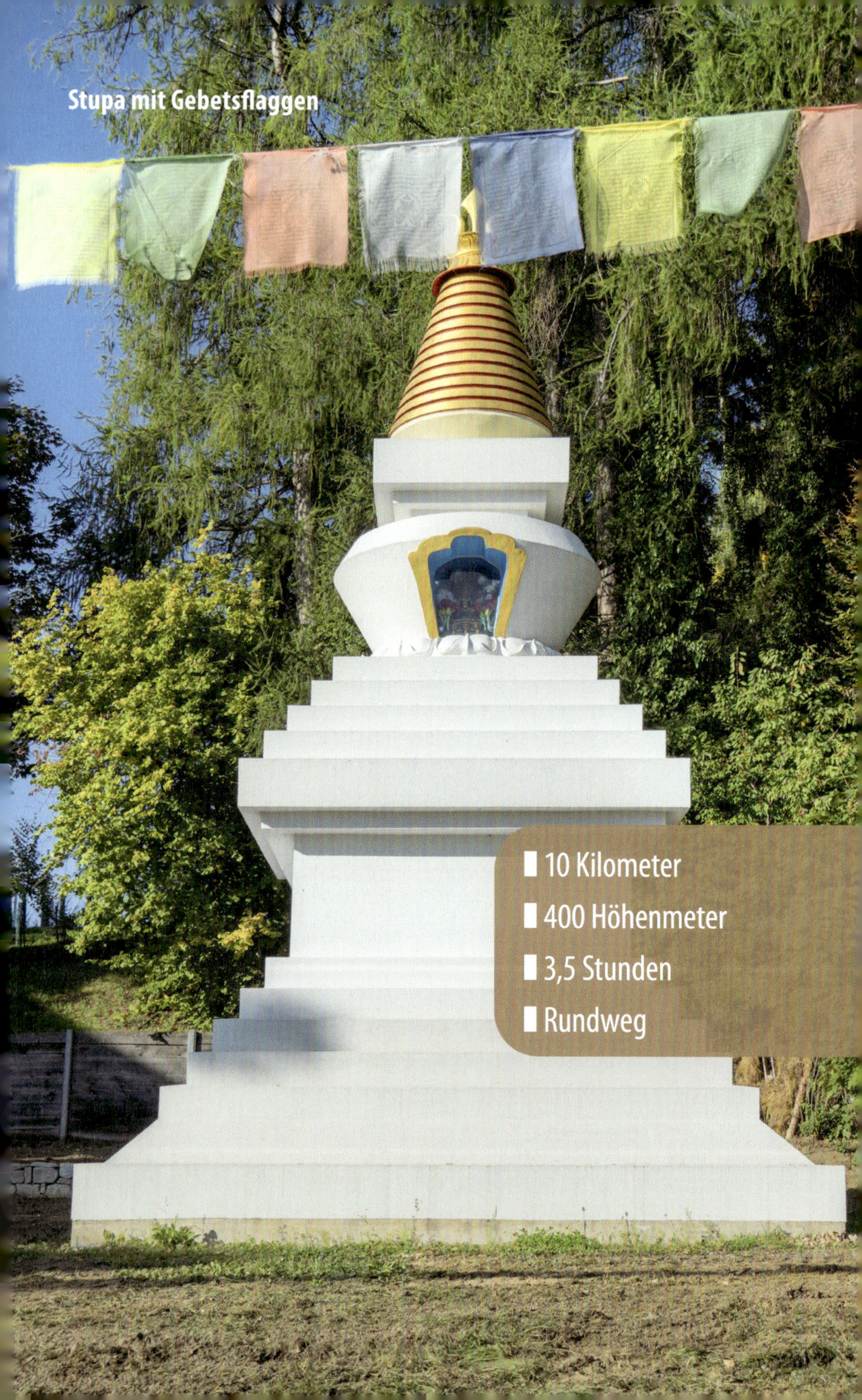

Stupa mit Gebetsflaggen

Heilendes Nass

Der Quellenweg in St. Radegund

Der Schöckl (1445 Meter) gilt als der Hausberg der Grazer und ist – vor allem am Wochenende – ein beliebtes Ausflugsziel. Unsere heutige Tour führt aber nicht auf den Gipfel hinauf, sondern verläuft durch einen der ältesten Badekurorte der Steiermark, der am Fuß des Bergs liegt: Wir wandern auf dem Quellenweg in St. Radegund bei Graz.

Im Ortskern von St. Radegund angekommen, sehen wir die **Pfarrkirche St. Radegund am Schöckl,** folgen aber der Straße in entgegengesetzter Richtung leicht bergauf. So spazieren wir einige Minuten durch den hübschen Ortskern, vorbei an pastellfarbenen Häusern mit blumengeschmückten Fenstern. Eines der Häuser sticht durch einen romantisch erscheinenden Balkon mit Holzverzierungen hervor. Die Einwohner müssen ihren Ort wirklich gernhaben. Der Fußweg an der Straße gibt uns den Eindruck, als würden wir durch eine Parkanlage spazieren: gepflegter Rasen, Blumen und Rastbänke. Wir fühlen uns sofort wohl und freuen uns auf den vielversprechenden Rundweg.

*Der Name des Kurortes **St. Radegund** geht auf zwei heiliggesprochene Frauen zurück, die beide den Namen Radegundis trugen und sich für Arme und Kranke einsetzten. Seit 1912 gehört die Gemeinde zum Bezirk Graz-Umgebung.*

An einer **großen Schautafel** können wir uns über das Angebot der St. Radegunder Quellenwege informieren. Unter dem Motto „meditativ wandern kneippen spielen“ werden uns drei Routen vorgeschlagen: Ungarische Runde (3 km), Hubertus-Runde (5,3 km) und Kalvarienberg-Runde (10 km). Vor Ort gibt es Informationsbroschüren zu den Quellenwegen. Eines der Heftchen verschwindet sogleich in unserem Rucksack!

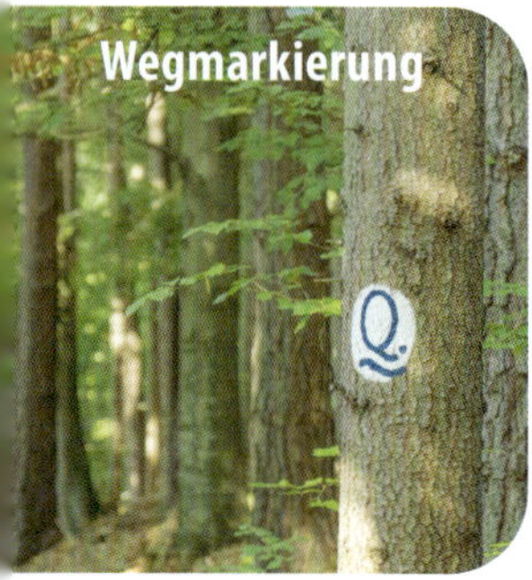

Wegmarkierung

Unsere Wahl fällt auf die kulturreiche **Kalvarienberg-Runde.** Wir folgen der **blauen Markierung** nach links und schlendern auf das **Curcafé 8061** ❶ zu. Dem schmalen asphaltierten Pfad folgend, sehen wir eine weitere Ruhebank. Über zu wenige Markierungen können wir uns nicht beklagen, denn Wegtafeln gibt es zur Genüge: Entweder ist ein Blechschild mit Pfeil oder aber ein großes **Q** mit einem **Wellensymbol** gut zu erkennen.

Wir spazieren weiter über einen engen Pfad, vorbei am ehemaligen **Budapest Gasthof.** Von Weitem sehen wir eine Schnur mit Gebetsfahnen und freuen uns auf das, was uns gleich erwartet. Zuvor liegt aber die erste Station auf der Kalvarienberg-Route auf dem Weg: die **Theresen-Quelle** ❷**.** Eine Therese ließ zum Dank für die Heilung durch Dr. Gustav Novy die Quellfassung errichten. Dies können wir in dem Heftchen nachlesen,

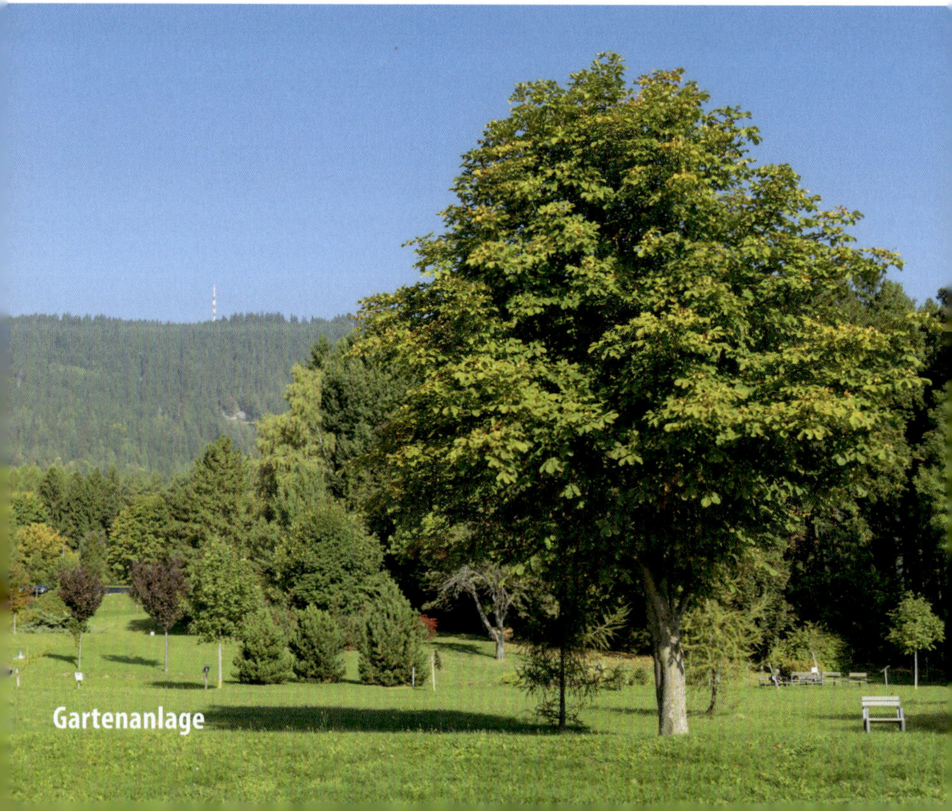
Gartenanlage

das wir glücklicherweise vorhin eingesteckt haben. Der Kurarzt und Heiler Dr. Gustav Novy wird uns auf dem Quellenweg noch häufiger begegnen – oder zumindest Plätze, die an ihn erinnern. Im 19. Jahrhundert ist er eine bedeutende Persönlichkeit gewesen, die den Ort St. Radegund zu einem bekannten Kurort werden ließ und ihm zu einer goldenen Ära verhalf.

Nur wenige Meter dahinter erreichen wir einen ganz besonderen spirituellen Ort: einen **tibetischen Stupa ❸**. Das buddhistische Bauwerk steht auf einem Sockel, ist weiß und hat eine goldene Kuppel. Glück soll derjenige haben, der den Stupa dreimal im Uhrzeigersinn umrundet und dabei seine Wünsche ausspricht. Neben der Gebetsstätte steht das buddhistische Zentrum Yongdzin Tenzin Namdak Rinpoche, in welchem fernöstliche Meditationstechniken vermittelt werden.

__Stupas__ sind buddhistische Friedensdenkmäler. Die unterschiedlichen Verzierungen des Mittelteils stehen für die verschiedenen Lebensstationen und Taten eines Buddha. Erleuchtung kommt dabei am häufigsten vor.

Nach einer kurzen Auszeit in Klein-Tibet verabschieden wir uns von diesem Ort. Wenige Gehminuten später passieren wir eine schöne Parkanlage, die zu einem Therapiezentrum gehört. Ein paar Hühner laufen in einem umzäunten Bereich umher. Es gibt zahlreiche Bänke und Tische mit Blick auf das Tal. In weiter Ferne liegt Graz, über das sich ein leichter Nebelteppich gezogen hat.

Für die Seele

Auf dem Quellenweg lernen wir die heilenden Kräfte des Grazer Berglands kennen. Glück finden wir beim Umrunden des buddhistischen Friedensstupa.

Wir verlassen die **Parkanlage** und biegen bei einer Schranke links ein. Nun befinden wir uns im Wald, der immer mal dichter wird und dann doch wieder Sonnenstrahlen hindurchscheinen lässt. Über den

Laubboden schlendern wir bis zur nächsten **Weggabelung.** Zur Station Stille Quelle ginge es auf einem kurzen Umweg nach links, aber wir bleiben auf dem Hauptweg, der nach rechts zeigt. Unseren Waldspaziergang setzen wir fort und halten uns rechts, um einer Rampe zu folgen, die uns an bemoosten Steinbrocken vorbei und über eine Brücke wieder abwärts führt.

Wenige Augenblicke später gelangen wir zu einer Raststation mit zwei Bänken, einem Tisch und einer weiteren Quelle: Die **Melanie-Quelle ❹** wurde im Jahr 1864 gefasst. Wir lesen nach, dass diese Quelle die weiblichen und Yin-Aspekte sowie das Gefühl von Geborgenheit fördern soll. Außerdem gibt es ein Schild mit Anleitungen für das kalte Armbad und das Wassertreten. Je nach Präferenz kann man also die Arme ins Wasser tauchen oder die Füße darin erfrischen.

Der Pfad führt uns mit der Beschilderung zur Ruine **Ehrenfels – Novystein** (Weg Nr. **28**) bergauf. Über eine Holzbrücke und Steinstufen geht es voran, bis wir eine Straße erreichen. Diese überqueren wir, um auf der anderen Seite ein kurzes Stück durch den Wald zu gehen. Als wir eine Lichtung erreichen, nehmen wir die Ruine zwischen den Bäumen in der Ferne wahr. Wir entdecken ein paar grasende Kühe, und auch der Novystein ist nicht mehr allzu weit weg. Über einen asphaltierten Weg geht es weiter, rechts stehen ein paar Bauernhöfe und Häuser.

An der nächsten Abzweigung folgen wir der Wegmarkierung nach links, um uns danach rechts zu halten. Wir nähern uns einer Wiese mit Kühen. Ein ganz kurzes Stück spazieren wir über die Weide. Eine Hinweistafel bittet Wanderer, ihre Hunde anzuleinen und Abstand zu den Kühen zu halten.

Wir erreichen die **Burgruine Ehrenfels ❺.** Ein beeindruckendes Bauwerk – und so gut in Schuss! Fenster gibt es nur weit oben im Turm. Ob Rapunzel auch schon einmal an diesem Ort war?

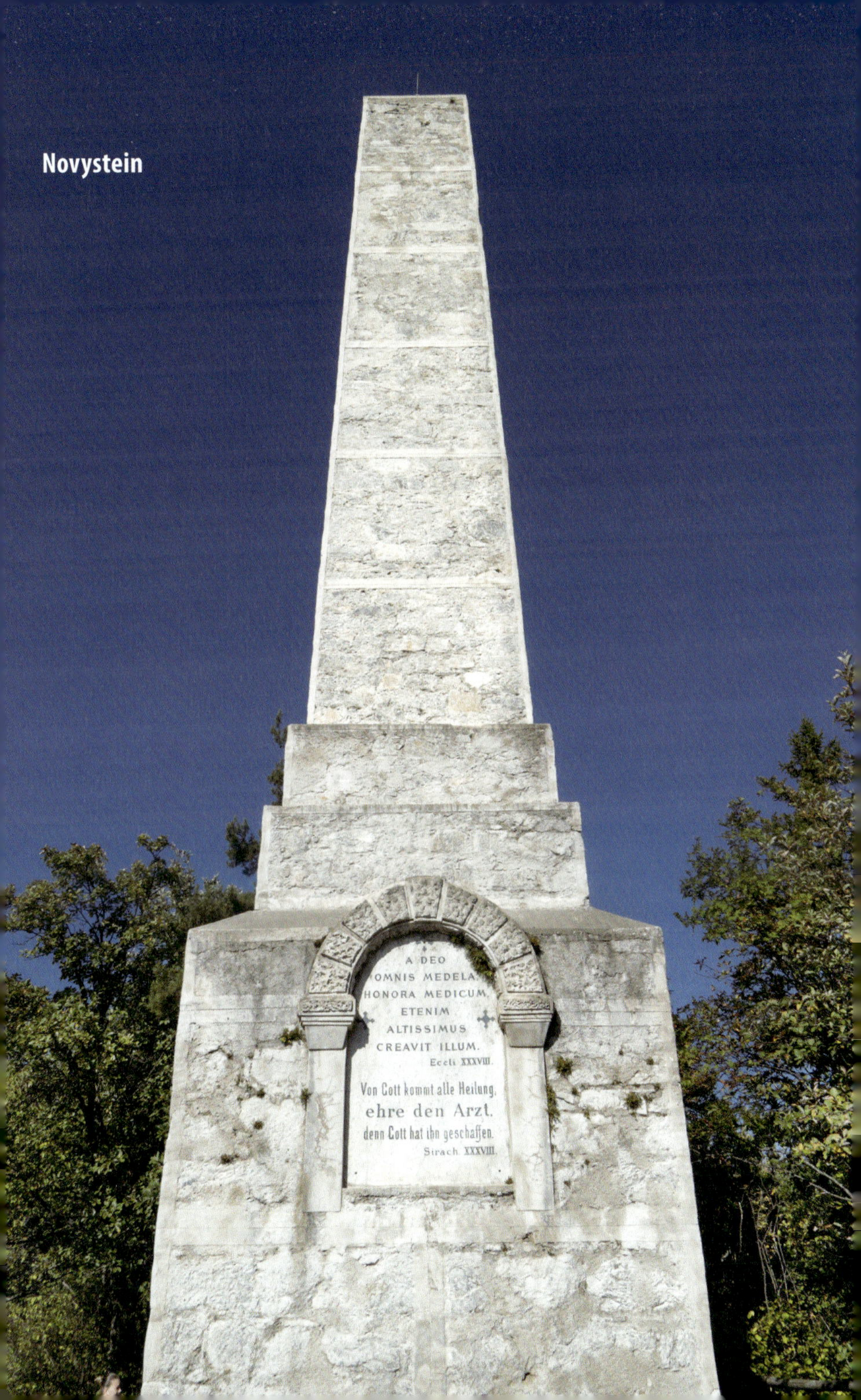
A DEO
OMNIS MEDELA
HONORA MEDICUM,
ETENIM
ALTISSIMUS
CREAVIT ILLUM.
Eccli XXXVIII.
Von Gott kommt alle Heilung,
ehre den Arzt,
denn Gott hat ihn geschaffen.
Sirach XXXVIII.

Novystein

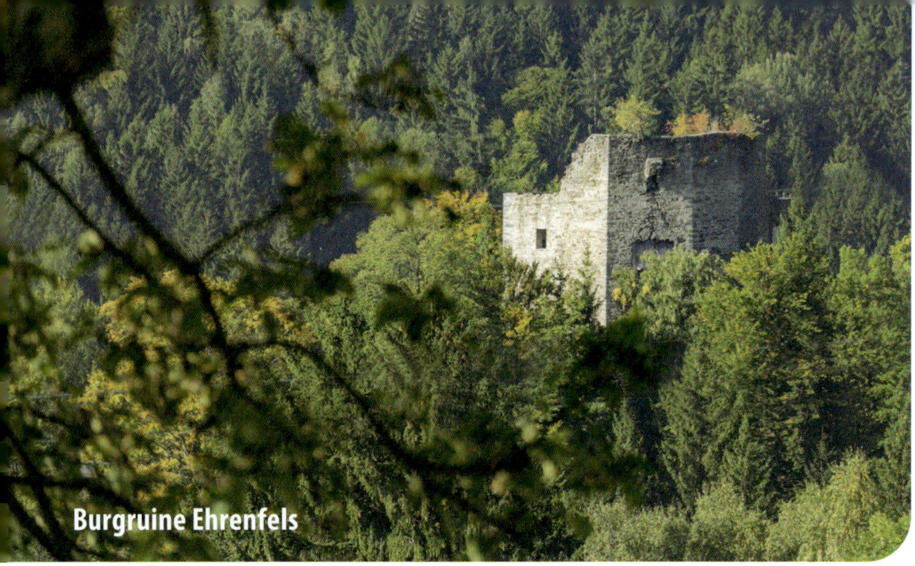

Burgruine Ehrenfels

***Burg Ehrenfels** geht auf das 13. Jahrhundert zurück. Ab dem 15. Jahrhundert verfiel sie und galt bereits als Ruine. Erst im 19. Jahrhundert wurde sie restauriert und wieder bewohnbar gemacht. Sie ist im Privatbesitz und nur von außen zu bewundern.*

Erneut im Wald, geht es an der nächsten Abzweigung links weiter, und dann spazieren wir bergab bis zu einer Straße. Dort halten wir uns rechts, bis wir die Beschilderung zum Novystein entdecken. Durch einen dichten Wald bewegen wir uns ganz schön steil hinauf. Der **Novystein** liegt immerhin auf etwa 900 Meter Höhe. Nun wandern wir auf einem Waldlehrpfad. Zahlreiche Infotafeln verraten uns etwas über die Bäume, die wir gerade vor unserer Nase sehen.

Bevor wir am Ziel ankommen, passieren wir die **Katharina-Quelle,** neben der eine Pausenbank wartet. Nun ist es nicht mehr weit bis zum **Novystein** 6! Oben angekommen, staunen wir über die Höhe des Steins, der im Jahr 1883 zur Anerkennung für Dr. Gustav Novy errichtet wurde. Dieser war für seine Wasserheilmethoden bekannt. Einige Bänke mit Blick auf das Denkmal laden zum Ruhen ein. Da wir den höchsten Punkt der Tour erreicht haben, wird die Brotzeit eingeläutet.

Wer vom Novystein etwa 200 Meter weiter spaziert, der gelangt zu einem Gipfelkreuz mit Aussicht und einer Holzbank in Herzform. Für uns geht es nach der Rast denselben Weg durch den Wald wieder hinab bis zu der asphaltierten Straße. Dort folgen wir der

Wegtafel Kalvarienberg-Runde, die uns leicht rechts in den Wald hinein weist. Kurze Zeit später erreichen wir die **Emilien-Quelle** ⑦ mit zwei hübsch aussehenden Bänken. Wir verlassen das letzte Waldstück und spazieren vorbei an der **Roschker-Quelle** (Privatgrundstück). Es geht eine kleine steinige **Rampe mit Geländer** hinauf. Eine Wegmarkierung des Steirischen Mariazellerwegs fällt uns auf. Jahr für Jahr zieht es Pilger ins etwa 100 Kilometer entfernte Mariazell. Offenbar wandern wir gerade auf der Pilgerroute.

Beim Namensgeber unserer Route, dem **Kalvarienberg** ⑧, angekommen, haben wir das letzte Etappenziel erreicht. Wir sind beeindruckt von der Pracht des Ensembles und erkunden das Gelände. Es bietet eine schöne Aussicht auf die nahe Pfarrkirche.

*Der steirische **Kalvarienberg** in St. Radegund gilt als einer der bedeutendsten in Österreich. Das barocke Glaubensdenkmal besteht aus der Kalvarienbergkirche, der heiligen Stiege, der Kreuzigungsgruppe sowie 21 Kapellen. 14 Stationen stellen den Leidensweg Christi dar.*

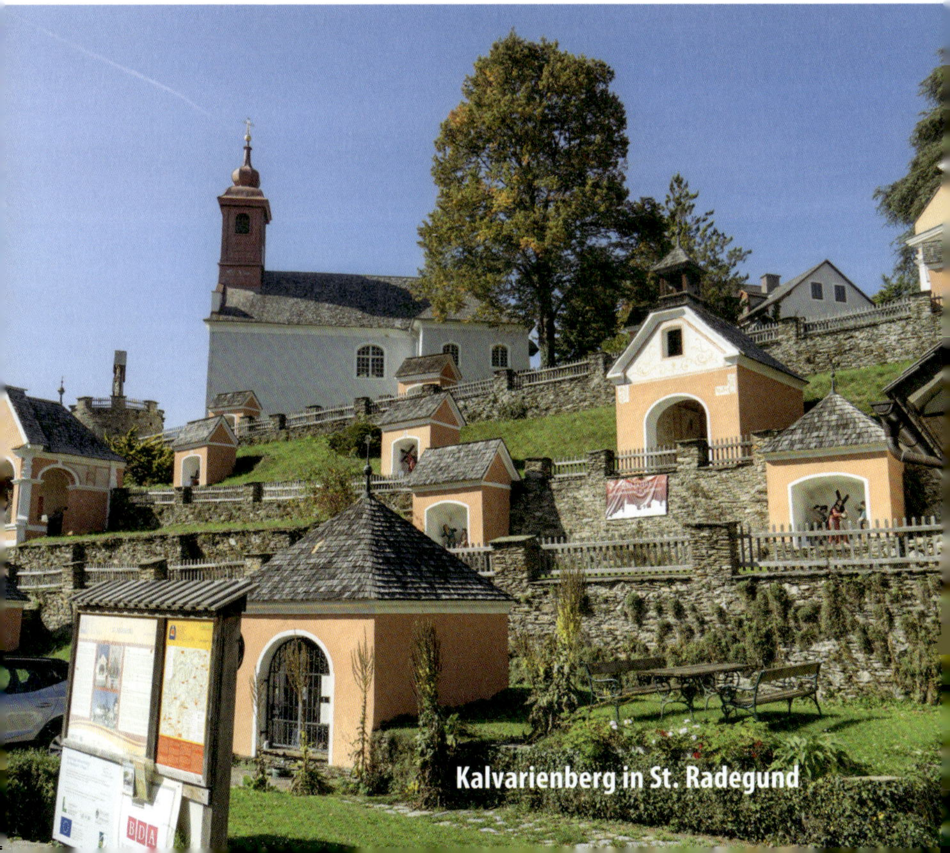

Kalvarienberg in St. Radegund

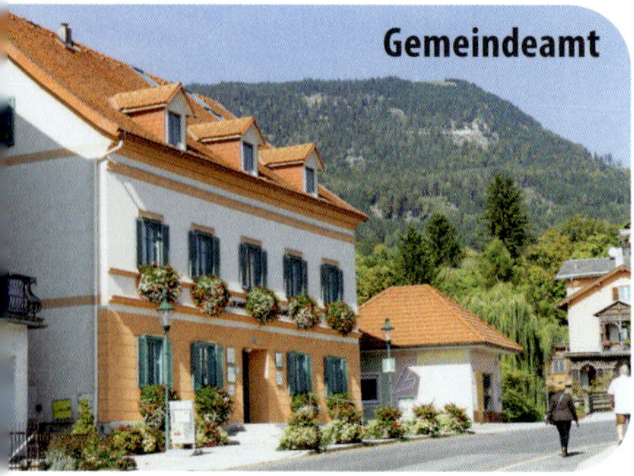

Wir nehmen die Treppen vom Kalvarienberg hinab zur Straße. Dort können wir noch einmal auf den faszinierenden Berg mit so vielen Kapellen und Figuren blicken. Dann geht es links weiter Richtung Kirche. Wir sind wieder auf der Hauptstraße in St. Radegund und sehen die Bushaltestelle für den Rückweg nach Graz. Um die Wartezeit bis zum nächsten Bus zu verkürzen, bietet es sich an, uns noch in eines der Cafés und Gasthäuser in der Nähe locken zu lassen, zum Beispiel zum **Gasthof Kirchenwirt** 9 oder in das **Café Treffpunkt** 10.

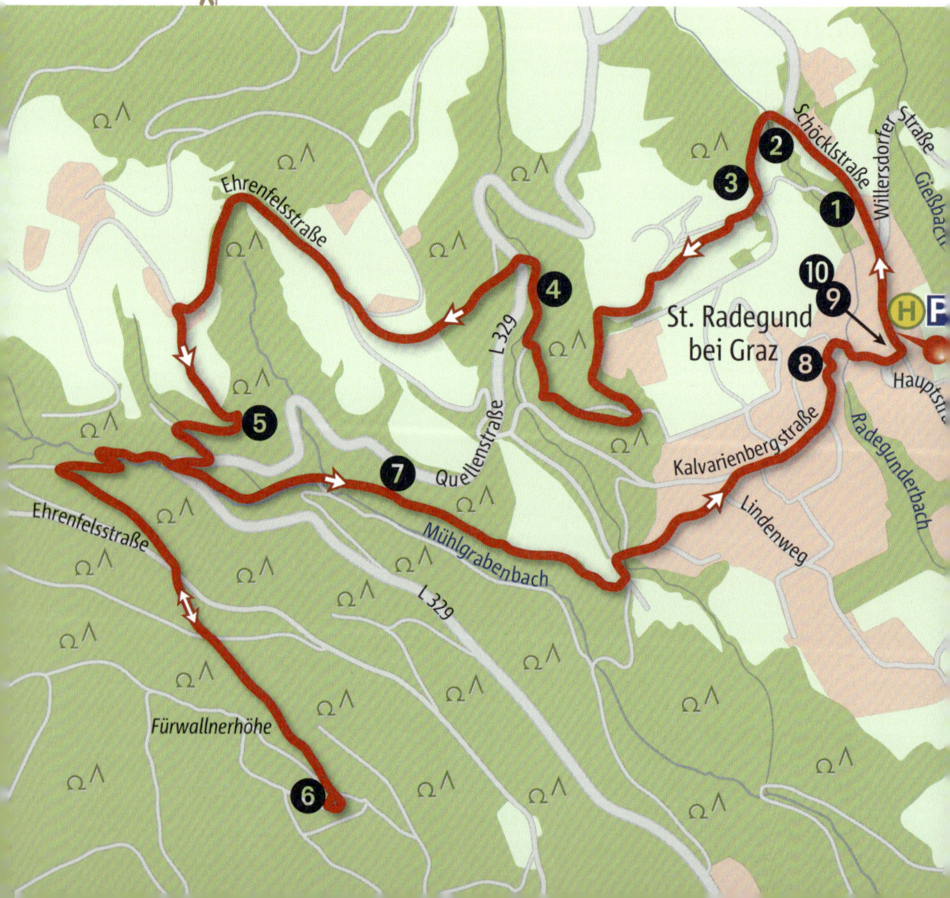

Alles auf einen Blick

WIE & WANN:
Asphaltierte Straßen und Waldwege; ganzjährig möglich

HIN & WEG:
Auto: Parkplatz hinter Nah & Frisch, Hauptstraße 10, 8061 St. Radegund bei Graz (GPS: 47.18112, 15.49035)
ÖPNV: Postbus 250 bis St. Radegund Ort

ESSEN & ENTSPANNEN:
Curcafé 8061 ❶ Schöcklstraße 1, 8061 St. Radegund bei Graz, Tel. +43 (6 64) 16 19 21
Gasthof Kirchenwirt ❾ Hauptstraße 24, 8061 St. Radegund bei Graz, Tel. +43 (31 32) 22 34, kirchenwirt.allesgutleben.at
Café Treffpunkt ❿ Hauptstraße 20, 8061 St. Radegund bei Graz, Tel. +43 (31 32) 54 15

ENTDECKEN & ERLEBEN:
Theresen-Quelle ❷
Tibetischer Stupa mit buddhistischem Zentrum ❸ Kurweg 2, 8061 St. Radegund bei Graz, yungdrung-bon.com
Melanie-Quelle ❹ **Burgruine Ehrenfels** ❺ **Novystein mit Aussichtspunkt** ❻
Emilien-Quelle ❼ **Kalvarienberg** ❽

Entspannung ✱✱✱✱✱
Genuss ✱✱✱✱✱
Romantik ✱✱✱✱✱

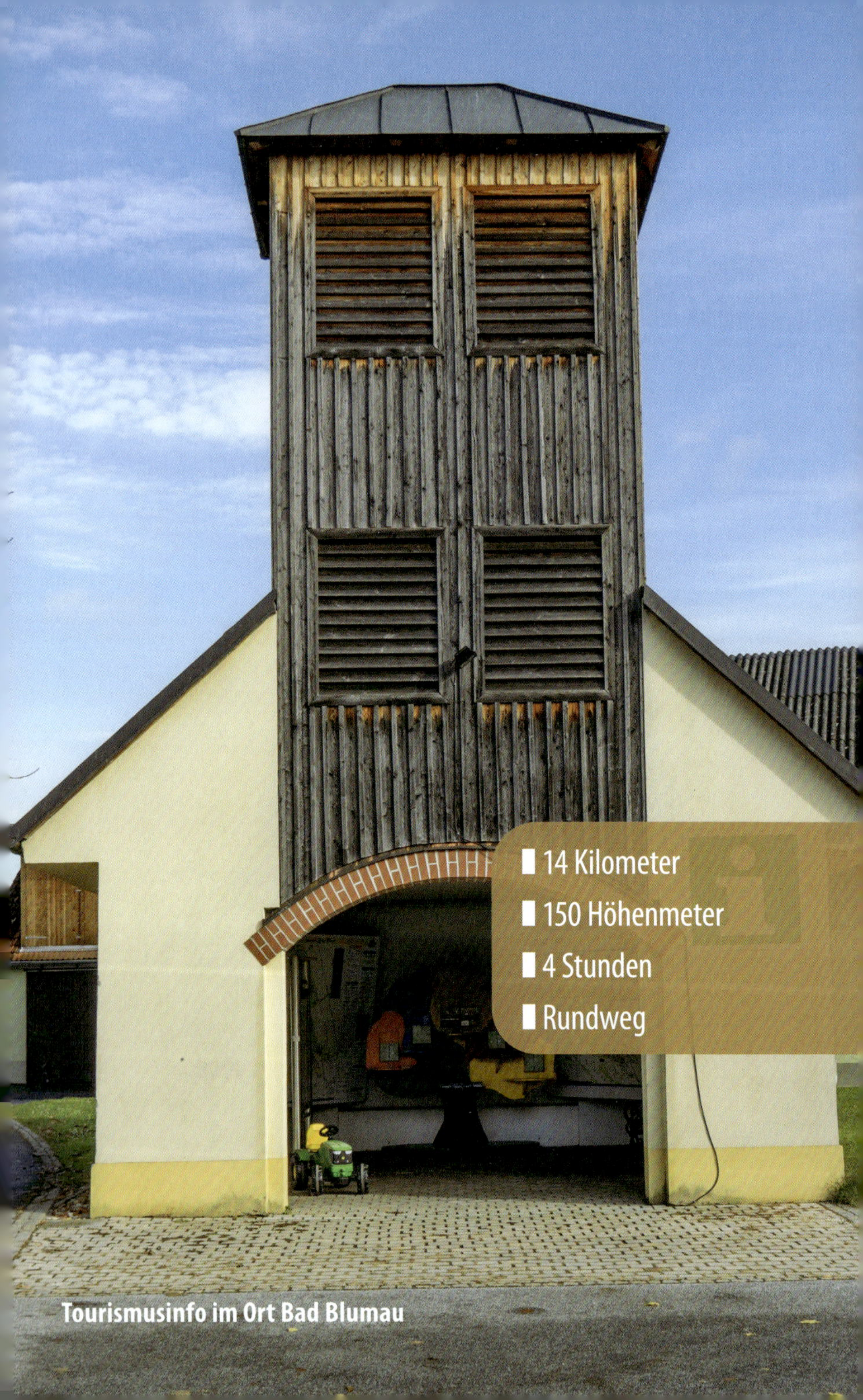

- 14 Kilometer
- 150 Höhenmeter
- 4 Stunden
- Rundweg

Tourismusinfo im Ort Bad Blumau

Bad Blumau liegt in der Tourismusregion Thermen- und Vulkanland im Südosten der Steiermark. Es sind aber nicht nur die Heilquellen, die den Ort und seine Umgebung so besonders machen – auch ein allseits bekannter Künstler und Architekt hat hier seine Spuren hinterlassen: Friedensreich Hundertwasser. Und nicht nur das. Viele besondere Kraftplätze werden auf unserer heutigen Route liegen.

Der Weg ist zwar als Fahrradrunde ausgeschildert, eignet sich aber auch wunderbar für eine entspannte Wanderung. Er führt durch die Ortschaften Kleinsteinbach, Bierbaum und Bad Blumau. Bei der Orientierung hilft uns die Wegmarkierung **Hundertwasser-tour FF8.**

Wir starten am Bahnhof Bad Blumau. Nur knapp dahinter wartet das erste Kunstobjekt auf uns: ein **Wasserwerk im Hundertwasser-Stil ①,** ein dunkelblaues Gebäude mit verspielten Säulen und Bemalungen.

Am Ende der Straße steht eine kleine **Kapelle,** nach der wir rechts abbiegen. Es geht weiter durch ein Wohngebiet mit schönen Häusern und Höfen, die zum

***Bad Blumau** galt lange als einer der ärmsten Orte in Österreich. In den 1970er-Jahren änderte sich dies. Anstatt (wie erhofft) auf Erdöl traf man bei einer Bohrung auf heißes Wasser. Vom Thermalwasser profitiert die Region bis heute.*

***Hundertwasser** hieß mit bürgerlichem Namen Friedrich Stowasser. 1949 benannte er sich in Hundertwasser um – sto bedeutet in slawischen Sprachen „hundert". Bei seinem Tod im Jahr 2000 trug er den vollen Künstlernamen Friedensreich Hundertwasser Regentag Dunkelbunt.*

Künstlerspuren

Hundertwasser-Tour bei Bad Blumau

Ort **Kleinsteinbach** gehören. Hier liegt das Lokal **Zum Stoabocha ②,** zu dem ein gemütlicher Innenhof gehört. Fahrräder sind an Hauswände angelehnt, Gartenzwerge stehen am Wegesrand und Hühner rennen frei herum. An so manchen Veranden hängen getrocknete Maiskolben, wie man es auch aus dem Bur-

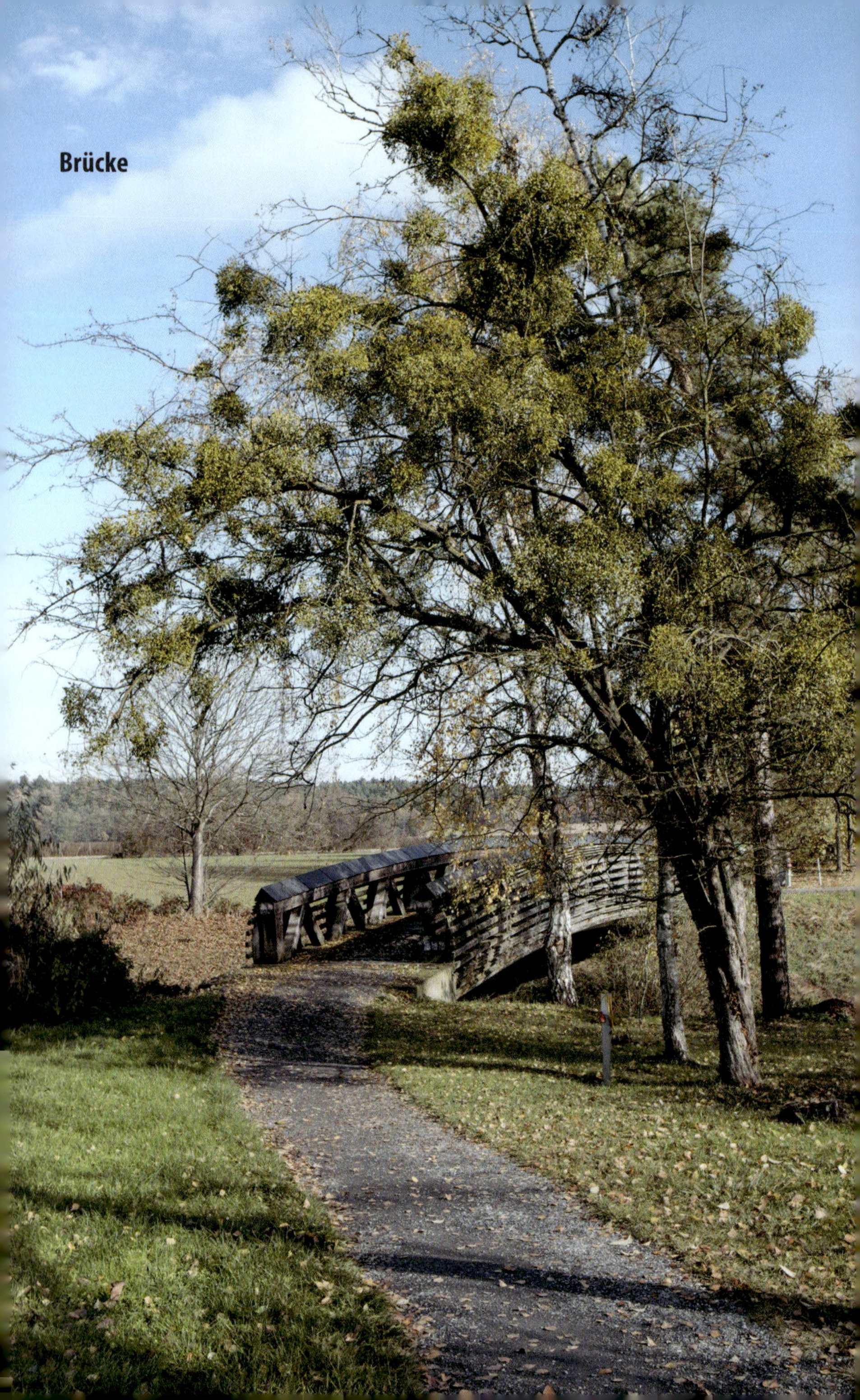
Brücke

genland kennt. Kein Wunder, wir befinden uns nur wenige Kilometer vom Nachbarbundesland entfernt.

An einer **Gabelung** folgen wir der Wegmarkierung FF8 nach links. Jetzt geht es im sonst sehr flachen Land etwas stärker auf und ab. Für eine kurze Weile wandern wir durch ein lichtes Waldstück und dann weiter entlang von Wiesen und Äckern. Wenn der Blick auf den Ort Bad Blumau und dessen Kirche mit ihrem pastellgelben Anstrich fällt, halten wir uns links. Wir staunen über die goldene Kuppel der Thermenwelt Rogner Bad Blumau, eines der Hundertwasser-Bauten. Trotz ihrer leuchtenden Farbe verschwindet sie immer wieder im Nebel. Noch dazu ragen Bäume um das Gebäude herum auf.

An der nächsten Gabelung halten wir uns links, marschieren für etwa 200 Meter auf der Hauptstraße und biegen dann bei der nächsten Möglichkeit rechts ab. Alsbald geht es in den Wald hinein. Wir finden uns plötzlich in einer ganz anderen Welt wieder. Der Boden zwischen den Bäumen ist übersät von wild wachsendem Gras. Dazwischen zieht sich das Moos an der Baumrinde bis in die

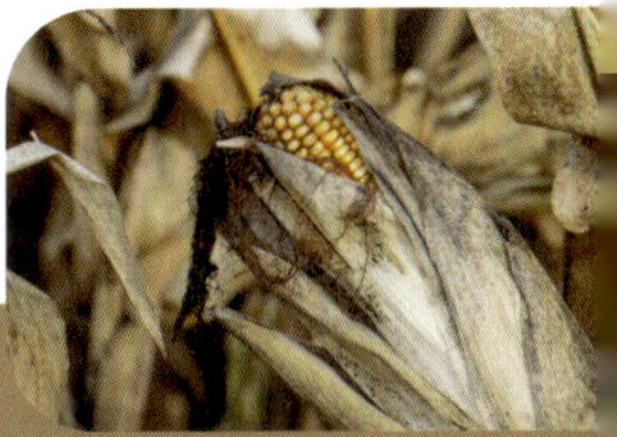

Für die Seele

Wir wandern entlang von Äckern und durch verwunschene Wälder, bestaunen faszinierende Kunstwerke und entdecken Kraftorte wie die 1000-jährige Eiche.

Äste. Ein herrlich verwunschener Wald! Es würde uns nicht wundern, wenn Rotkäppchen und der böse Wolf uns hier begegnen würden. Wir erfreuen uns an diesem Kraftort, den wir leider bald schon wieder verlassen.

An einer größeren Straße geht es rechts weiter. Aus der Ferne sehen wir ein riesiges Gewächshaus. An diesem Ort werden ganzjährig Tomaten angepflanzt, um Österreich vor allem im Winter mit dem frischen Gemüse zu versorgen.

Nach 500 Metern verlassen wir die Straße wieder, um rechts einzubiegen. Ein Bahngleis überqueren wir mit offenen Augen. An der nächsten Gabelung halten wir uns links und erreichen bald den Ort **Bierbaum.** Ein entzückender Ortsname, auch wenn wir keinen Baum finden, aus dem Bier tropfen würde. Dafür ist es nicht mehr weit bis zur wohl ältesten Eiche in Europa.

Bald schon erreichen wir einen **Hofladen** mit einer Tafel, die verkündet: „Bei uns gibt's Honig, Mehl, Kartoffeln und Kernöl". Leider ist unser Rucksack bereits voll bepackt, sodass wir nicht in den Genuss dieser lokalen Köstlichkeiten kommen.

Weiter geht es durch ein Wohngebiet. Uns fällt das große Schild **Verkaufsautomat 24 Stunden** auf. Neugierig schauen wir uns das näher an: Hier werden rund um die Uhr Freilandeier, Kürbiskernöl und andere regionale Spezialitäten verkauft. Wieder draußen, fällt uns **Sepps Kellerstöckel** besonders auf. Wir erkennen in dem Gemäuer ein Gesicht. Zwei kleine Fenster sehen wie Augen aus und die Tür wie ein Mund. Dahinter wird bestimmt Wein gelagert.

Wir folgen dem Schild **Älteste Eiche Europas** – auch als **1000-jährige Eiche** angeschrieben – und spazieren damit wieder leicht bergauf. Die Straße heißt passenderweise **Eichenweg.**

Die **1000-jährige Eiche** ❸ ist ein beeindruckender knorriger Baum und ein beliebtes Ziel in der Region – auch um Fotos zu machen. Wir nehmen uns Zeit und verweilen an diesem besonderen Kraftort. Jetzt, im späten Herbst, trägt der Baum kaum noch Blätter. Als wir vor der Schautafel stehen und uns informieren, fallen gerade weitere herab. Wir glauben zwar nicht, dass die Eiche wirklich schon 1000 Jahre hinter sich hat – aber dass sie bereits viel erlebt hat, davon lassen wir uns überzeugen. Sie wirkt so verwunschen wie der Wald, durch den wir heute bereits gewandert sind.

Der nächste Abschnitt, der weiter geradeaus führt, erscheint uns mindestens genauso mystisch wie die vorherigen Orte. Wir wandern durch einen herbstlichen Farbenrausch aus Rot- und Gelbtönen, der Waldboden ist von raschelnden Blättern bedeckt. Ein Stück später erfreuen wir uns wieder an dem Gras und Moos, das die Umgebung überzieht. Dann verlassen wir den Wald und wählen an der nächsten **Kreuzung** den Weg rechts. Damit wandern wir nicht weiter nach Loimeth, wie die offizielle FF8-Route, sondern nehmen einen kürzeren Weg nach Bad Blumau.

1,5 Kilometer geht es entlang der Straße, die wir mit der **FF8**-Route teilen. Am Ende halten wir uns links, wo

__Eichen__ können bis zu 40 Meter hoch und bis zu 1000 Jahre alt werden und wachsen auf der ganzen Nordhalbkugel. Typisch für diese Laubbäume ist das Wachstum in die Breite, wodurch sie besonders kraftvoll wirken.

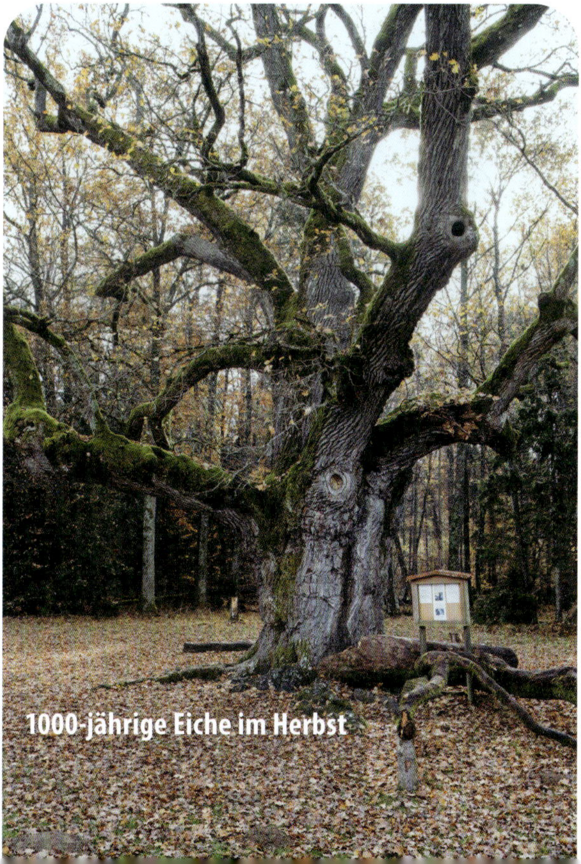

1000-jährige Eiche im Herbst

Bad Blumau ausgeschildert ist. Im Ort werden wir von einer herbstlichen Allee begrüßt. Die Kirchturmspitze der Pfarrkirche können wir auch schon wahrnehmen. Auf dem Bürgersteig durchqueren wir eine gepflegte Wohnsiedlung. Zwei neugierige Zwergziegen kommen zum Zaun gelaufen und schauen uns erwartungsvoll an. Bei dem **Dorfbrunnen** legen wir eine Rast ein.

Im Ortskern entdecken wir den **Platz der Visionäre ❹**, der von Josef Lehner gestaltet wurde. Die Statuen zeigen die Herren Friedensreich Hundertwasser und Baumeister Robert Rogner. Beide sitzen zusammen und scheinen Pläne zu schmieden.

An der nächsten Wegkreuzung verlassen wir die Hauptstraße, spazieren rechts weiter, überqueren eine Brücke und halten uns sofort links. Bis zum Ausgangspunkt ist es nun nicht mehr weit. An einem Stauwerk begrüßt uns eine Skizze von Hundertwasser mit einer Infotafel über diesen Ort und seine Bedeutung. Ein **Taubenschlag ❺** mit seltsam aussehenden goldenen Objekten liegt ebenfalls am Weg.

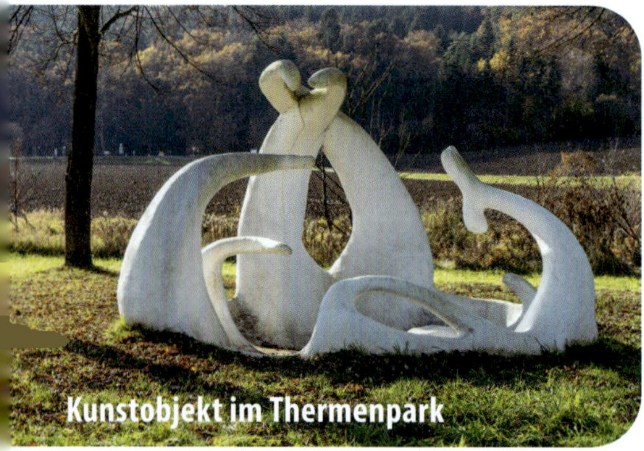

Kunstobjekt im Thermenpark

Wir erfahren, dass diese beiden Stationen zum Themenweg **spazierendenken** gehören. Nur wenige Gehminuten später erreichen wir eine weitere Station: den **Weidendom ❻**. Auf einer großen Wiese mit Rastbänken und einem Teich lädt dieser Ort zum Verweilen ein. Der Abschnitt gehört zum **Thermenpark Bad Blumau.**

Am **Lebensrad** machen wir eine kurze Rast und schauen, welche Aufgabe auf uns wartet. Auch die anderen Stationen wecken unsere Neugierde, wie beispielsweise das Insektenhaus im Hundertwasser-Stil.

Wir hätten nun die Möglichkeit, entlang der Hauptstraße rechts zurück zum Bahnhof zu gehen.

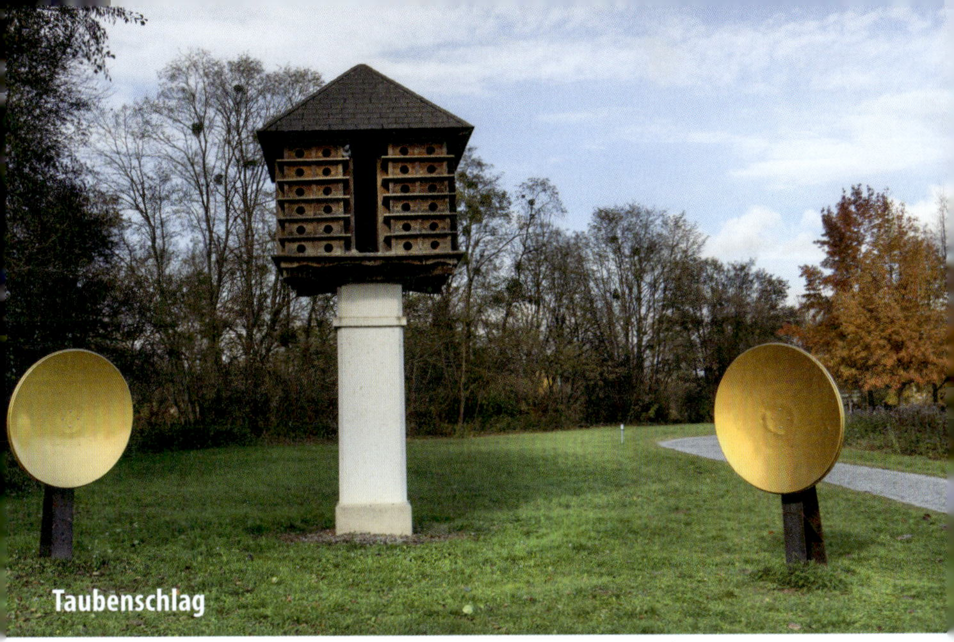

Taubenschlag

Wir entscheiden uns aber, ein Stück weiter geradeaus zu spazieren, um noch ein paar Highlights der Region zu entdecken. Nach einem schwarzen Tor geht es links. Bald schon erreichen wir eine Weide mit Schafen. Auf dem nächsten Abschnitt können wir etwas über uns erfahren. Am Pfad des **keltischen Baumkreises** ❼ gehen wir auf die Suche nach unserem persönlichen Baumhoroskop. Wir bleiben dort stehen, wo wir unsere Geburtsmonate finden, und lesen nach, bevor wir mit neuen Erkenntnissen unseren Weg fortsetzen.

Wir spazieren weiter geradeaus und betreten eine einladende **Brücke** mit Holzboden, die künstlerisch gestaltet ist. Romantiker haben am Brückengeländer ihre Liebesschlösser befestigt. Auf einem Schild lesen wir, dass unter uns das Flüsschen Safen fließt.

Noch ein kurzes Stück geht es bis zu einem hübschen **Teich** ❽, der mit Seerosen bedeckt ist. Der romantische überdachte **Holzsteg** wird sicherlich gern für Feierlichkeiten genutzt. Unser Blick fällt auf eines der Häuser im Hintergrund, das von Hundertwasser entworfen wurde. Nun haben wir den Eingangsbereich des **Rogner Bad Blumau** ❾ erreicht, einer großen Thermenwelt, die von Friedensreich Hundertwasser persönlich

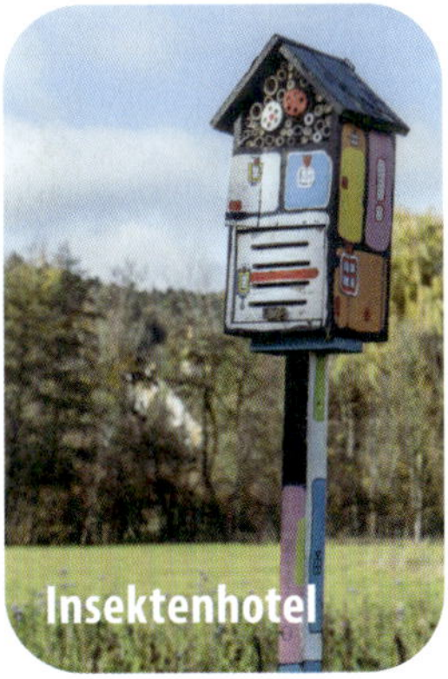

Insektenhotel

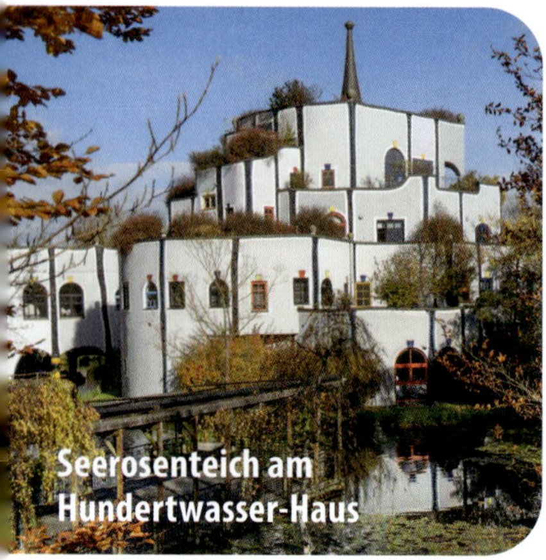

gestaltet wurde. Bereits das Eingangsgebäude begrüßt uns mit bunten, verzierten Säulen. Die Anlage gilt als größtes bewohnbares Gesamtkunstwerk.

Wir heben uns einen Thermenbesuch für ein anderes Mal auf und spazieren nun denselben Weg bis zum schwarzen Tor zurück. Dann schlendern wir noch einmal 200 Meter durch den Thermenpark in Richtung der Hauptstraße. An der Straße angekommen, geht es links weiter. Beim Kreisverkehr bleiben wir geradeaus und erreichen bald unseren Ausgangspunkt.

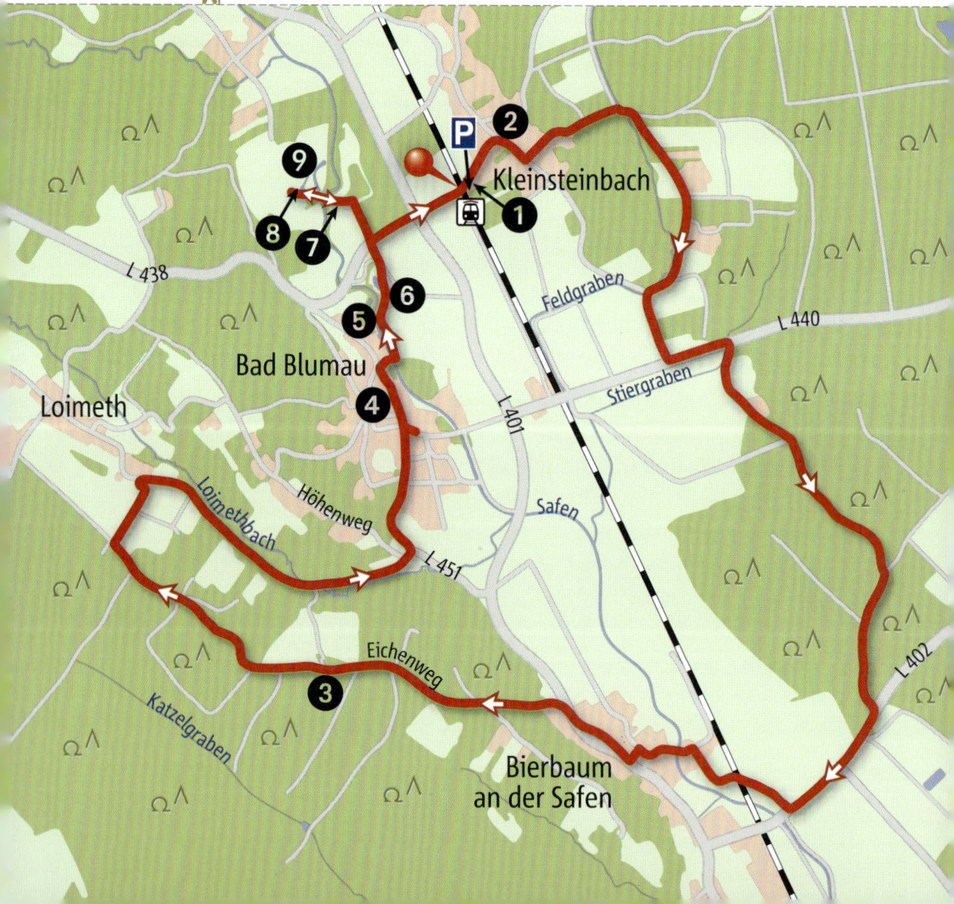

Alles auf einen Blick

WIE & WANN:
Überwiegend asphaltierte Straßen, Wald- und Wiesenwege; ganzjährig möglich

HIN & WEG:
Auto: Parkplatz am Bahnhof Bad Blumau, 8283 Bad Blumau (GPS: 47.12374, 16.05669)
ÖPNV: Zug bis Bad Blumau

ESSEN & ENTSPANNEN:
Zum Stoabocha ❷ Kleinsteinbach 32, 8283 Bad Blumau, Tel. +43 (33 83) 3 22 90

ENTDECKEN & ERLEBEN:
Wasserwerk im Hundertwasser-Stil ❶
1000-jährige Eiche ❸
Platz der Visionäre ❹
Taubenschlag ❺
Weidendom ❻
Keltischer Baumkreis ❼
Holzsteg am Seerosenteich ❽
Rogner Bad Blumau ❾ Bad Blumau 100, 8283 Bad Blumau,
Tel. +43 (33 83) 51 00-0, blumau.com

Entspannung ✸✸✸✸✸
Genuss ✸✸✸
Romantik ✸✸✸

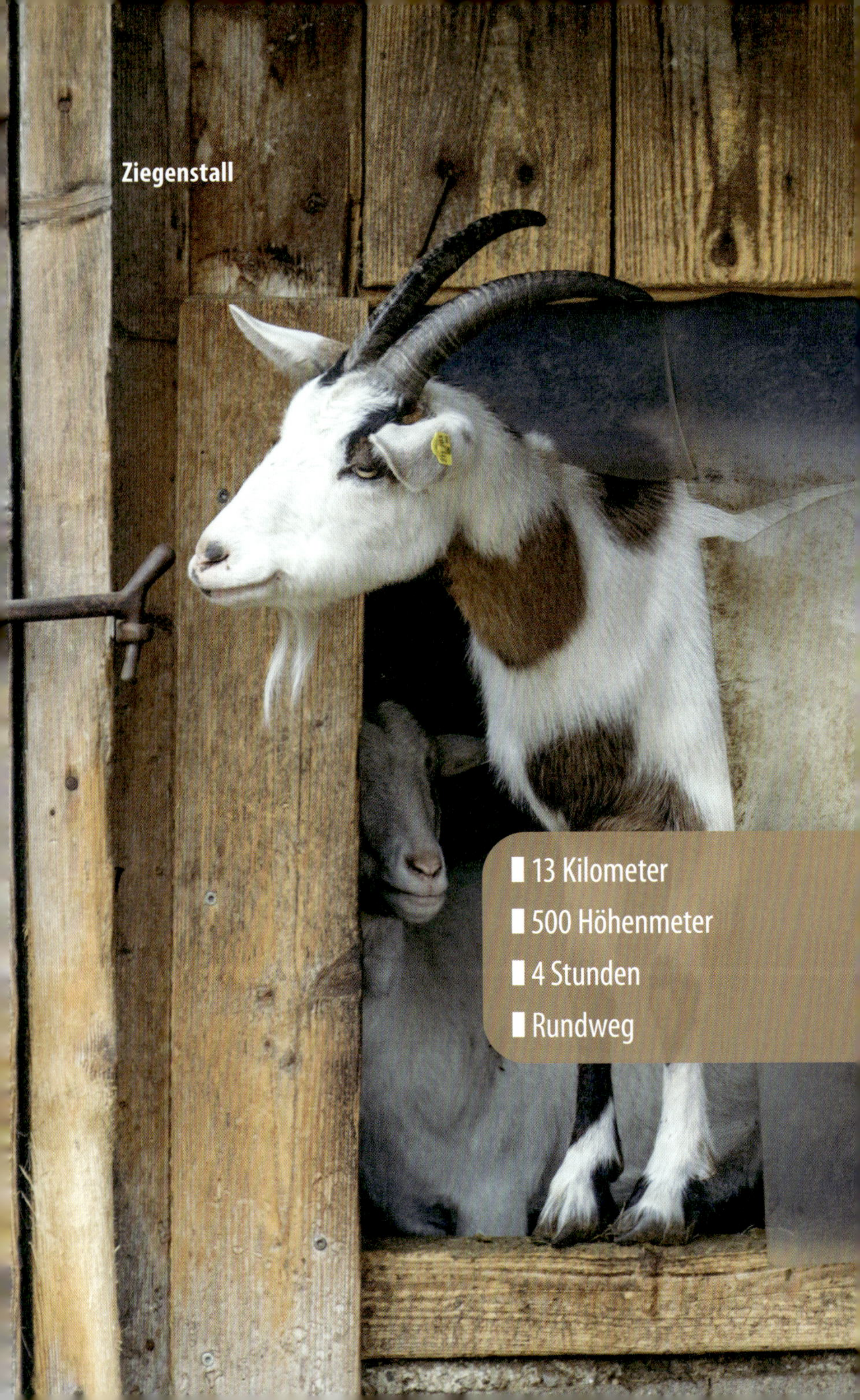

Ziegenstall

- 13 Kilometer
- 500 Höhenmeter
- 4 Stunden
- Rundweg

Auf unserem Programm steht der vielleicht romantischste Wanderweg der ganzen Steiermark. Der Themenweg „Romantischer Bründlweg“ wurde liebevoll hergerichtet und führt zu Einkehrmöglichkeiten und Erlebnisstationen. Zu ihm gehört der wohl höchstgelegene Barfußweg des gesamten Bundeslandes, denn die Route liegt auf einer Seehöhe zwischen 1000 und 1200 Metern. Im Jahr 2020 gewann er den Titel des schönsten Themenwanderwegs. Ob das wahr ist, davon wollen wir uns heute überzeugen. Auf jeden Fall planen wir jede Menge Zeit ein, denn der Weg ist hier das Ziel.

Direkt an der Pogusch-Hauptstraße auf Höhe des **Wirtshauses Steirereck** ① befinden sich eine Bushaltestelle und ein paar Parkplätze. Bevor wir unsere Wanderung aufnehmen, informieren wir uns über die heutige Tagesküche des Wirtshauses, das vor allem mit traditionell österreichischer Kulinarik lockt. Lokales und Saisonales wird hier großgeschrieben. Unser Appetit ist aber noch klein, darum sehen wir vorerst von einer Einkehr ab.

*Das „Steirereck“ in Wien, geführt von der Gastronomenfamilie Reitbauer, gilt manchen als bestes Restaurant Österreichs. Es gewann zahlreiche Auszeichnungen, wie den Slow Food Award. Das **Wirtshaus Steirereck** am Pogusch wurde ebenfalls von den Reitbauers eröffnet.*

Herzenssache

Romantischer Bründlweg am Pogusch

Unser Blick fällt auf einen Stall, wo uns Ziegen neugierige Blicke schenken. Bei langsamem Herantreten nähert sich eine der Ziege, die anderen geben leise Määähs von sich. Auf der anderen Straßenseite folgen wir dem Holzschild **Baumhäuser.** Gleich dahinter warten mehrere Infotafeln auf uns. Wir wollen uns einen

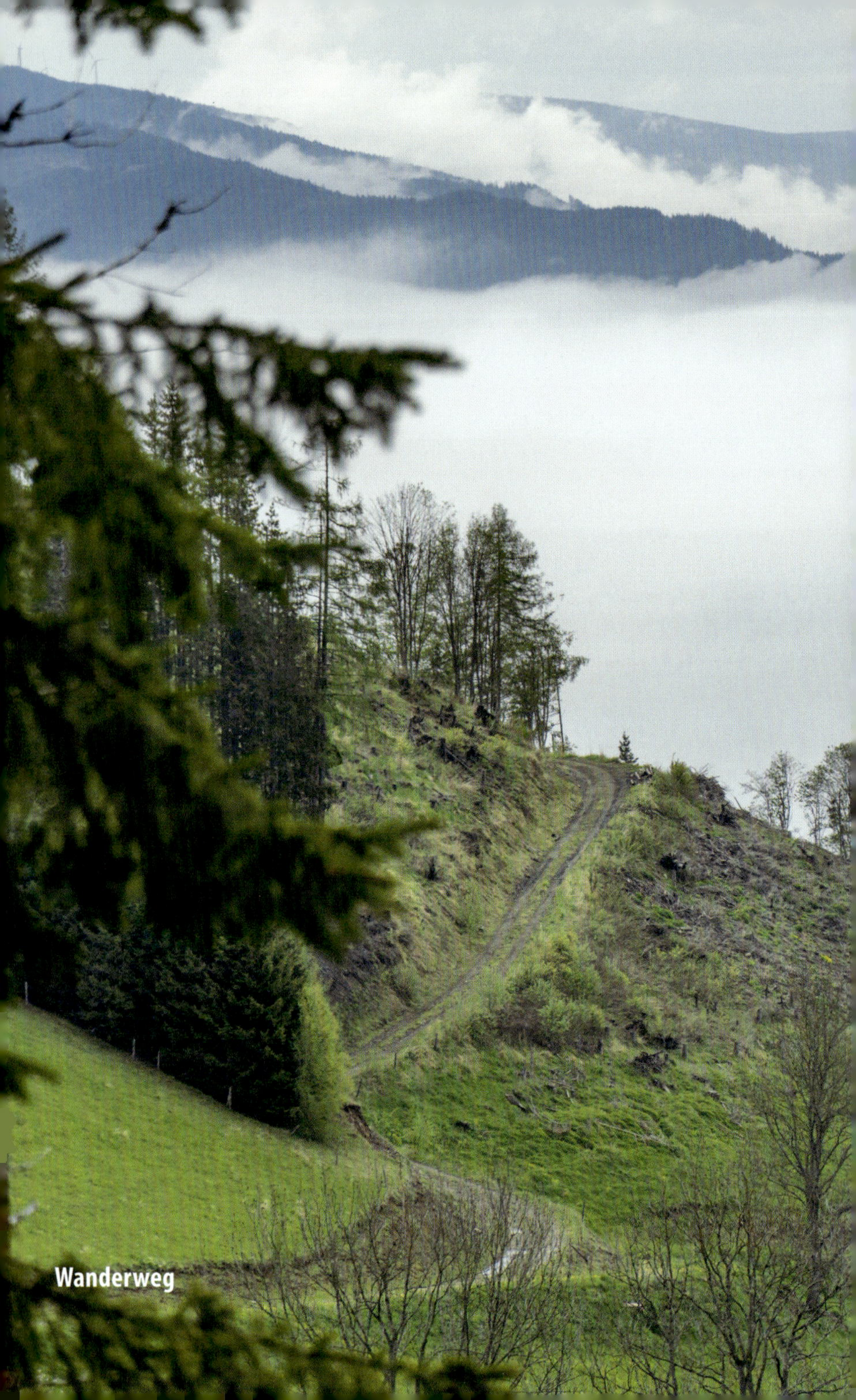

Wanderweg

Überblick über den Routenverlauf sowie die einzelnen Stationen und Betriebe verschaffen.

Die erste Rast legen wir an der Erlebnisstation **Unterwassersteg & Herzerlplatz** ❷ ein. Denn eilig haben wir es heute nicht. Vor uns liegt der Barfußteich, ein wunderschön angelegtes Gewässer mitten im Grünen. Vom einen zum anderen Ufer führt ein Weg mit Holzgeländer direkt auf dem Wasser. Eine absolute Erfrischung für die Füße. Am anderen Ende wartet ein Holzhäuschen mit einem herzförmigen Eingang. Auch eine Herz-Bank nehmen wir wahr, die dem Ort als Sieger des schönsten Themenweg-Titels überreicht wurde.

*Auf die **„Steiermarkbank"** trifft man in der Region öfter. Sie ging als Sieger in einem Designwettbewerb hervor. Aus Gebirgslärchenholz geschnitzt, hat sie die Form eines Herzens, das das Bundesland repräsentiert. Ein absoluter Blickfang und angenehmer Sitzkomfort.*

Die vielen Rastbänke am Wegesrand nehmen wir wahr und gelangen bald in einen lichten Wald. An einer **Gabelung** haben wir die Möglichkeit, die **Himmelreichkapelle** zu besuchen. Der Name stimmt uns neugierig, und so nehmen wir den Umweg in Kauf. Ist ja nur „a hoibe Stund". Das Kircherl, das nicht direkt auf der Hauptroute liegt, wird später noch einige Male ausgeschildert sein. So kann man sich auch später noch für einen Abstecher entscheiden.

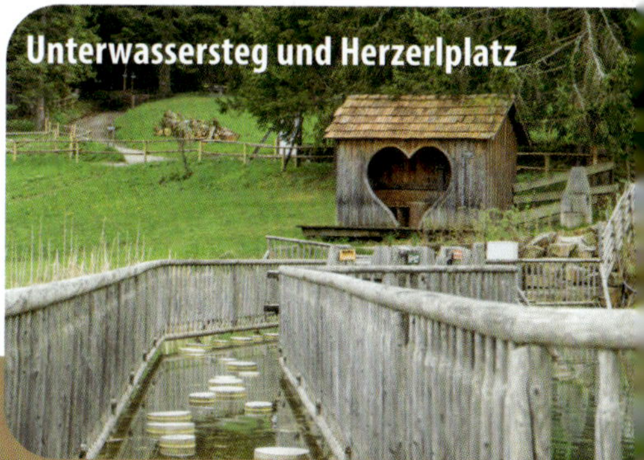

Unterwassersteg und Herzerlplatz

Für die Seele

Die vielen Rastbänke auf dem Romantischen Bründlweg laden zum Verweilen ein. Panoramaausblicke auf die Berge versüßen unsere Tour.

Wir verlassen die Hauptroute und folgen dem Schild nach rechts. Dass es bergauf geht, merken wir kaum. Stattdessen atmen wir die Waldluft ein, die heute unsere Entspannung vor allem fördert.

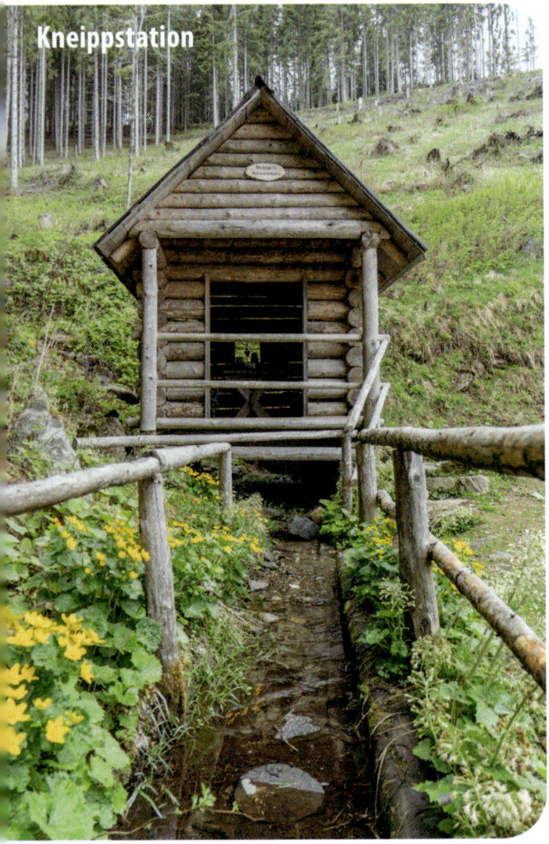
Kneippstation

Man sagt, dass an einem Regentag besonders wohltuende Luft zu atmen ist. So riecht wahre Frische!

Als wir auf die **Himmelreichkapelle** ❸ treffen, staunen wir nicht schlecht. Den Namen Himmelreich am Pogusch trägt sie zu Recht. Denn hier oben sind wir dem Himmel viel näher. Das Platzerl bietet Ruhe und versorgt die Menschen mit neuer positiver Energie. Forscher hätten herausgefunden, dass dieser Ort auf 1213 Meter Höhe dem Körper besonders guttue, lesen wir auf einer Tafel. In unmittelbarer Nähe stehen Holzbänke, die zum Verweilen an diesem Idyll einladen.

Wir orientieren uns an dem blauen Schild **Friedmannerhof** und folgen dem Pfeil wieder hinab zur Hauptroute. Auf einem Waldpfad richten wir uns nach der blauen **Wandertafel in Flaschenform,** die uns heute den richtigen Weg zeigen wird. Alsbald bekommen einen panoramareichen Ausblick geboten.

Bald schon sind wir wieder auf einer Forststraße und gelangen zum **Friedmanner** ❹. Vor der **Jausenstation** stehen ein paar Holzbänke für eine Rast mit Verzehr. Wir erfahren, dass der Hof bereits seit dem 14. Jahrhundert besteht. Ein paar Hühner gackern, der Hahn kräht und Enten watscheln herum.

Die nächste Einkehr ist mit „a schwoche Stund" angekündigt. Wir verlassen das Wiesenstück und wandern in den von Licht durchfluteten Wald hinein. Mal

Sebastian Kneipp, *der Begründer der Kneipp-Anwendungen, entdeckte die Heilkraft des Wassers bereits im 19. Jahrhundert. Die fünf Säulen seiner Philosophie sind Wasser, Pflanzen, Bewegung, Ernährung und Balance.*

stoßen wir auf Brunnen und dann wieder auf Bachläufe. Bei der Kneippstation mit **Holzknechthütte 5** werden wir auf ein Barfußbad eingeladen. Eine Holzvorrichtung bietet festen Halt, wenn vor lauter Kälte die Zähne klappern und sich der restliche Körper zusammenzieht. Die urige Hütte am anderen Ende bietet einen überdachten Regenschutz.

An der nächsten **Gabelung** können wir entweder hinab zur Jausenstation Schäffer-Huber oder auf dem kürzesten Weg gleich rechts hinauf zum Hochegger-Hof gehen. Wir entscheiden uns für Ersteres und folgen dem Wirtschaftsweg links. An der **Jausenstation Schäffer-Huber 6** gibt es eine große Panoramaterrasse, die zu einer kulinarischen Rast mit Ausblicken einlädt.

Dann trifft ein wurzeliger Pfad bergauf auf eine besondere Hütte. Der Eingang ist wieder in Form eines Herzens geschnitzt. Neugierig wagen wir einen Blick

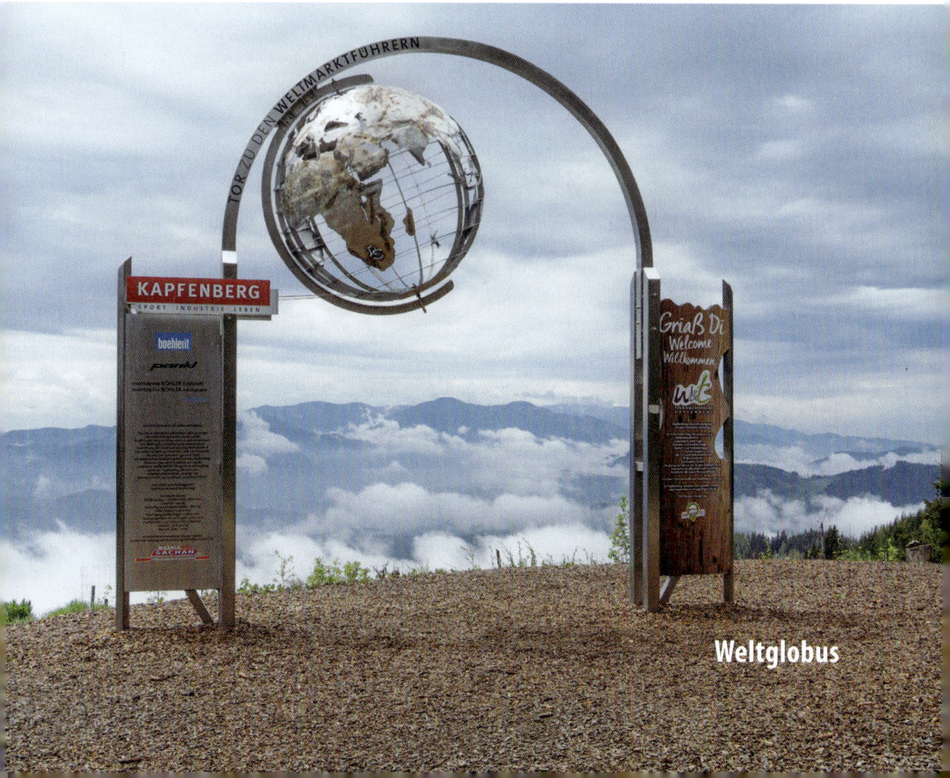

Weltglobus

hinein und entdecken ein uriges Holzbett mit viel Kitsch drumherum.

Bald schon verlassen wir den Wald und kommen zu einem breiten Weg, der zur nächsten Einkehr, dem **Hochegger-Hof** 7, lotst. Der folgende Abschnitt ist ausgesprochen aussichtsreich. Deshalb legen wir an der nächsten Panoramabank eine Rast ein und lassen unseren Blick über die Berge streifen. Bald spazieren wir an der längsten Sitzbank Österreichs vorbei und erkennen kurz danach in der Ferne einen silbernen Globus. Wir sind bei einer **Aussichtsplattform „Das Tor zu den Weltmarktführern"** 8 angekommen, ein herrlicher Ort mit einem riesigen Rastplatz.

Nun haben wir zwei Möglichkeiten: weiter auf der Hauptroute oder zum Rührerhof. Da wir vorab gelesen haben, dass hier Speisen und Getränke zur Selbstbedienung bereitstehen, wollen wir dieses Ziel ansteuern und halten uns links. Der Weg ist schmal und führt teils über einen Trampelpfad steil hinab. Wir passieren ein gelb leuchtendes Blütenmeer aus Löwenzahn.

*Um **Löwenzahnblütensirup** herzustellen, benötigt man folgende Zutaten: die Spitzen der gelben Blütenblätter (50 g), gemischt mit Zucker (1 kg), Wasser (1 l) und ein paar Tropfen Zitronensaft. Der fertige Sirup schmeckt wunderbar mit Sekt oder spritzigem Wasser.*

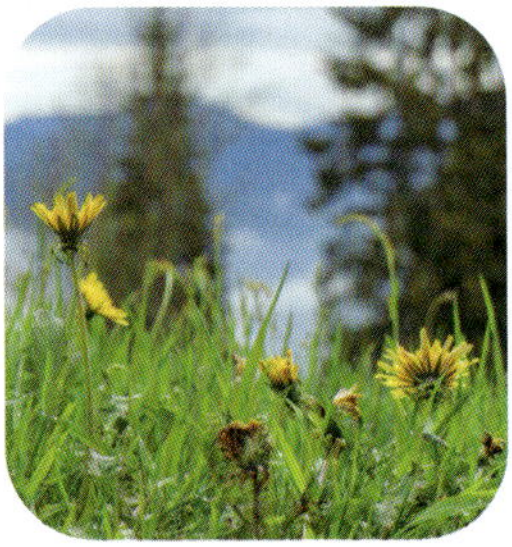

Ein paar Katzen spielen am **Rührerhof** 9, ein liebenswürdiger Hund kommt herbei und fordert unsere Aufmerksamkeit. Im Blickfeld liegen der gefüllte Kühlschrank und die Selbstbedienungstheke. Wir entscheiden uns für Kuchen und etwas Erfrischendes. Hier gibt es das Bier des Themenwanderwegs: das Bründlwegbier. Das Bargeld werfen wir in den Kasten mit der Aufschrift „Kassa".

Nach einer herrlichen Rast steigen wir auf demselben Weg wieder hinauf bis kurz vorm Weltglobus. Dann geht es weiter, der Flasche nach: Die nächste Jausenstation ist ausgeschildert. Wir passieren die **Herrbaueralm.** Weidevieh wird angekündigt. Mit ausreichend Abstand gehen wir zügig an den Tieren vorbei und kommen zum **Herrbauer** 10, einer weiteren Jausenstation mit vielen Holzbänken. An der Trinkquelle steht auf einem Schild „Diese Bründlquelle hilft gegen Müdigkeit und Kopfschmerzen". Trinkflaschen auffüllen!

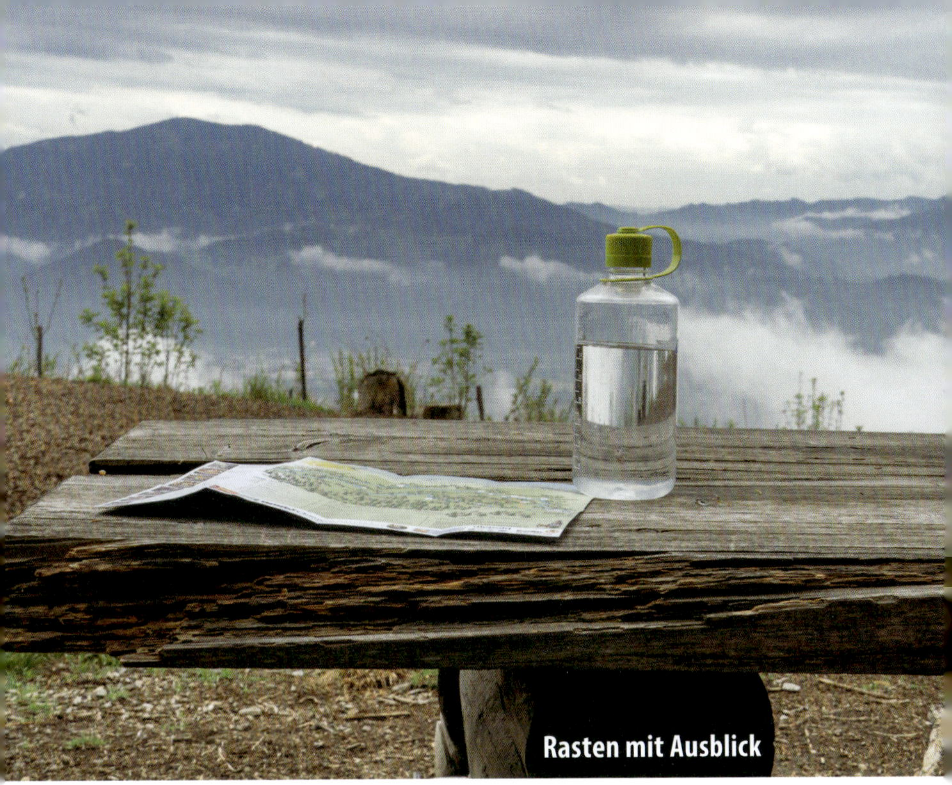

Rasten mit Ausblick

Die nächste Rast legen wir bei dem **Wildtiermuseum ⑪** ein, das sich selbst als kleinstes Jagd- und Wildtiermuseum betitelt. Es steht auf Holzbalken und zeigt im Innenraum ein paar ausgestopfte Tiere.

Am Weg bekommen wir bald einen Blick auf das Hochschwabgebiet geboten. Die Bergspitzen tragen noch etwas Schnee. Bei der nächsten Einkehrgelegenheit, dem **Himmelreichbauer ⑫,** sitzen ein paar Radfahrer bei bestem Ausblick. Wieder führt der Weg uns in den Wald, vorbei an der **Köhlerhütte** und einem **Schlammbad ⑬.** Um die Durchblutung anzuregen, können Mutige mit ihren nackten Füßen durch das Naturbad laufen. Die letzte Erlebnisstation ist der **Karlsplatz ⑭,** wo wir noch einmal auf den mächtigen Hochschwab blicken und auf einer Panoramabank ausruhen.

Bei der letzten Jausenstation, der **Stieglitzhütte ⑮,** staunen wir nicht schlecht, als wir feststellen, dass die Terrasse am Hang nur auf Holzbalken über dem

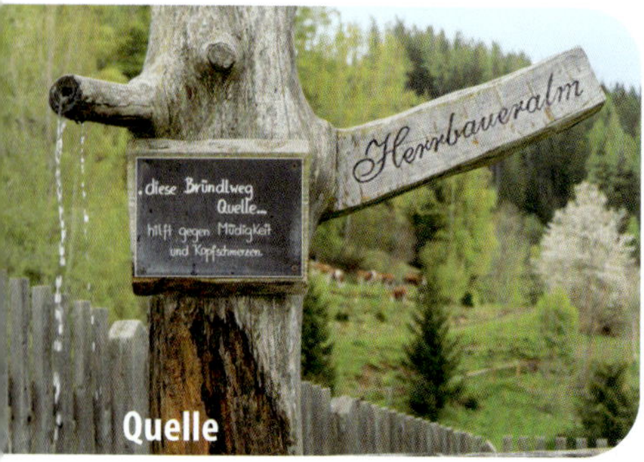

Quelle

Boden schwebt. Ein Blick nach rechts zeigt die WC-Anlage in einem Holzturm mit einer Rutsche und einer Schaukel. Hier haben sicherlich nicht nur Kinder ihre Freude, nach der Erleichterung nach unten zu rutschen.

Die letzten 1,5 Kilometer spazieren wir leicht bergab zurück zum Ausgangspunkt. Am Wegesrand stehen noch einmal Bänke, die wir nur noch in den Augenwinkeln wahrnehmen. Mit Durchschreiten eines künstlerisch gestalteten Tores beenden wir unsere Tour.

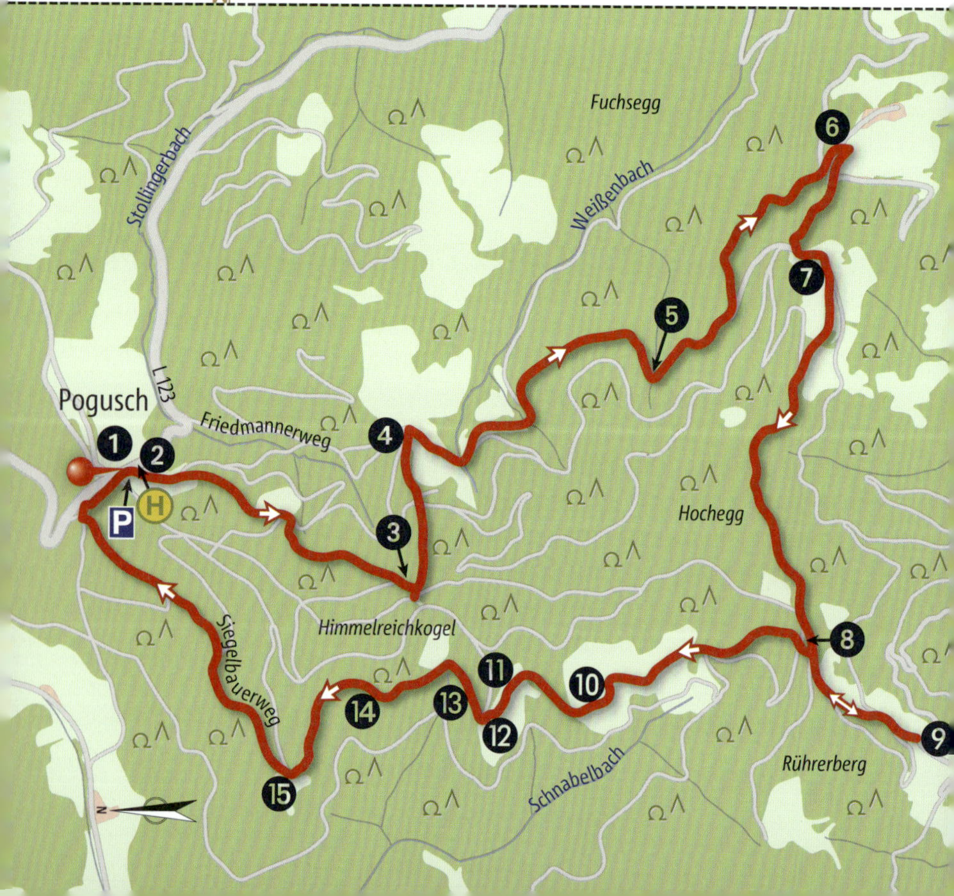

Alles auf einen Blick

WIE & WANN:
Befestigte und unbefestigte Wege durch den Wald und über Wiesen sowie Forststraßen; ganzjährig möglich

HIN & WEG:
Auto: Parken auf Höhe des Steirereck am Pogusch, 8625 Turnau (GPS: 47.52956, 15.33359)
ÖPNV: Bus 173 bis Pogusch Passhöhe

ESSEN & ENTSPANNEN:
Wirtshaus Steirereck ❶ Pogusch 21, 8625 Turnau, Tel. +43 (38 63) 20 00, steirereck.at/pogusch
Jausenstation Friedmanner ❹ Pogusch 25, 8642 St. Lorenzen im Mürztal, Tel. +43 (38 64) 21 32
Jausenstation Schäffer-Huber ❻ Pogusch 30, 8642 St. Lorenzen im Mürztal, Tel. +43 (6 64) 7 90 53 50
Hochegger-Hof ❼ Pogusch 27, 8642 St. Lorenzen im Mürztal, Tel. +43 (6 64) 75 03 67 80
Rührerhof ❾ Göritz 9, 8642 Kapfenberg, Tel. +43 (6 76) 5 60 19 86
Herrbauer ❿ Hinterberg 3, 8624 Thörl, Tel. +43 (6 64) 3 94 28 54
Himmelreichbauer ⓬ Döllach 9, 8624 Aflenz, Tel. +43 (6 64) 4 80 57 35, himmelreichbauer.at
Stieglitzhütte ⓯ Tel. +43 (6 76) 6 82 07 06

Entspannung ★★★★☆
Genuss ★★★★☆
Romantik ★★★★☆

ENTDECKEN & ERLEBEN:
Unterwassersteg & Herzerlplatz ❷
Himmelreichkapelle ❸
Kneippstation und Holzknechthütte ❺
Aussichtsplattform „Das Tor zu den Weltmarktführern" ❽
Wildtiermuseum ⓫ Tel. +43 (6 64) 4 80 57 35, himmelreichbauer.at/museum.html
Köhlerhütte und **Schlammbad** ⓭ **Karlsplatz** mit Hochschwab-Blick ⓮

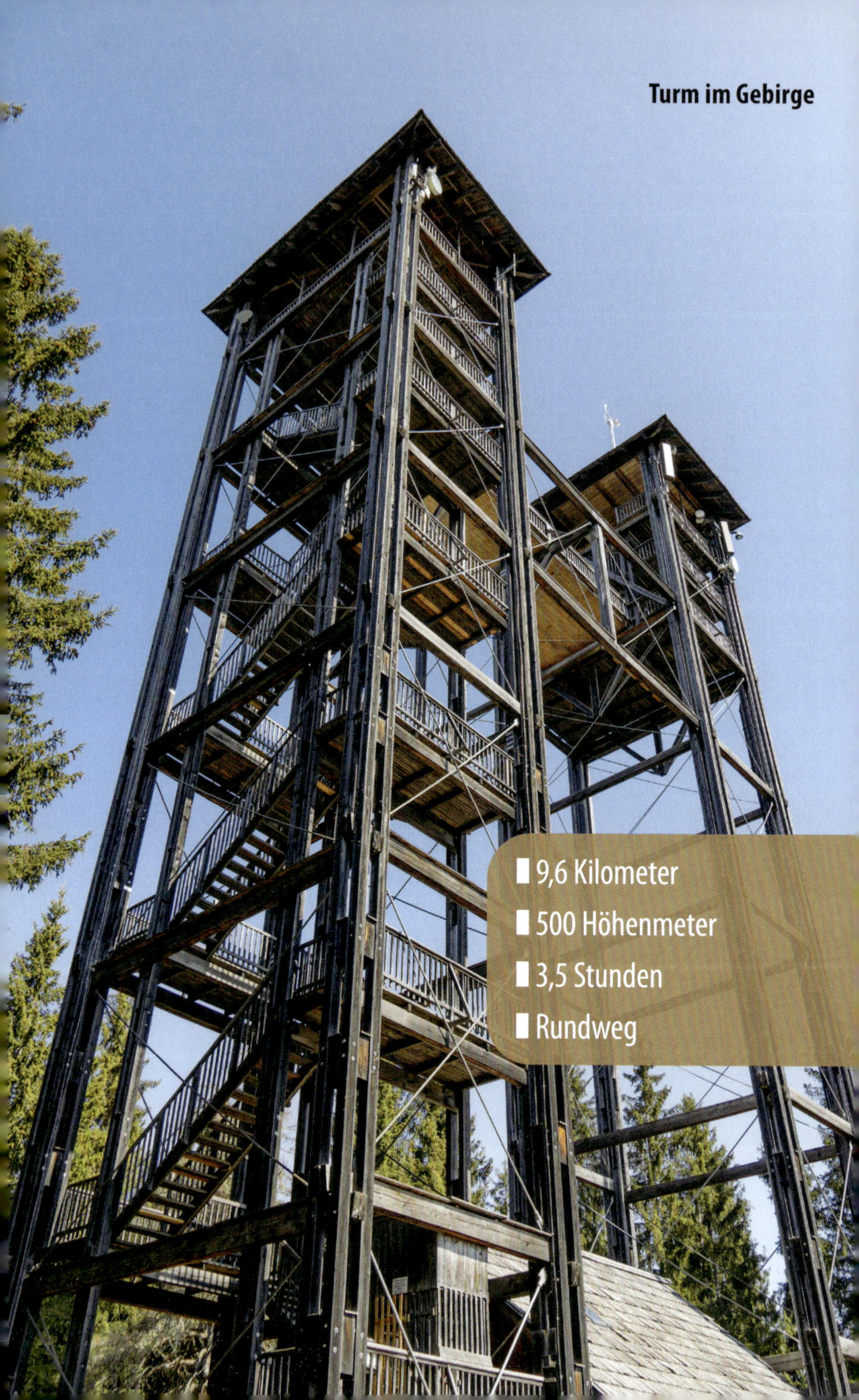

- 9,6 Kilometer
- 500 Höhenmeter
- 3,5 Stunden
- Rundweg

Die Region Spielberg ist vor allem wegen der Motorsportrennstrecke Red Bull Ring bekannt. Statt Rennsport steht heute jedoch eine gemütliche Wanderung ohne Zeitdruck an.

Bereits bei der Anfahrt sehen wir das Ziel vor Augen: Die Aussichtswarte „Turm im Gebirge" thront hoch oben auf dem bewaldeten Tremmelberg. Die Vorfreude auf den Ausblick ist groß!

Gleich hinter einem unübersehbaren **Tor** mit Aufschrift und einem Bild der Aussichtstürme parken wir. Unweit des Parkplatzes spazieren wir zur **Schautafel Alpensteig Tremmelberg** mit mehreren eingezeichneten Wanderrouten. Wir wollen den Rundweg im Uhrzeigersinn erwandern. Zunächst folgen wir der grünen Linie auf der Karte, zurück geht's entlang der gelben. Auf der Route liegen zunächst der Forstlehrpfad und der Waldlehrpfad. Später kommt dann noch der Jagdlehrpfad. Bewegung und dabei etwas lernen steht auf dem Programm.

Von Weitem nehmen wir gelbe **Wegtafeln** wahr. Unsere Tour bis zum Tremmelberg führt über die

Turm im Gebirge

Hinauf zum Tremmelberg

Wolfsgrube (Tour **25a**). Mit 1,5 Stunden Gehzeit bis zur Aussichtswarte ist zu rechnen.

Wir halten uns also rechts. So spazieren wir über einen asphaltierten Weg leicht bergauf und kommen an mehreren Häusern und Höfen vorbei. In einem eingezäunten Stall gackern ein paar Hühner und laufen umher. Auf einem nahen Schild lesen wir „Frische steirische Milch“, und nur einen Moment später entdecken wir die Kühe.

An der nächsten **Gabelung** wenden wir uns rechts, um der Nummer **25a** zu folgen. Ein kurzes Stück geht es über einen breiten Weg in den Wald hinein und nach der folgenden Wegtafel links weiter, einen schmalen Pfad hinauf. Wie gut der Nadelwald hier riecht! Noch kleine Nachkommen der Fichten wachsen am Wegesrand. Auf dem Boden entdecken wir überall die Früchte der Nadelbäume: Zapfen mischen sich unter die Blätter.

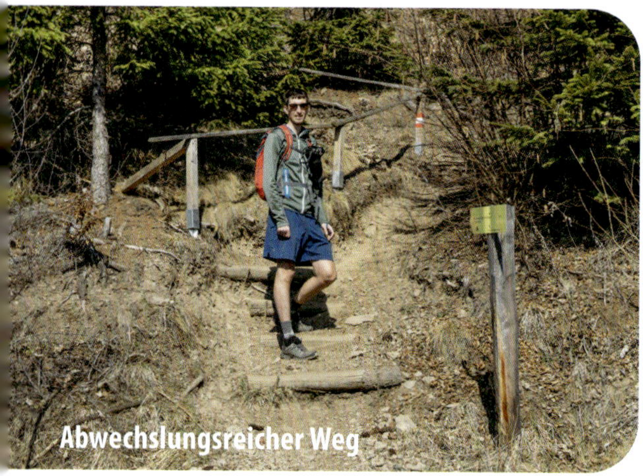
Abwechslungsreicher Weg

Aber wir nehmen noch viel mehr wahr. Mehrere Schautafeln geben uns Auskunft über verschiedene Baumarten, wie zum Beispiel die Schwarzerle. Wir erinnern uns daran, dass wir auf dem **Waldlehrpfad** ❶ wandern.

Es geht weiter bergauf. Wurzeln, Steinchen und noch mehr Tannenzapfen liegen auf dem Boden. Eine wackelige **Holzbrücke** ist zu überqueren. Ein bisschen Abenteuer schafft Abwechslung! An einer Kreuzung halten wir uns links (Tour **25a**), rechts würde der Waldlehrpfad weiterverlaufen.

Das Terrain ist alles andere als monoton und lenkt uns vom steilen Anstieg ab. Der Wald wird mal lichter und dann wieder dichter. Wir gehen durch einen Hohlweg. Ob hier Wasser seinen Weg ins Tal gesucht hat? Später werden wir erfahren, dass auf diesem Weg früher die gefällten Bäume mithilfe von Pferden ins Tal befördert wurden. Auch heute noch ist der Wald bewirtschaftet. Inzwischen werden in

Als Urlaubsregion wird die Steiermark durch ein grünes Herz symbolisiert. Wegen ihres Waldreichtums gilt sie als das ***grüne Herz Österreichs.*** *58 Prozent der Fläche sind bewaldet. Es heißt, dass alle 4 Sekunden ein Kubikmeter Holz wächst.*

der Holzindustrie jedoch moderne Werkzeuge und Maschinen eingesetzt.

Wir überqueren einen Forstweg, um geradeaus durch den dichten Wald weiterzuwandern. Es riecht wieder so herrlich nach Nadelholz! Immer wieder halten wir Ausschau nach dem Heidekraut mit den lilafarbenen Blüten, das im März und April seine Blütezeit haben soll. Je nach Wetterlage kann sie sich aber verschieben.

Auf der Höhe, wo die Bäume wieder weiter auseinanderstehen und Licht durch das Astwerk dringt, legen wir eine kurze Rast ein. Da wir schon so viele Höhenmeter hinter uns haben, müssen wir doch bald einen Aussichtspunkt erreichen! Der Himmel strahlt blau, die Sonne lacht, aber leider ist das Wetter so diesig, dass wir die mit Schnee bedeckten Gipfel in der Ferne nur schwach wahrnehmen können.

Das Ziel Aussichtswarte liegt nun in Sichtweite. An einer **Abzweigung** zeigt ein Hinweisschild nach links, wo der Weg zur **Wolfsgrube** führt. Neugierig, wie wir sind, legen wir diesen kurzen Umweg ein. Dieser Ort,

Für die Seele

Wir wandern zur Aussichtswarte „Turm im Gebirge" und genießen von oben eine herrliche Aussicht auf das Bergland mit schneebedeckten Gipfeln.

der **Wolfsgrube ❷** heißt, ist dem Wolf gewidmet, der in der Gegend ausgerottet wurde. Es sind nur 50 Meter, bis wir vor einem großen Kreuz aus Stahl stehen. Die gleiche Strecke geht es zurück und weiter geradeaus auf der Hauptroute.

Dann stehen wir schon vor der riesigen **Aussichtswarte Turm im Gebirge ❸.** Bereits von unten haben wir

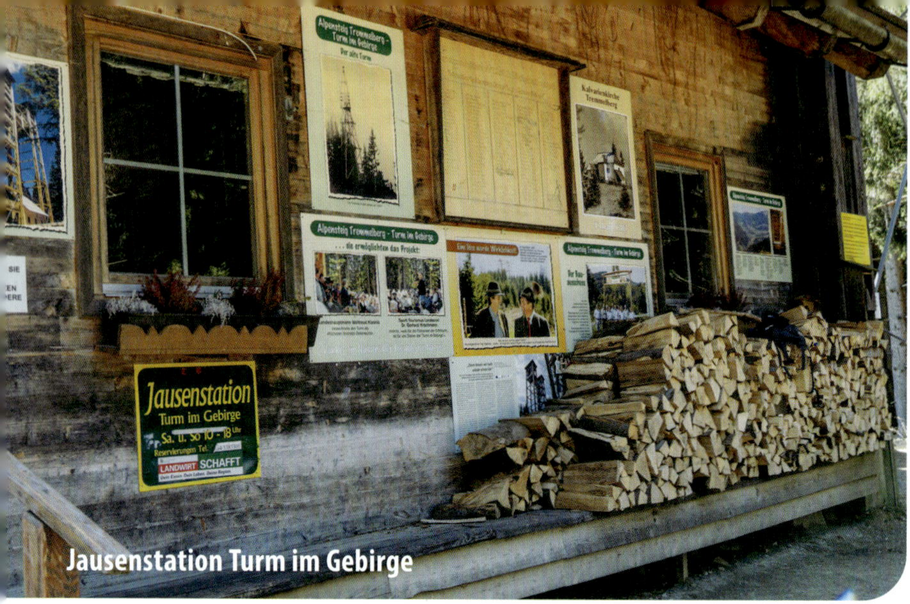

Jausenstation Turm im Gebirge

*Der über 20 Jahre alte **Turm im Gebirge** besteht aus zwei Türmen, die miteinander verbunden sind, und ist 42 Meter hoch. Er wurde zu einem Großteil aus heimischer Lärche von lokalen Holzbetrieben erbaut. Nur das Fundament besteht aus Beton.*

*Der **Zentralalpenweg 02** ist ein österreichischer Weitwanderweg über 1200 Kilometer und verläuft durch sieben der neun Bundesländer. Die 15. Etappe führt von Knittelfeld nach Ingering II, auf ihrer Route liegt der Tremmelberg samt Aussichtswarte.*

einen herrlichen Ausblick in die Lavanttaler Alpen, wo der Rappoldkogel und der Wölkerkogel thronen. Eine stabile Holztreppe führt schwindelfreie Menschen (in den Sommermonaten) bis zur Plattform hinauf.

Am Fuß des Turms liegt die **Jausenstation Turm im Gebirge.** Rundherum stehen ein paar Rastbänke und Schautafeln. Wieder lesen wir etwas über die Region nach, aber auch über das Projekt Turmbau und wie seine erste Konstruktion aussah. Wenn wir ganz leise sind, hören wir in der Ferne die Fahrzeuge auf der Rennstrecke des berühmten Red Bull Ring.

Nach einer wohltuenden Verschnaufpause machen wir uns auf den Weg zurück. Der **Parkplatz Sachendorf über den Vorder-Tremmel** ist mit 1,5 Stunden Gehzeit ausgeschildert. Nun geht es nur noch bergab. Weiter durch den Wald gelangen wir bald zu einer Wegtafel, die an einem Baum befestigt ist. Abseits unserer Route führt hier auch ein Fernwanderweg entlang: der Zentralalpenweg 02, der vom Westen Österreichs bis weit in den Osten führt.

Einige Schautafeln locken Wissbegierige an. Wir sind nun auf dem **Jagdlehrpfad.** So lernen wir etwas über Wildtiere, wie Gämsen und Mufflons, aber auch über die Region Knittelfeld als Jagdgebiet.

An einer **Gabelung** würde unser Weg links weiter zum Ausgangspunkt führen. Einen kurzen Umweg zur **Kalvarienbergkirche** ④ nehmen wir jedoch gern noch mit. Es ist nicht mal ein halber Kilometer bis zu der kleinen Kirche inmitten des Waldes, die von Rastbänken umgeben ist. Ein richtiges Kleinod!

Bis zur Gabelung spazieren wir nach einer kurzen Pause wieder zurück und halten uns rechts. Damit wandern wir zunächst auf einer Forststraße und dann wieder auf einem unbefestigten Weg.

Selbst Ende März warten im Schatten noch ein paar Schneefelder auf uns. Um das teils rutschige Glatteis zu umgehen, spazieren wir am äußeren Rand entlang. Es geht immer weiter leicht bergab. Der Weg ist anfangs wurzelig und steinig, wird aber immer breiter. Zurück auf der Forststraße, sehen wir Waldarbeiter, die auf riesigen Traktoren sitzen.

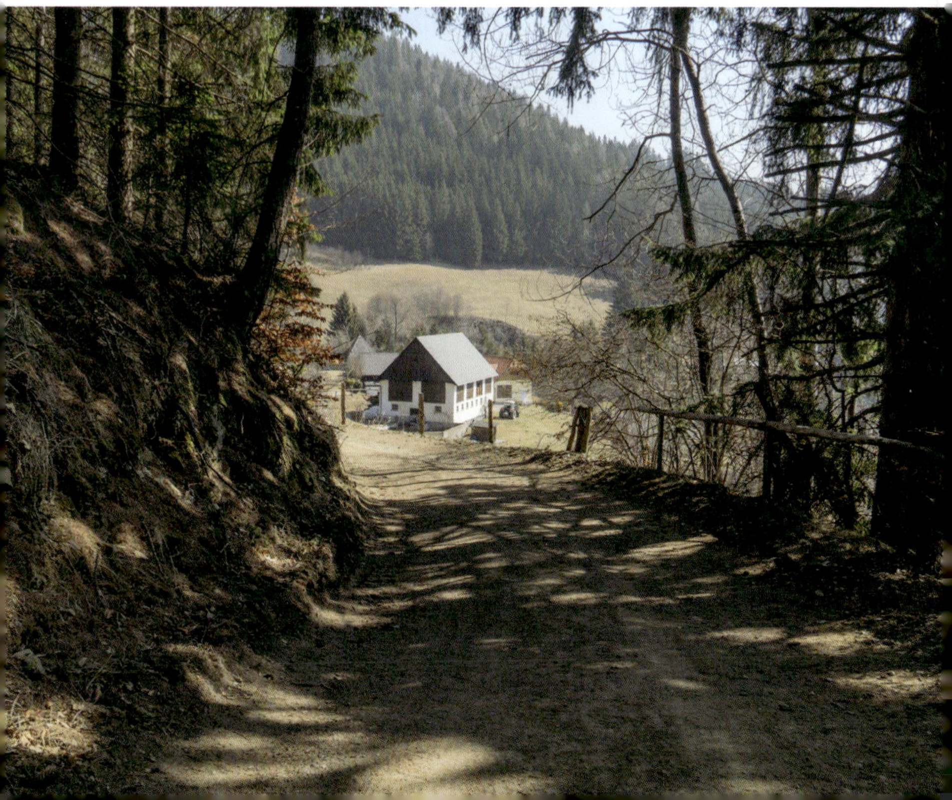

Entschleunigungstour 16

Der Wald entlang des Wanderwegs wird wieder lichter, und wir sehen Häuser und Höfe in der Nähe. Die Berge in der Ferne ziehen uns noch einmal in ihren Bann, während die Sonne uns anstrahlt. Links des Weges treffen wir auf vereinzelte Erikablüten, die sich trotz des trockenen Winters zeigen.

Beinahe auf Ausgangshöhe erkennen wir den Parkplatz in der Ferne und spazieren das letzte Stück auf dem asphaltierten Weg zurück. Noch einmal kommen wird an den Hühnern vorbei, die inzwischen ein Mittagsschläfchen eingelegt haben. Eine Katze säubert sich gerade ihre Tatzen. Und auch wir kommen bald zur Ruhe nach einer so herrlichen Rundwanderung.

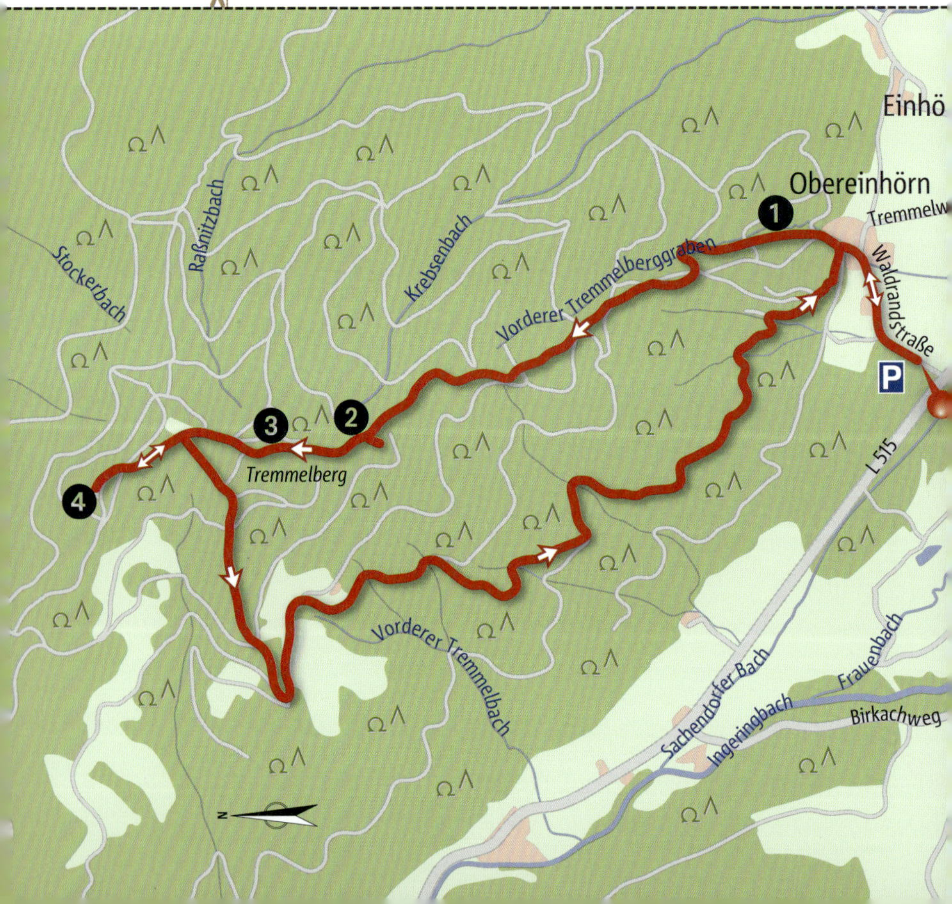

Alles auf einen Blick

WIE & WANN:
Vorwiegend befestigte und unbefestigte Waldwege; ganzjährig möglich

HIN & WEG:
Auto: Parkplatz Sachendorf, 8724 Spielberg (GPS: 47.22900, 14.79130)
ÖPNV: Bus 844 oder 845 bis Sachendorf Golfplatz (Sa. und So. kein Verkehr), von dort kurzer Fußweg an der Hauptstraße ortsauswärts bis Waldrandstraße/Parkplatz

ESSEN & ENTSPANNEN:
Jausenstation Turm im Gebirge ❸ Tel. +43 (6 64) 3 38 33 01

ENTDECKEN & ERLEBEN:
Waldlehrpfad ❶
Wolfsgrube ❷
Aussichtswarte Turm im Gebirge ❸ siehe ESSEN & ENTSPANNEN
Kalvarienbergkirche ❹

Entspannung ✱✱✱✱✱
Genuss ✱✱✱✱✱
Romantik ✱✱✱✱✱

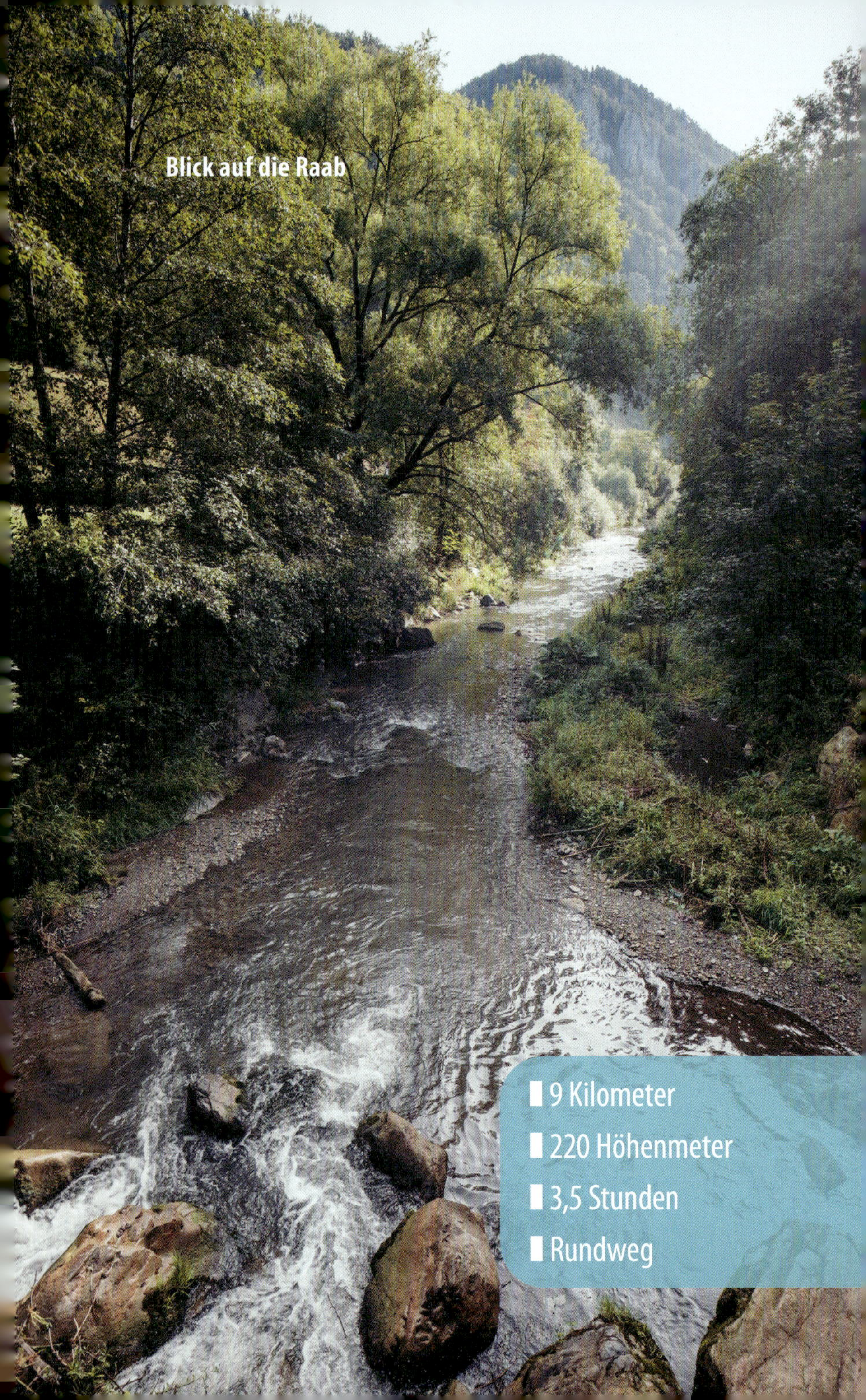
Blick auf die Raab
9 Kilometer
220 Höhenmeter
3,5 Stunden
Rundweg

Der Ausgangspunkt des Rundwegs ist Arzberg, ein geschichtsträchtiger kleiner Ort. Einst für den Bergbau bekannt, lockt er heute mit seinem Schaubergwerk Besucher an. Vor allem aber ist Arzberg ein Einstiegspunkt für ein absolutes Naturjuwel: die Raabklamm. Bevor wir uns den Ort näher anschauen, wollen wir einen Teil der Hauptroute durch die Große Raabklamm erwandern.

Noch am Parkplatz entdecken wir eine große Schautafel mit Wandermöglichkeiten, Gasthäusern und Erlebnisstationen rund um die Klamm. Die gelbe Wandertafel mit der Aufschrift **Zur Raabklamm** (Weg Nr. **765**) weist uns den weiteren Weg. Wir folgen dem Schmölzweg und überqueren die Raab das erste Mal. Einen kurzen Halt legen wir auf der Brücke ein, um uns vom wilden Gewässer, von üppiger Vegetation und schroffen Felsen im Hintergrund in den Bann ziehen zu lassen. Dann tauchen wir in den Wald ein.

Zu Beginn ist der Weg noch breit und asphaltiert, aber das wird sich bald ändern. Der Belag wechselt zu Schotter, der Pfad wird zunehmend schmaler und geht in einen Wiesenweg über. Die **rot-weißen Wegmarkierungen** strahlen im frischen Glanz. Die Warntafel **Privatgrund** schickt uns Wanderer auf dem schmalen Pfad links direkt an der Raab entlang. Wir kommen bei der Brücke **Schreisteg** an und wechseln das Ufer. Und dann beginnt das Abenteuer.

Ein schmaler, ausgetretener Weg leitet uns neben dem Wasser entlang. Die vielen Wurzeln und Steine

Nimmt man die Kleine und die Große zusammen, gilt die ***Raabklamm*** *mit 17 Kilometern als die längste Schlucht Österreichs. Der Raabursprung liegt in Passail, nicht weit vom Ausgangspunkt Arzberg entfernt.*

Klamm-Abenteuer

In der Großen Raabklamm

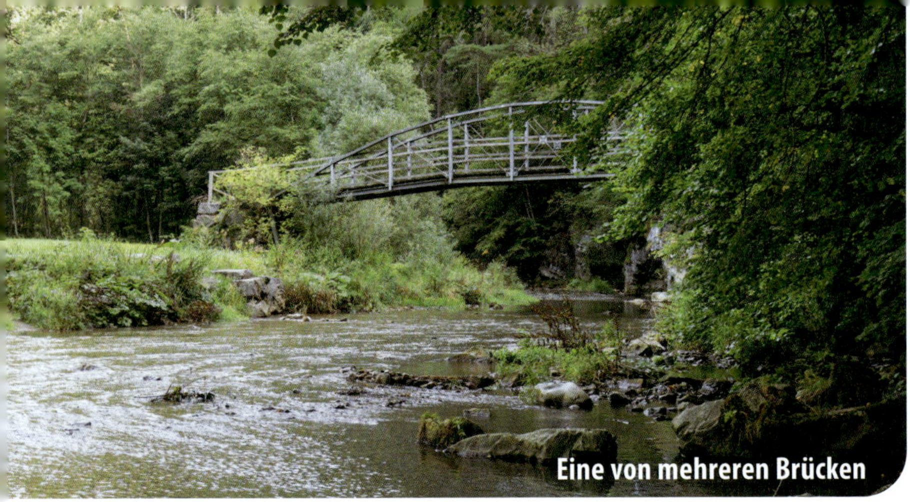

Eine von mehreren Brücken

erfordern aufmerksames Gehen. Die Route führt uns noch näher an die Raab heran, ein willkommener Anlass für eine erneute kleine Rast. Wir lassen den Blick über den glitzernden Fluss schweifen. Was wir im Wasser wohl alles entdecken können?

Nur wenige Gehminuten später sehen wir zunächst eine Tafel, die uns über den Schutz von Ameisen informiert, und dann eine Schautafel mit der Gelbbauchunke. Ein wahrer Lehrpfad.

Nicht nur besondere Tierarten haben ihren Lebensraum in der Raabklamm, sondern auch viele Pflanzen. So entdecken wir zahlreiche Blüten der Art Wildes Alpenveilchen, später auch Kleb-Salbei.

Der Weg wird erneut schmaler und steiniger. Die erste **Seilversicherung** ❶ bietet uns Halt.

Nach etwa 2,8 Kilometern haben wir die **Gösser-Quelle** erreicht. Wir lesen die technischen Details auf einer Infotafel nach. Dann spazieren wir über die nächste Brücke. Mit Überquerung des **Naaserstegs** begeben wir uns wieder auf die andere Flussseite, um alsbald erneut zurückzuwechseln. Der **Weizersteg** ❷ ist eine besonders beeindruckende Brücke, die ein kurzes Stück direkt am Felsen entlangführt. Nun bleiben wir auf der linken Raabseite. Immer wieder leuchten Veilchen am Wegesrand auf. Die Sonnenstrahlen, die sich ihren Weg durch die Baumkronen bahnen, lassen so manches Blümchen im schönsten Licht erscheinen.

Es folgen mehrere Passagen, die mit Seilen gesichert sind. Wir entdecken eine Höhle, stellen aber beim Herantreten fest, dass sie nicht gerade tief in den Felsen hineinreicht. Auf einer Rastbank stellen wir unsere Rucksäcke ab und machen ein paar Fotos. Auch wenn es beinahe unmöglich ist, diese besonderen Momente fotografisch festzuhalten, möchten wir uns an diesen idyllischen Ort zurückerinnern können.

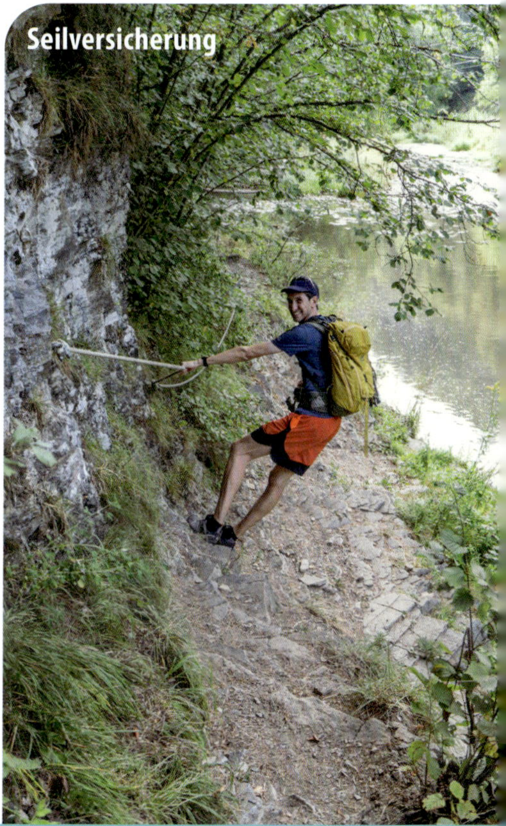

Alsbald gelangen wir zu einer **Gabelung.** Die Hauptroute der Raabklamm würde weiter geradeaus verlaufen. Nach weiteren 5 Kilometern würde man in Mortantsch ankommen und könnte noch weiter durch die Kleine Raabklamm wandern. Zurück dann denselben Weg.

Da wir einen Rundweg wandern wollen, halten wir uns links Richtung **Dürntalwirt, Anschluss Naaser Höhlenweg (Grasslhöhle, Katerloch).** Damit müssen wir nun alle Kraft zusammennehmen und einen steilen Abhang hochkraxeln. Die Raab liegt uns im Rücken, wir tauchen in eine neue Landschaft ein.

Über Laubboden geht es durch lichten Wald steil bergauf. Mehrere

Für die Seele

Wir spazieren über Stock und Stein entlang einer üppigen Flusslandschaft. Kein Wunder, dass die längste Klamm Österreichs als Naturjuwel bezeichnet wird!

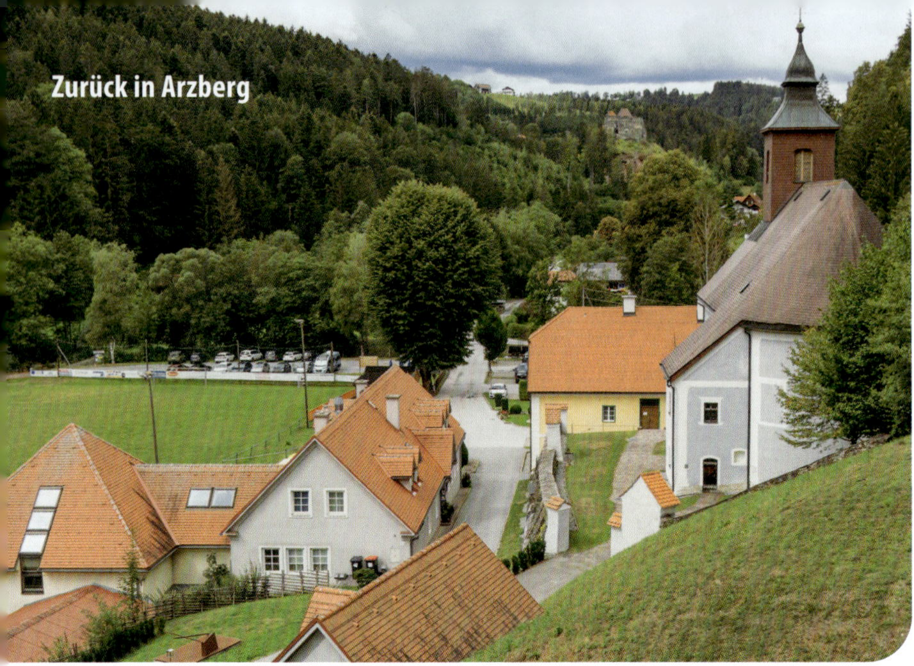

Zurück in Arzberg

Bänke ermöglichen eine Rast zum Durchatmen. Oben an der Wiese angekommen, haben wir einen freien Blick auf die andere Talseite: Wälder, Wiesen und Höfe in der hügeligen Ferne. Eine Gamsfamilie spaziert mit wachem Blick in entgegengesetzter Richtung über die Wiese.

Wir halten uns links und entdecken am Wegesrand ein paar Brombeersträucher. Das sind praktische Energielieferanten. Als wir auf eine Straße treffen, schauen wir uns die weiteren Optionen an. Auf der gegenüberliegenden Seite weisen gelbe Tafeln den Weg zur **Grasslhöhle ③,** einer begehbaren Schauhöhle. In dieselbe Richtung ginge es auch zum **Katerloch ④,** einer weiteren Schauhöhle in nächster Nähe, und zum Gösser, einem Berggipfel. Die beiden Höhlen liegen nur wenige Gehminuten entfernt. Nach rechts führt der Weg zum **Dürntalwirt ⑤,** einer Einkehrmöglichkeit, die ebenfalls in unmittelbarer Nähe liegt. Da wir heute zum Wandern hier sind, heben wir uns den Besuch der beiden Höhlen mit Führungen für ein anderes Mal auf. Für uns geht es links weiter, der gelben Wandermarkierung nach Arzberg folgend (Weg Nr. **764**).

*In der Region gibt es zahlreiche **Höhlen,** von denen viele unter Schutz stehen und nicht betreten werden dürfen. Die Grasslhöhle ist die älteste Schauhöhle, das Katerloch die tropfsteinreichste Höhle in Österreich. Beide können im Rahmen einer Führung besucht werden.*

Wir spazieren für etwa 2 Kilometer ganz gemütlich auf der Straße. Später sehen wir die majestätische Felswand des Gösser-Gipfels emporragen. Zu unserer Linken können wir einen Blick auf die gegenüberliegende Seite der Raabklamm erhaschen. Vor lauter Bäumen sehen wir die Raab jedoch nicht, dafür aber Felsen, die aus den Baumkronen herausschauen.

In der Ferne tauchen gelbe Wandertafeln auf. Für uns gilt die Richtung links. Auf einem Waldweg (Weg Nr. **764**) geht es hinunter nach **Arzberg.** Nur mehr 30 Minuten Gehzeit sollen es sein.

Ab jetzt wandern wir bergab. Mit voller Konzentration bewegen wir uns über den schmalen Waldpfad und entdecken immer wieder **rot-weiße Markierungen.** Verlaufen ist unmöglich.

Auch auf dieser Höhe finden wir viele Veilchen. Wie ein Blumenteppich überziehen sie den mit Blättern bedeckten, wurzeligen Boden. Eine sehr enge Passage ist durch ein Seil zum Festhalten gesichert.

Als es so langsam lichter wird, können wir Arzberg im Tal entdecken. Ein paar wenige Höhenmeter müssen wir noch verlieren. Es geht vorbei an einem Zaun, bis wir wieder freie Sicht bekommen. Ein paar Rastbänke auf einem aussichtsreichen Hügel stehen für müde Wanderbeine parat.

Hier liegt der **Alte Stollen,** wie wir auf einer Tafel

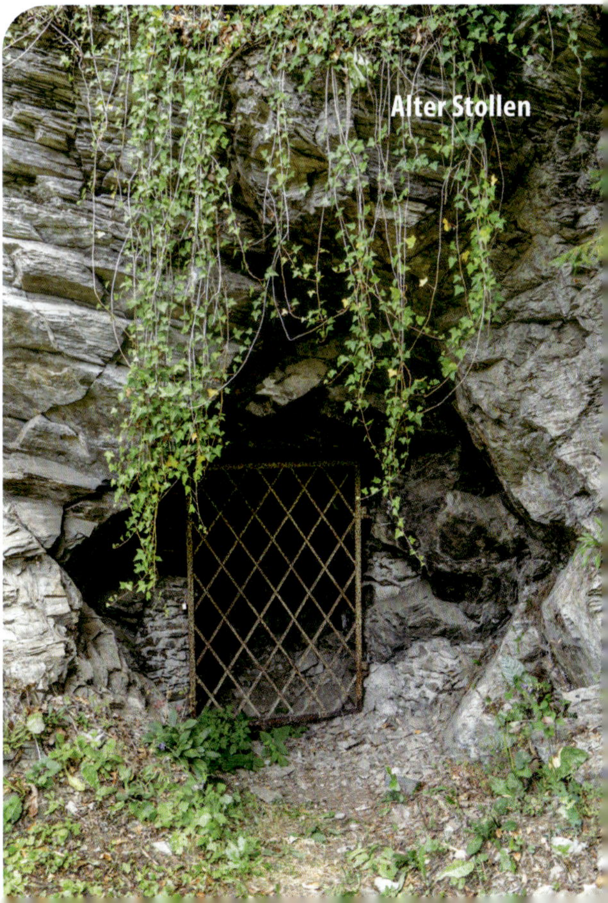

Alter Stollen

*Der **Arzberger Stollenkäse** wird im Stollen des ehemaligen Silberbergwerks gereift. Führungen mit anschließender Verkostung sind möglich. Einen Genussladen mit Abverkauf gibt es in der Nähe.*

nachlesen können, samt historischen Details. Aus Sicherheitsgründen ist er versperrt. Dieser Verweilplatz lädt zum Staunen ein.

In Arzberg sehen wir die hübsche Pfarrkirche von oben, in der Ferne ragt die Burgruine Stubegg auf. Wir spazieren die letzten Meter zum **Gasthaus zum Kirchenwirt** 6 an unserem Ausgangspunkt und gönnen uns etwas ganz Besonderes, das nicht lokaler sein könnte: die Arzberger Stollenkäsesuppe.

Wer nach einer Genusspause wieder Energie hat, könnte jetzt noch auf dem – wenn man ihn vollständig gehen will – etwa 5 Kilometer langen **Montanlehrpfad** durch den Ort der Geschichte des Bergbaus in Arzberg nachspüren.

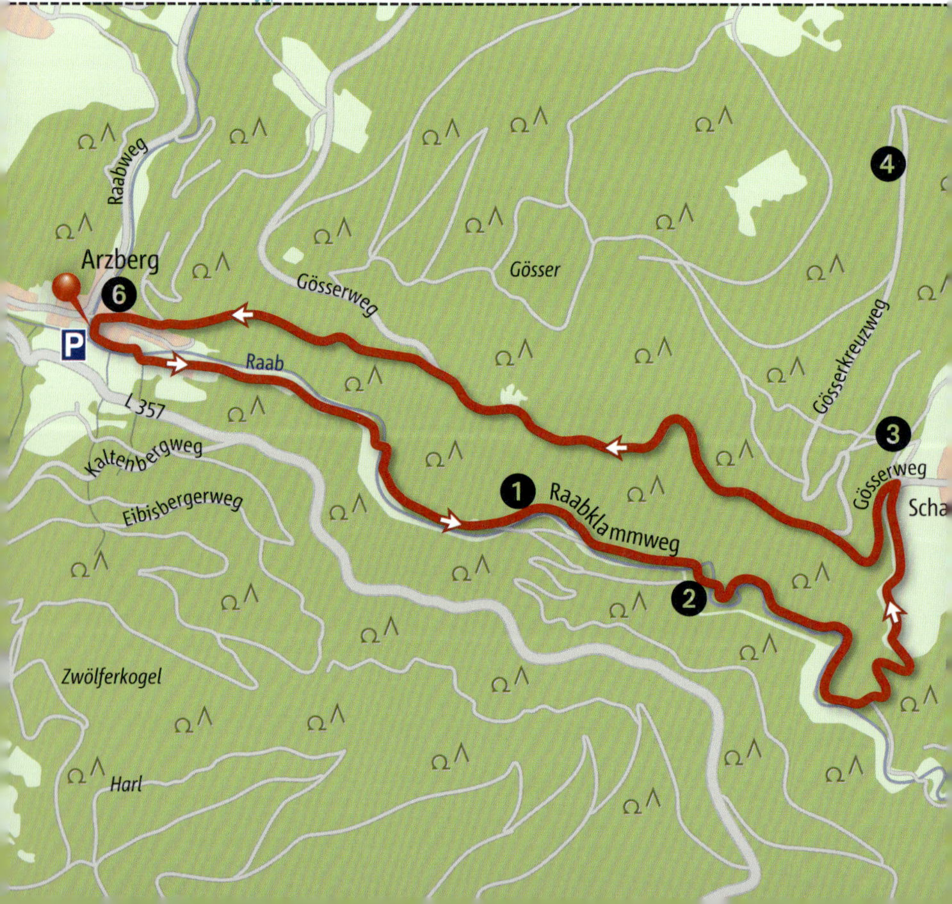

Alles auf einen Blick

WIE & WANN:
Unbefestigte Wege durch den Wald, über Wiese und Schotter; ganzjährig möglich; gutes Wanderschuhwerk und Trittsicherheit ist Voraussetzung, Schwindelfreiheit wäre von Vorteil

HIN & WEG:
Auto: Parkplatz in Arzberg, Arzberg 1, 8162 Arzberg (GPS: 47.24810, 15.51755)
ÖPNV: Keine empfehlenswerte Verbindung

ESSEN & ENTSPANNEN:
Dürntalwirt ❺ Dürntal 9, 8160 Weiz, Tel. +43 (31 72) 6 72 35, duerntalwirt.at
Gasthaus zum Kirchenwirt ❻ Arzberg 20, 8162 Arzberg, Tel. +43 (31 79) 2 75 10, gasthaus-zum-kirchenwirt.eatbu.com

Bitte auch an Rucksackverpflegung denken!

ENTDECKEN & ERLEBEN:
Seilversicherung ❶
Weizersteg ❷
Grasslhöhle ❸ Dürntal 4, 8160 Weiz, +43 (31 72) 6 73 28, grasslhoehle.at
Katerloch ❹ Dürntal 10, 8160 Weiz, +43 (66 4) 4 85 34 20, katerloch.at

Entspannung ★★★★☆
Genuss ★★★☆☆
Romantik ★★★★☆

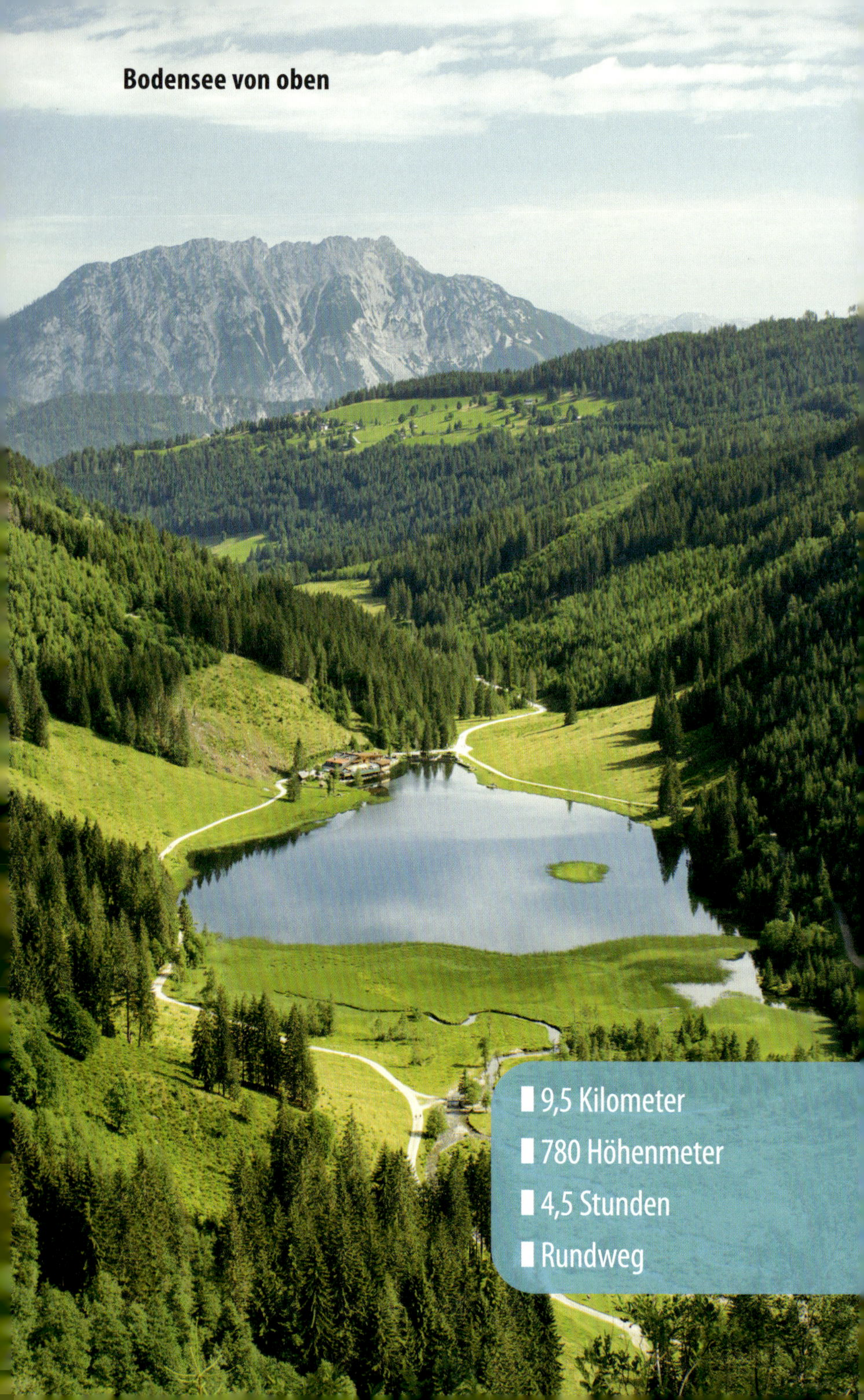

- 9,5 Kilometer
- 780 Höhenmeter
- 4,5 Stunden
- Rundweg

Im Seewigtal stellen wir unseren Wagen auf dem Parkplatz für Besucher des Steirischen Bodensees ab. Sogleich begrüßt uns das Gasthaus **Seewigtal Stüberl** ①. Das Kuchenangebot erscheint verlockend! Ziemlich praktisch ist das Toilettenhäuschen für kostenfreie Nutzung. Auf einer großen Wandertafel lassen wir uns einen Überblick über das Wegeangebot geben. Mehrere Routen stehen zur Auswahl. Eine leichte, kurze Tour von etwa 3 Kilometern führt einmal um den Steirischen Bodensee herum. Unsere Wahl fällt auf die Route **3 Seen-Tour,** die drei Bergseen verbindet: Zunächst geht es entlang des Bodensees, dann hinauf zum Hüttensee und zum Obersee. Uns erwartet auf jeden Fall ein landschaftlicher Hochgenuss!

Wir folgen einem **asphaltierten Weg,** vorbei am eben erwähnten Gasthaus, für etwa 800 Meter. Eine Holztafel weist auf Weidevieh hin und zeigt Richtung Bodensee und Forellenhof. Die breite Straße bleibt vorerst asphaltiert. Wenige Gehminuten später gesellt sich ein Bach zu uns. Das Wasser ist nicht tief und schimmert in der Sonne kristallklar. Der linke und der rechte Wegesrand sind mit Gras bewachsen, vereinzelt stehen Fichten. In der Ferne sehen wir markante Felsgipfel, die Vockentalspitze sticht besonders hervor. Einige Rastbänke laden zu einer Pause ein. Es gibt schattige Plätzchen, aber ebenso passende für Sonnenanbeter. Geboten wird auf jeden Fall ein Panoramaausblick auf die traumhafte Bergkulisse. Eine Infotafel klärt uns über einen wilden Sturm auf, der hier vor einiger Zeit für Verwüstung gesorgt hat.

Drei Bergseen

Am Steirischen Bodensee

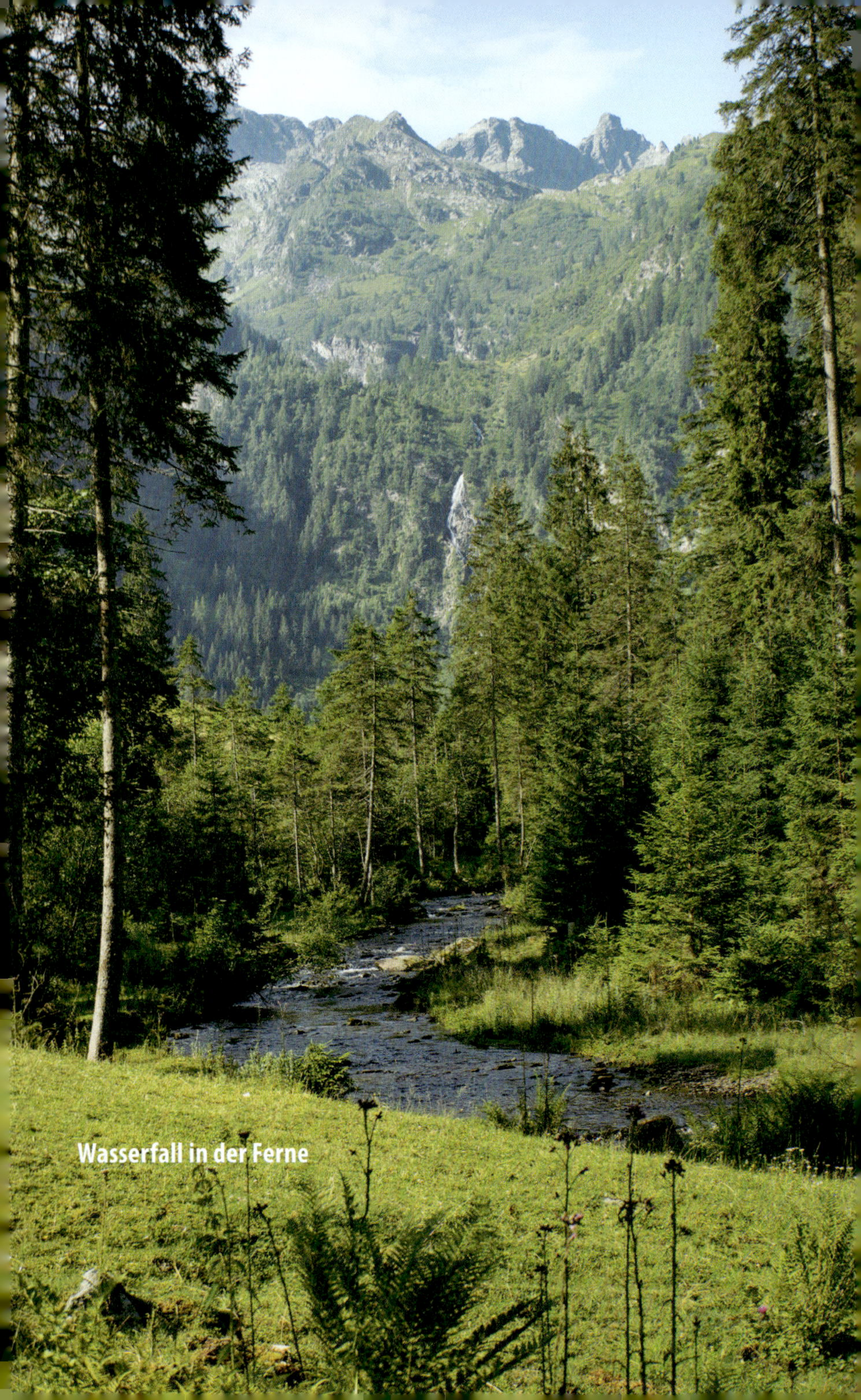

Wasserfall in der Ferne

Nach einem gemütlichen Spaziergang über etwa einen Kilometer erreichen wir den **Steirischen Bodensee** ❷ – und den **Gasthof Forellenhof** ❸, der direkt am Wasser liegt. Und da haben wir schon die nächste Einkehrmöglichkeit! Für Fischliebhaber ein Traum, denn die Forellen kommen direkt aus dem See. Rechts am Gasthaus vorbei geht es weiter. Eine Wandertafel weist uns den Weg zum **Obersee.** Angegeben wird eine Gehzeit von 2:15 Stunden. Die am zweiten See liegende **Hans-Wödl-Hütte** soll den Angaben nach in etwa eineinhalb Stunden zu erreichen sein.

Rechts am Weg entdecken wir aus Holz geschnitzte Häschen und dahinter die nächste Rastbank, die nicht die letzte sein wird. Wir spazieren am rechten Seeufer entlang und sehen in der Ferne einen tosenden Wasserfall, der von weit oben Wasser tief ins Tal befördert – und letztendlich den Steirischen Bodensee befüllt. Am Ende des Sees führt links eine Holzbrücke über einen Bach. Wer die Brücke überquert, umrundet den See. Wir gehen aber geradeaus weiter Richtung Wasserfall.

Eine läutende Kuhglocke erinnert uns daran, dass wir zu Beginn der Tour auf Weidevieh hingewiesen wurden. Und so sehen (und hören) wir nun einige Kühe, die Gras naschen oder sich sonnen. An einem Baum-

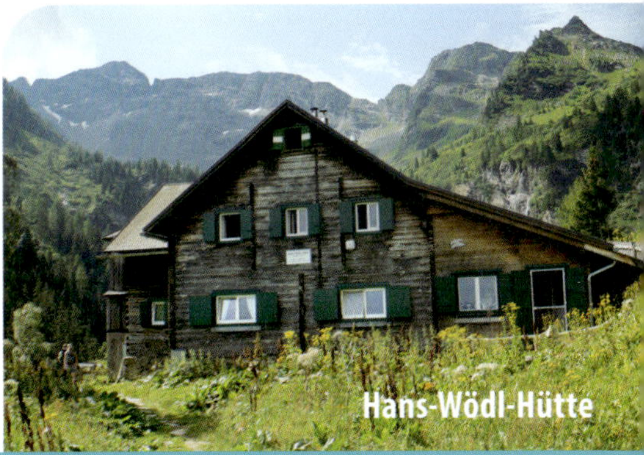

Hans-Wödl-Hütte

Für die Seele

Eine erfrischende Wanderung führt entlang von Wasserfällen und Bergseen. Wer sich traut, springt am Höhepunkt der Tour ins eiskalte Wasser hinein.

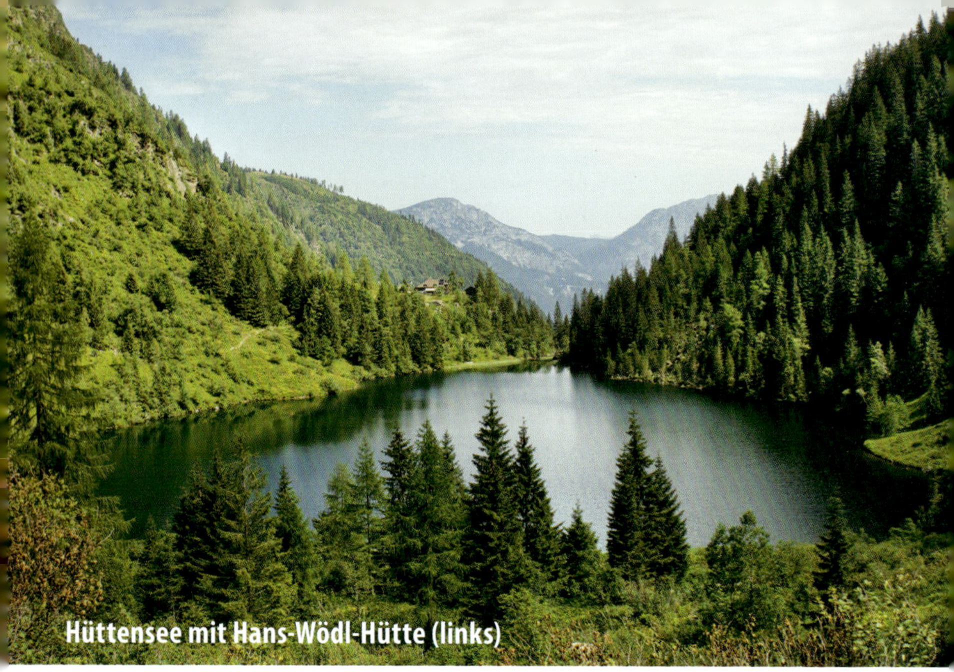

Hüttensee mit Hans-Wödl-Hütte (links)

stamm zeigt uns ein Holzschild, dass es zum **Wasserfall** geradeaus geht. Von nun an führt der Weg durch ein schattiges Waldstück – und zwar steil bergauf! Der Boden ist inzwischen steinig mit leichtem Geröll. Von der linken Seite hören wir den tosenden Wasserfall, den wir bald erreichen.

Eine **Weggabelung** bietet zwei Wege. Wir wählen den linken zum Wasserfall. Nach wenigen Metern stehen wir direkt neben dem **Bodenseewasserfall** **4**. An dem Fotospot sind wir nicht die Einzigen. Nach einer schnellen Erfrischungspause geht es denselben kurzen Weg wieder zurück zur Hauptroute mit der Wandertafel, die Richtung **Obersee** zeigt. Verlaufen ist hier unmöglich; denn der ausgetretene Pfad führt stetig bergauf.

Eine Holztafel informiert uns über die nächste Hütte, die auf unserer Route liegt: Die Hans-Wödl-Hütte hat heute geöffnet, erfahren wir. Auch nächtigen kann man dort. Im Matratzenlager stehen 50 Betten bereit. Wie schön muss es sein, an so einem bezaubernden Platzerl aufzuwachen! Der folgende Abschnitt, auf dem wir uns von Stein zu Stein bewegen, bringt uns so langsam zum Schwitzen.

Eine wunderschöne Ablenkung ist der Blick von oben auf den Steirischen Bodensee. Im entfernten Hintergrund liegen mächtige Berggipfel, wie der Stoderzinken und die Kammspitze. Ein absoluter Traumausblick! Und diese Aussicht werden wir für eine ganze Weile genießen, denn es geht weiter Serpentinen hinauf; am Weg liegen Treppen und Leitern. Ein paar Seile am Felsen bieten einen Schutz zum Festhalten. Nicht nur der glitzernde See fesselt unsere Blicke und Gedanken, sondern auch die bunten Blumen am Weg. Ebenfalls am Wegesrand steht ein kleines Steinhaus mit einer verschlossenen Tür, das laute Töne von sich gibt. Ist das wohl ein Kraftwerk?

Und endlich sehen wir die angekündigte Hütte in Reichweite. Das letzte Stück dorthin verläuft über einen schmalen Pfad. Gelbe und lilafarbene Blumen, wie der Alpen-Milchlattich, verschönern den Weg.

Wir erreichen die hübsche **Hans-Wödl-Hütte** ❺. Ein paar Menschen haben es sich auf der Panoramaterrasse bequem gemacht und genießen Essen und Trinken bei einem herrlichen Ausblick auf den **Hüttensee** ❻. Bergfexe übernachten auf der Hütte, um von hier eine

Der ***Alpen-Milchlattich*** *ist etwa 60 bis 140 Zentimeter hoch. Er blüht zwischen Juli und September. Dann tragen die Blätter eine braunrote bis violette Farbe. Hummeln und andere Flügler bestäuben die Pflanze.*

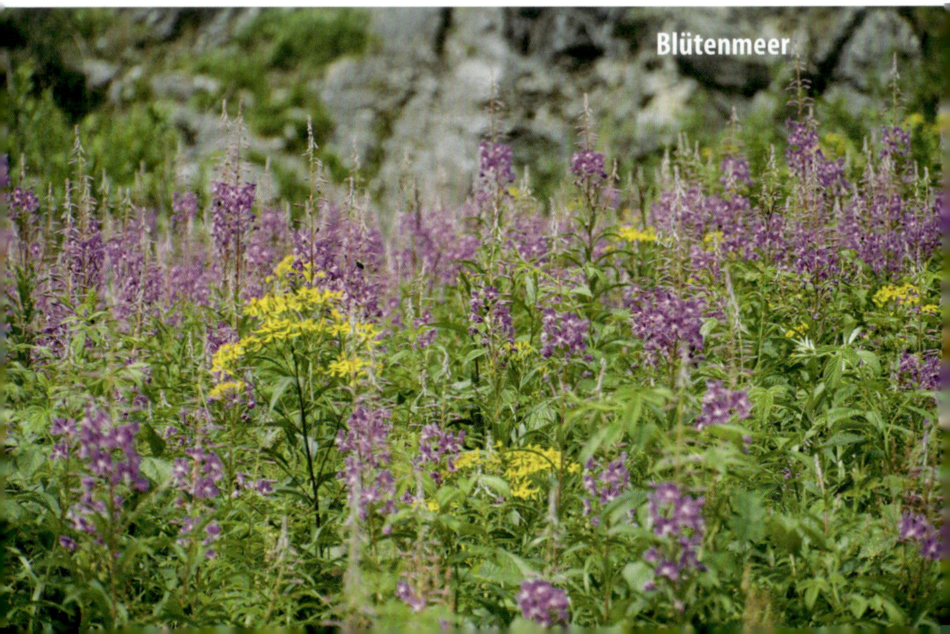
Blütenmeer

herausfordernde Tagestour auf die Hochwildstelle zu unternehmen.

Der Hüttensee ist mindestens genauso schön wie der Steirische Bodensee am Ausgangspunkt. Um das Wasser des Hüttensees zu erreichen, müssen wir einen kurzen Hang hinunter.

*Die **Hochwildstelle** (auch Hohe Wildstelle) ist mit 2747 Metern der höchste Berg der Steiermark, der ausschließlich auf steirischem Boden steht. Erzherzog Johann von Österreich gelang im August 1814 die Erstbesteigung.*

Zunächst legen wir eine kurze Pause auf der Wiese ein. Aber nicht nur wir sind es, die sich auf dem Gras ausruhen. Kein Wunder bei diesem beeindruckenden Bergseepanorama! Einige Wanderer kehren von hier wieder zurück ins Tal – wir aber wollen zum nächsten See, dem Obersee. Auf einem schmalen Pfad am rechten Ufer des Hüttensees geht es zum letzten See auf der heutigen Wanderung. Ein paar Höhenmeter verlieren wir, bald werden wir sie wiedergewonnen haben.

Am Wegesrand zeigt sich erneut eine bunte Blumenpracht. In der Ferne entdecken wir einen weiteren

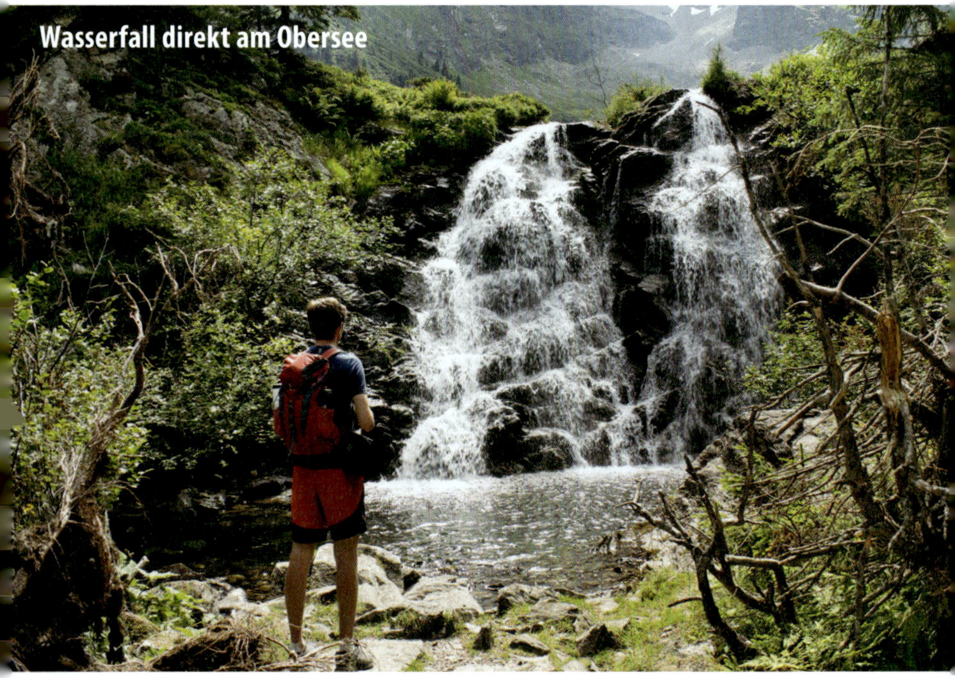

Wasserfall direkt am Obersee

spektakulären **Wasserfall.** Dieser befüllt wahrscheinlich das Becken des Hüttensees. Der Blickrichtung folgen wir. Auf der anderen Seite des Sees angekommen, spazieren wir bis zum Wasser und genießen die Bilderbuchidylle. Die Spiegelung der Bäume im stillen Gewässer sieht einfach toll aus!

Dann geht es weiter bergauf über hohe Steinblöcke. Der Ausblick von oben auf den Hüttensee hinab ist sogar noch schöner. Ein dunkelblauer See und im Hintergrund die schroffe Bergwelt. Als wir vor dem Wasserfall stehen, wissen wir, dass wir bald den höchsten Punkt erreichen werden. Nach 100 Metern sind wir am **Obersee** 7 angekommen. Eine große Wiese lädt zu einer ausgiebigen Pause ein. Direkt am See ist es etwas sumpfig, und so lassen wir uns mit etwas Abstand zum Wasser auf dem Gras nieder. Ein Mann und eine Frau sind mutig und spazieren just in dem Moment in das eiskalte Nass des Bergsees hinein – und schnell wieder heraus.

Nach der Rast geht es auf demselben Pfad zurück zum Ausgangspunkt. Der Rückweg eröffnet uns neue, ungeahnte Perspektiven auf die scheinbar schon bekannte Landschaft. Die Wasserfälle und die Seen sehen durch das reflektierende Sonnenlicht auf dem Wasser nun noch bezaubernder aus. So legen wir die eine oder andere Fotopause ein.

Am Wegesrand pflücken wir zur Stärkung ein paar Schwarzbeeren. Der Weg ist steinig und steil, aber nicht unangenehm beim Hinabsteigen. Auf dem Pfad hinab ins Tal sind die Seilsicherungen eine praktische Hilfe. Einige Wanderer, die zur Mittagszeit losgewandert sind, kommen uns entgegen. An manchen Stellen ist es bei Gegenverkehr etwas eng. Nachdem wir den Hüttensee und den Bodensee noch einmal von oben gesehen haben, nähern wir uns der Höhe des Ausgangspunkts.

Die Kühe am Steirischen Bodensee liegen kreuz und quer auf Wiese und Wanderweg. Mit genügend

Abstand passieren wir die mächtigen Tiere. Auch Radfahrer, die an uns vorbeiradeln, sorgen für ausreichend Abstand. Auf dem Wasser des Steirischen Bodensees gleiten ein blaues und ein pinkes Ruderboot.

Statt auch hier wieder denselben Weg zu nehmen, spazieren wir diesmal am rechten Seeufer entlang. Nach etwa 800 Metern kommen wir zum **Gasthof Forellenhof** und kehren für eine Seelen-Mahlzeit ein. Das haben wir uns jetzt wirklich verdient! Es gibt eine große Panoramaterrasse mit Ausblick auf den Steirischen Bodensee. Bei einem erfrischenden Salat lassen wir die aussichtsreiche Tour Revue passieren.

Nach dieser Stärkung schlendern wir den letzten Kilometer zurück zum Auto.

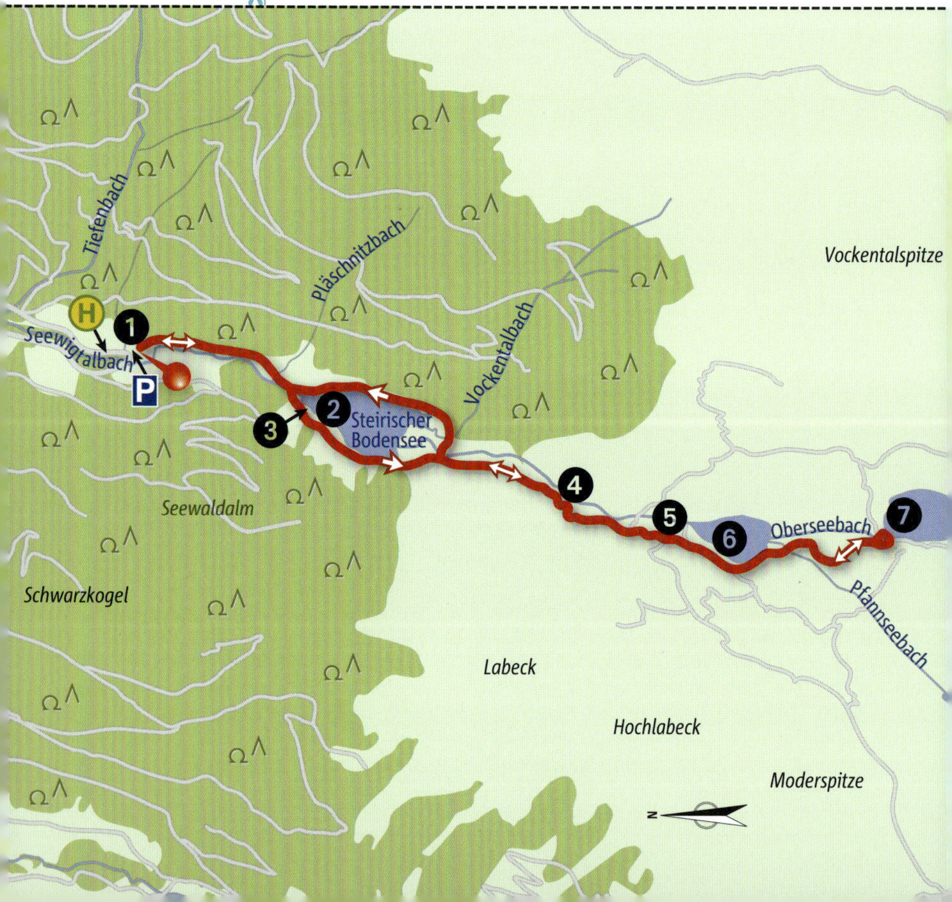

Alles auf einen Blick

WIE & WANN:

Zunächst befestigte Wege entlang des ersten Sees, später unbefestigte Wege; beste Zeit Mai bis Oktober, im Winter nicht zu empfehlen; Trittsicherheit erforderlich, gutes Wanderschuhwerk unbedingt zu empfehlen

HIN & WEG:

Auto: Parkplatz Steirischer Bodensee, 8967 Aich-Assach; erreichbar über eine mautpflichtige Straße; mit der Schladming-Dachstein Sommercard frei passierbar (GPS: 47.38053, 13.82662)
ÖPNV: Wanderbus 976 zum Steirischen Bodensee (fährt nur Juni bis September), Planai Busbüro, Tel. +43 (36 87) 2 20 42-1 17

ESSEN & ENTSPANNEN:

Seewigtal Stüberl ❶ Seewigtal 43, 8967 Aich-Assach, Tel. +43 (36 86) 2 01 14, seewigtal-stueberl.at
Gasthof Forellenhof ❸ Seewigtal 41, 8966 Aich, Tel. +43 (36 86) 46 97, forellenhof-bodensee.at
Hans-Wödl-Hütte ❺ Tel. +43 (6 64) 1 27 83 35

ENTDECKEN & ERLEBEN:

Steirischer Bodensee ❷
Bodenseewasserfall ❹
Hüttensee ❻
Obersee ❼

Entspannung ✱✱✱✱✱ (2 von 5)
Genuss ✱✱✱✱✱ (4 von 5)
Romantik ✱✱✱✱✱ (4 von 5)

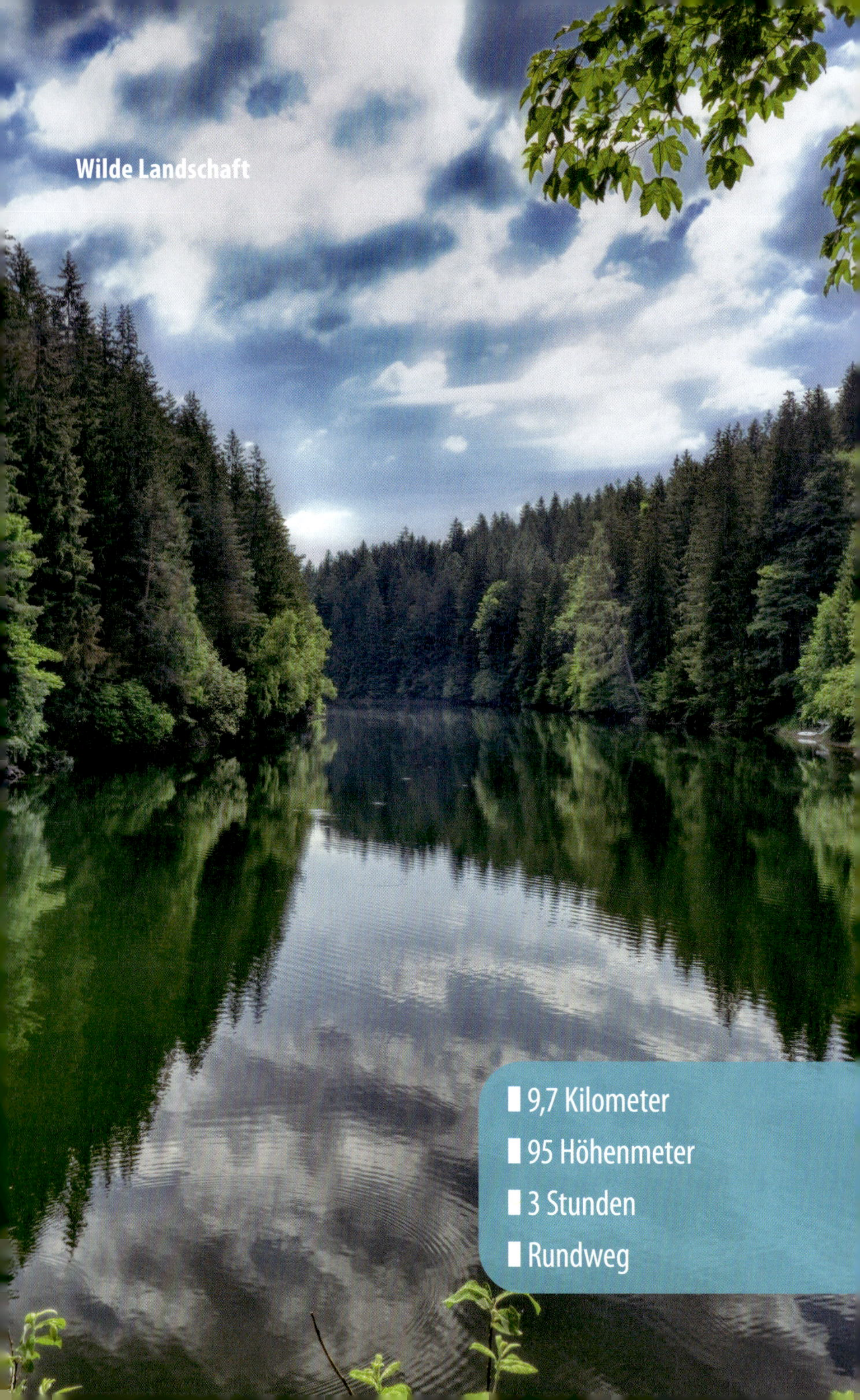
Wilde Landschaft
9,7 Kilometer
95 Höhenmeter
3 Stunden
Rundweg

Unsere heutige Tour führt uns durch die wildromantische Landschaft des Hirzmann-Stausees.

Los geht's vom ausgewiesenen Parkplatz an der Kreuzung Golliweg/Herzogbergweg. Der eigentliche Ausgangspunkt unserer heutigen Wanderung liegt etwas weiter unten. Bevor wir die wenigen Meter über die Straße hinab zur Flussbrücke spazieren, schauen wir uns noch etwas um. Wir entdecken eine Brücke über dem Guggibach, die mit Schilf überdacht ist: die **Ströhberne Brücke 1.**

Nun geht es wenige Meter bergab zu der Straßenbrücke, die von Steinpfählen getragen wird. Autos befahren die Brücke nur sehr langsam. Der Teigitschbach bahnt sich ganz weit unten seinen Weg durch die tiefe Schlucht. Mitten im April ist das Gewässer ein winziges Bächlein. Bis zum Sommer wird sich das beinahe leere Becken gewaltig mit Wasser füllen.

Nach Überquerung der Brücke stoßen wir auf gelbe Wandertafeln und folgen dem Weg **St. Martin** mit der Nummer **91.** Nach links führt die Straße nur wenige Meter zum **Lokal Buffet Seeblick zur Ströhbernen Brücke 2.** Über ein Wiesenstück spazieren wir rechts an einem großen Haus vorbei. Im Garten lächeln ein paar Schafe. Erst auf den zweiten Blick erkennen wir, dass es keine echten Schafe sind, und lächeln auch.

Hinter einer Rastbank gelangen wir in den Wald. Die **rot-weiße** Bemalung an einem Baumstamm bestätigt, dass wir richtig sind. Der nun folgende Pfad ist schmal und führt über einen weichen Laubboden.

Die ursprüngliche ***Ströhberne Brücke*** *aus dem Jahr 1816 war mit 14 Metern etwas länger als die gegenwärtige und ermöglichte Fußgängern das Überqueren des Teigitschbaches. Über die Jahre wurde die denkmalgeschützte Brücke immer wieder restauriert und steht heute etwas versetzt.*

In der Nähe der Hirzmannsperre liegen zwei weitere ***Stauseen:*** *Der etwas kleinere Packer Stausee und der noch kleinere Langmann-Stausee sind mit dem Auto oder durch eine ausgedehnte Wanderung über 27 Kilometer zu erreichen.*

Fast ein Fjord

Rund um den Hirzmann-Stausee

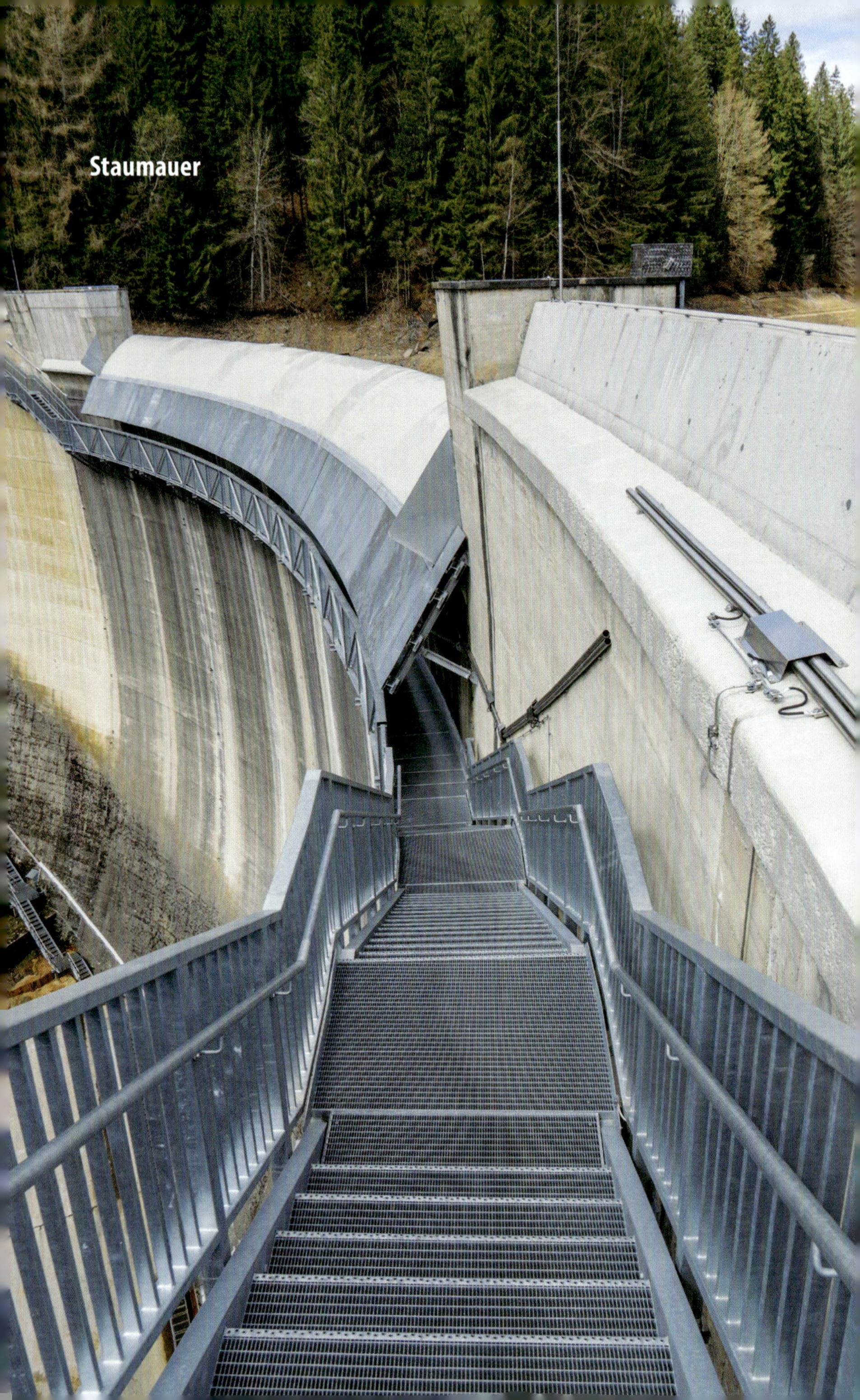
Staumauer

Wurzeln, Holzbretter und Gelände sorgen für ein abwechslungsreiches Vorankommen. In Blickrichtung links liegt eine Böschung mit sprießender Vegetation. Rechts von uns sehen wir das Flussbett durch die Bäume hindurch. Wir haben das Gefühl, dass mit jedem Schritt weiter auch mehr Wasser fließt.

Ebenfalls am Weg entdecken wir links im Wald verborgene Holzhütten, die vermutlich als Ferienhäuser genutzt werden. Wiederum rechts gibt es zahlreiche Stege mit Kanus und Surfbrettern. Jetzt im Frühling herrscht aber immer noch Winterruhe. Einige Stege sind umzäunt und dürfen nicht betreten werden, wie wir auf Schildern lesen können. Zwischen Steg und jetzigem Wasserstand ist sehr viel Abstand. Wir versuchen uns vorzustellen, wie es hier wohl im Hochsommer aussehen mag. Statt idyllischer Ruhe werden hier Wassersportler auf dem See aktiv sein. Glück haben all die Menschen, die eine eigene Anlegestelle besitzen. Es ist der perfekte Ort, um vom Alltag abzuschalten.

Ein Blick auf die gegenüberliegende Seite des Gewässers zeigt uns eine ebenso wilde Landschaft. Dichte Wälder, so weit das Auge reicht. Auch dort nehmen wir ein paar Stege mit Booten wahr. Zwischen Stegen und Wasser schauen die nackten Felsen hervor, die sonst unter Wasser wären. Immer wieder entdecken wir Steinkolosse, die zum Teil mit Moosen bewachsen sind und deren Oberfläche zu schimmern scheint. So mitten im Wald fragen wir uns: Wie sind diese Riesen wohl hergekommen?

!

*Der Weg, den wir auf dem Hinweg benutzen, ist ein Teilabschnitt des über 40 Kilometer langen **Hans-Kloepfer-Rundwanderwegs.** Hans Kloepfer war ein Arzt und Lyriker aus der Weststeiermark, der Werke über die weststeirische Mundart verfasste.*

Für die Seele

Endlos wirkende Wälder und ein dazwischen ausgestreckter See: Das Bild gleicht beinahe einer wilden Fjordlandschaft.

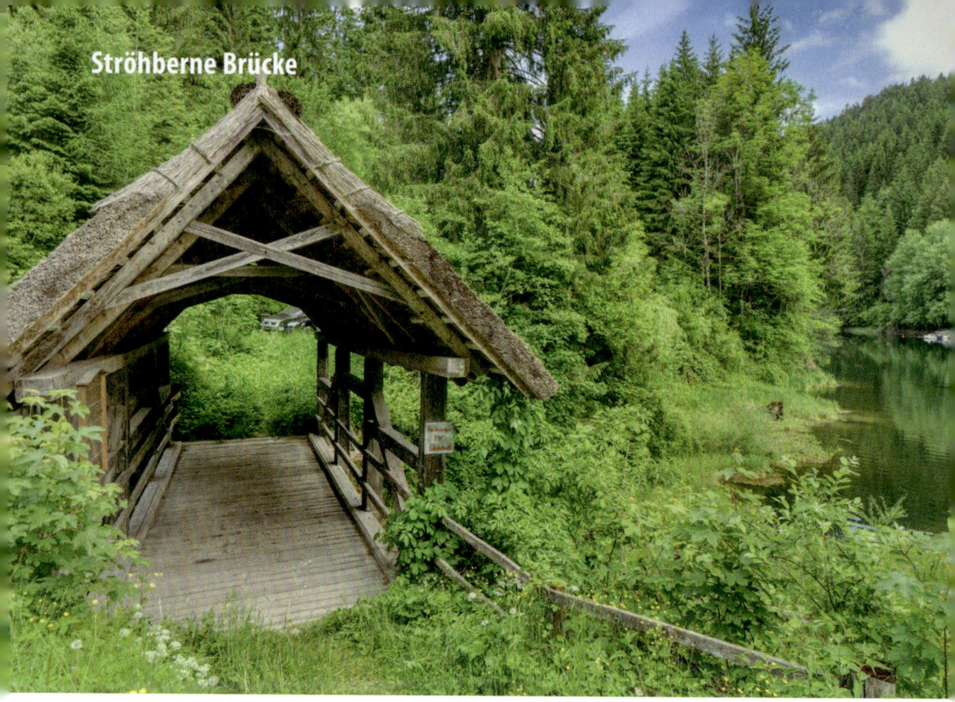

Ströhberne Brücke

Als wir zu einem Vorsprung kommen, bewegen wir uns über das felsige Terrain, bis wir einen freien Blick auf das Wasser haben. An dieser Stelle ist es tiefer und schimmert türkis. Zudem macht der gestaute Fluss hier eine **Schleife ❸**, und wir stehen genau an der Biegung.

Erneut treffen wir auf einen Steg, an dem ein Blatt Papier mit einer Karte und einer Wegmarkierung montiert ist. Ganz schlau werden wir nicht daraus, und so folgen wir weiter geradeaus der bereits bekannten rotweißen Markierung. Und nun stehen wir vor einem Absperrband und erkennen auch schnell, weshalb es nicht mehr weitergeht. Die Passage vor uns ist voller umgestürzter Bäume und gelöster Steine. Das Ganze ist damit für heute unpassierbar. Wir spazieren zurück, was zum Glück nur 5 Minuten in Anspruch nimmt, und folgen den blauen Pfeilen, die auf die Bäume gemalt sind. Es geht steil nach oben durch den Wald und dann wieder hinab Richtung Wasser. Sollten die Bäume und Steine weggeräumt worden sein, wenn wir hier wandern, spazieren wir einfach geradeaus weiter.

Bald schon sehen wir die überwältigende Staumauer aus der Ferne. Nach einem Kilometer haben wir sie erreicht. Unser Rundweg führt über die **Staumauer** ❹ auf die andere Seeseite. Langsamen Schrittes gehen wir hinüber. Immer wieder schauen wir in die Tiefe, denn links von uns geht es ganz schön weit hinunter. In der Ferne sehen wir dunkle Wälder. Rechts ist das Wasserbecken ordentlich gefüllt. Ein Teil des Weges auf der Staumauer ist sogar überdacht, sodass wir vor Regen geschützt wären. Auf der anderen Seite angekommen, geht es nun am Ufer entlang wieder zurück zum Ausgangspunkt. Wir sind gespannt zu sehen, wie die vielen Stege und Häuschen, die wir passiert haben, von dieser Seite aus zu erkennen sein werden.

Auch hier ist der Weg wieder schmal. Es geht erneut durch den Wald – überwiegend am Ufer entlang. Dennoch unterscheidet sich diese Strecke von der des Hinwegs. Hier scheint es schattiger zu sein. Viele Blätter vom letzten Herbst liegen noch auf dem Boden. Immer wieder raschelt es unter unseren Füßen. Die Wegmarkierung, der wir folgen, ist immer noch **rot-weiß.** Sie ist seltener zu finden, wir orientieren uns am Wasser und folgen dem Trampelpfad der Nase nach.

Auf einem **Felsvorsprung** gelangen wir direkt zum Ufer, wo wir ein längst abgebranntes Lagerfeuer entdecken. Hier ist das Zelten nur unter der Voraussetzung möglich, dass man sich vorab beim Gemeindeamt Edelschrott eine Genehmigung einholt. Das lesen wir auf einem Hinweisschild. Wir ertappen uns bei der Vorstellung, wie romantisch eine Übernachtung im Zelt hier doch sein muss. In dieser wunderbaren Einsamkeit am herrlichen Wasser aufzuwachen und schon am Morgen die wohltuende Waldluft einzuatmen.

Ein idealer Ort, um eine Rast einzulegen und wieder Energie zu tanken. An dem Blick auf das Gewässer können wir uns heute nicht sattsehen. Wir schauen zur anderen Seite hinüber und erahnen, wo wir beim

!

*Im Sommer lockt der **Hirzmann-Stausee** zahlreiche Badegäste an, aber auch Wassersportler kommen mit Stand-up-Paddling und Kanufahrten auf ihre Kosten.*

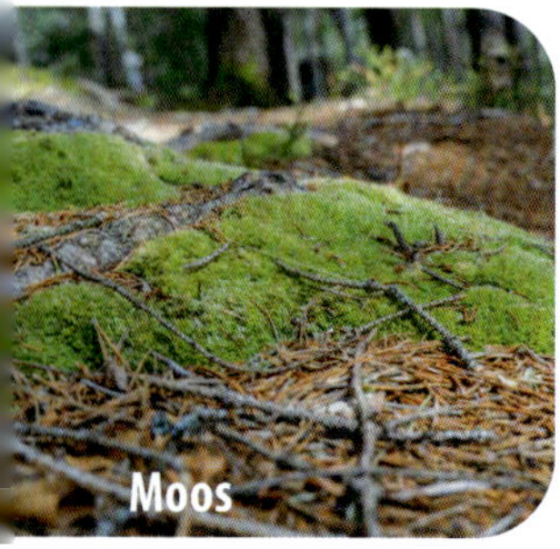

Moos

Hinweg entlanggewandert sind. Zudem sehen wir die vielen Stege und die bunten Ruderboote nun aus einiger Distanz.

Was wir auf dieser Seite besonders wahrnehmen, das sind die vielen Bachläufe, die unseren Pfad queren und sich ihren Weg in den See hinunter bahnen. Das eine oder andere Holzbrett auf dem Boden schützt unsere Füße vor dem Nasswerden.

Der Weg auf dieser Seite ist etwas kürzer und weniger kurvenreich als drüben. Wir kommen an ein paar Holzstegen vorbei und erblicken die **Brücke,** die wir anfangs überquert haben. Wir sind zurück am Ausgangsort!

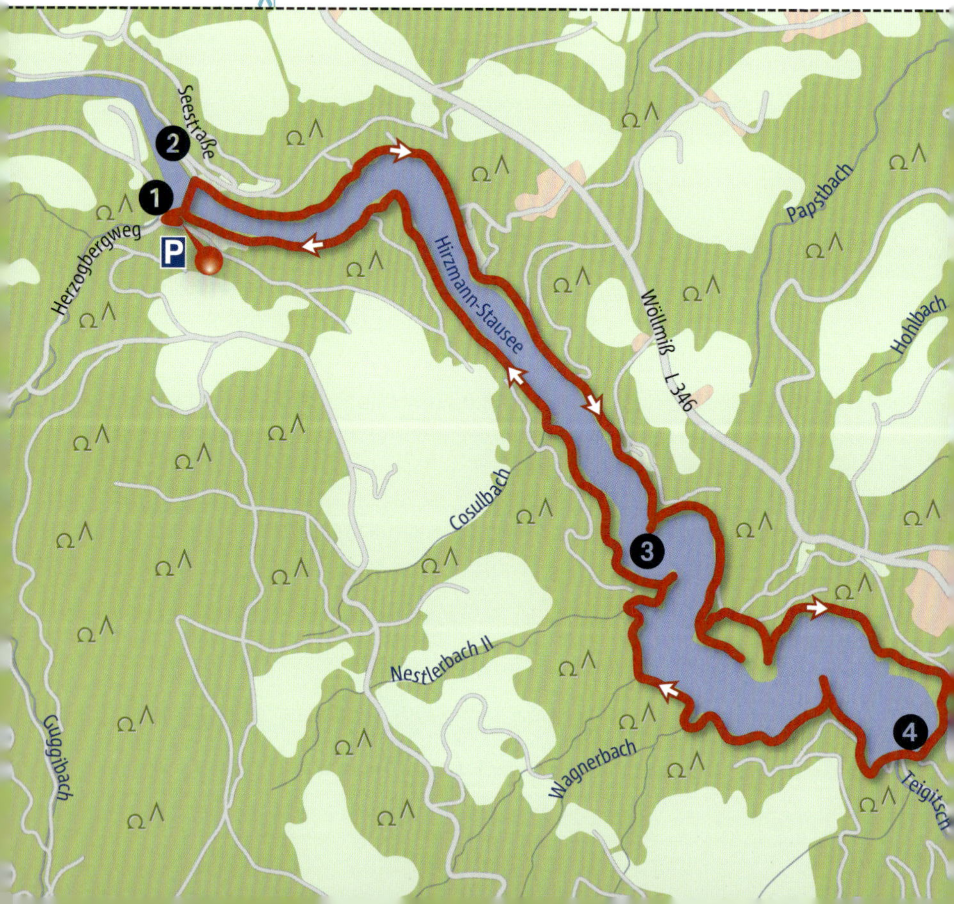

Alles auf einen Blick

WIE & WANN:
Unbefestigte Waldwege; ganzjährig möglich

HIN & WEG:
Auto: Parkplatz an der Kreuzung Golliweg/Herzogbergweg, 8583 Edelschrott
(GPS: 47.00784, 15.05750)
ÖPNV: Keine direkte Anbindung an die Strecke

ESSEN & ENTSPANNEN:
Buffet Seeblick zur Ströhbernen Brücke ❷ Seestraße 137a, 8583 Edelschrott,
Tel. +43 (6 64) 4 65 99 36

Bitte auch an Rucksackverpflegung denken!

Abseits der Route empfehlenswert:
Jausenstation Lippenpeter, Unterer Herzogberg 200, 8583 Edelschrott,
Tel. +43 (6 99) 11 30 94 37, steirerlamm.at

ENTDECKEN & ERLEBEN:
Ströhberne Brücke ❶
Flussschleife ❸
Staumauer ❹

Entspannung ★★★★☆
Genuss ★★★☆☆
Romantik ★★★☆☆

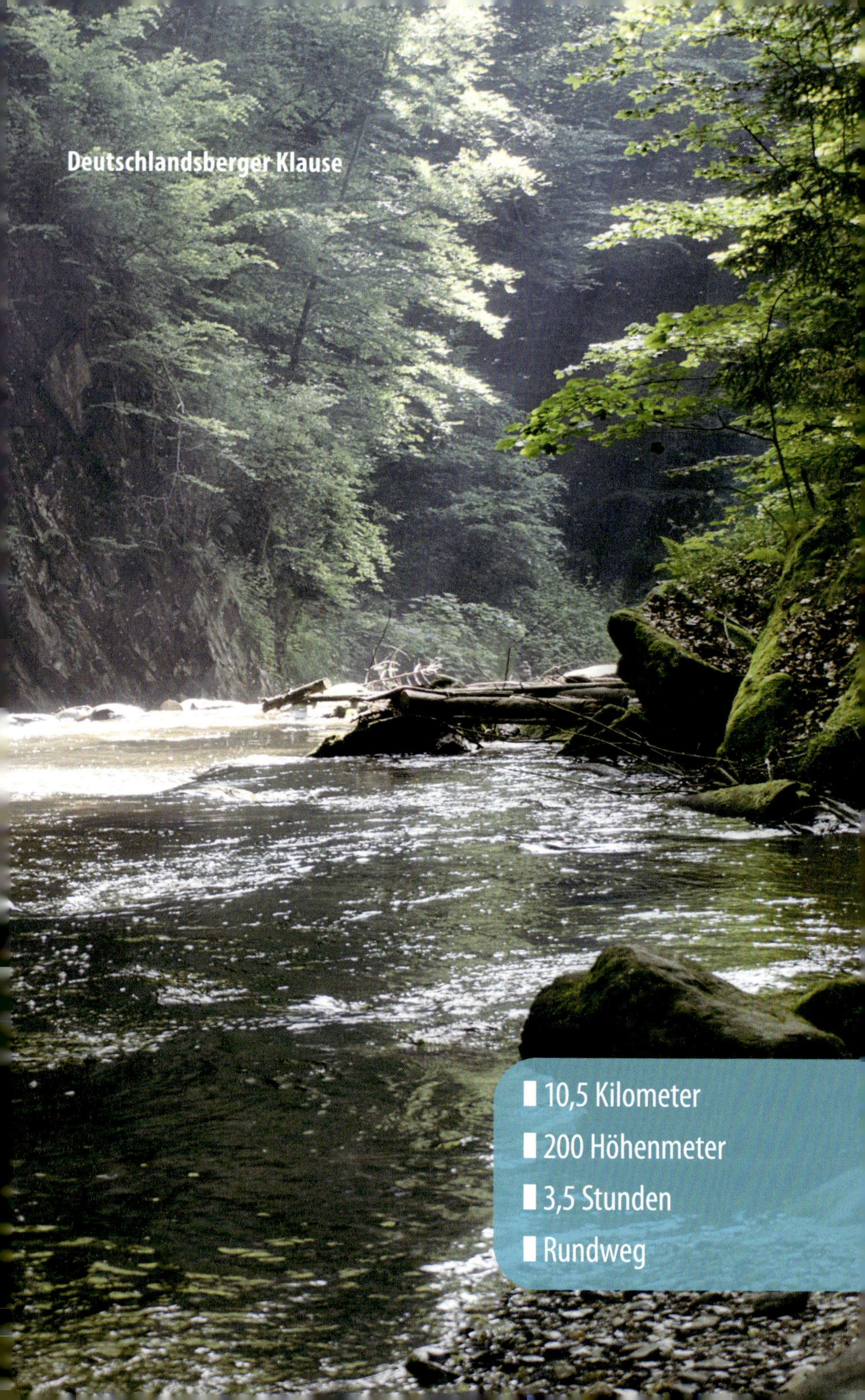
Deutschlandsberger Klause
10,5 Kilometer
200 Höhenmeter
3,5 Stunden
Rundweg

Am **Parkplatz für die Klausenbesucher** schaut der Turm des Areals von **Burg Deutschlandsberg** schon zwischen den Ästen hervor. Doch bevor wir einander begegnen werden, steht uns zunächst eine erfrischende Wanderung durch die **Deutschlandsberger Klause** ❶ bevor.

Links überqueren wir eine Holzbrücke, die uns auf die andere Seite der Laßnitz führt. Am Klauseneingang sind auf gelben Wandertafeln mehrere Wege ausgeschildert. Wir interessieren uns für die **rot-weiße** Markierung **Zum Parfußwirt durch das Lassnitztal** (Weg Nr. **578**) und folgen dieser in den Wald.

Gleich von Beginn an zeigt sich die Laßnitz von ihrer wilden Seite. Der Fluss rauscht ungezähmt zwischen den Felshängen entlang. Kleine Wasserstufen haben sich gebildet. Der Wind bläst uns frisch ins Gesicht. Bevor es weitergeht, informieren uns Schautafeln über das Europaschutzgebiet Deutschlandsberger Klause. Die folgenden 1,5 Kilometer durch die Klause gelten als besonderer Lebensraum für seltene Tiere und Pflanzen. Das vegetative Zusammenspiel aus steilen Hängen und Schluchtmischwald sorgt für ein besonderes Klima. Weitere Schautafeln wollen uns die historischen **Spuren der Waldbahn** ❷ näherbringen.

*Zwischen 1922 und 1959 verkehrte entlang der Laßnitz eine **Waldbahn** – eine Schmalspurbahn, die Holz, aber auch Personen transportierte. Wie es dort früher aussah, zeigen die zehn Stationen des Themenwegs „Spuren der Waldbahn“ anhand von historischen Bildern und Details.*

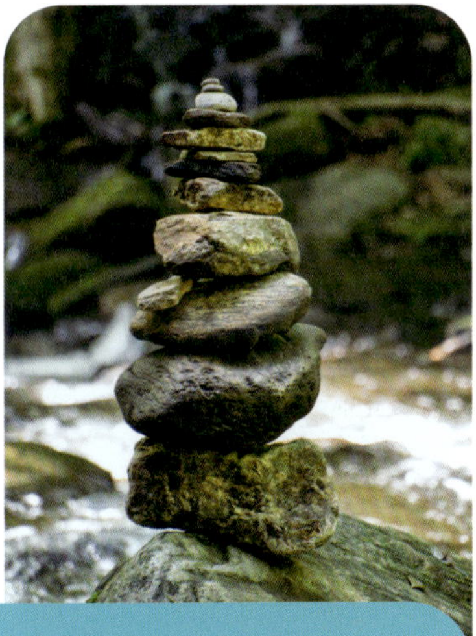

Fluss, Burg, Wein

Durch das Laßnitztal

Zunächst spazieren wir über Waldboden, bis wir eine Wandertafel ausmachen. Sie zeigt uns an, dass der Ruhripanoramaweg nach links führt. Wir jedoch bleiben auf der Geraden weiter entlang der wilden Laßnitz. Die erste von vielen Holzbänken lädt zu einer Rast ein.

Ein Blick Richtung Sonne und wo wir hergekommen sind, zeigt die glitzernde Wasseroberfläche. Die Sonnenstrahlen zaubern eine mystische Stimmung. Wenige Momente später führt uns eine schmale **Holzbrücke** auf die andere Seite der Laßnitz. Drüben angekommen, erspähen wir einen kleinen Steinhaufen, den andere Spaziergänger gebaut haben. Etwa 400 Meter später deutet sich oben zwischen den Ästen eine kleine **Schutzhütte am Felshang** ③ an. Für einen kurzen Umweg mit Pause spazieren wir rechts die paar Stufen hinauf. Hier könnten wir eine Abkürzung zur Burg Deutschlandsberg nehmen. Doch dies ist keine Option für uns, wir wollen weiter dem Flusslauf folgen und

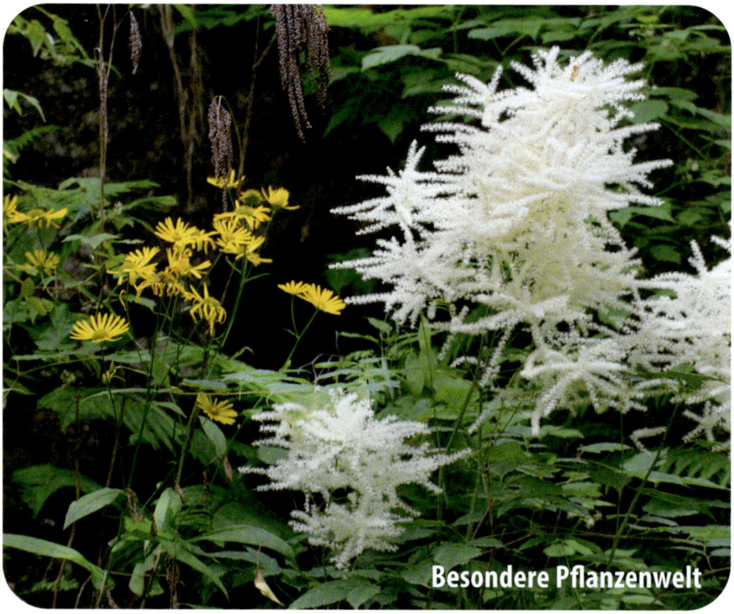

Besondere Pflanzenwelt

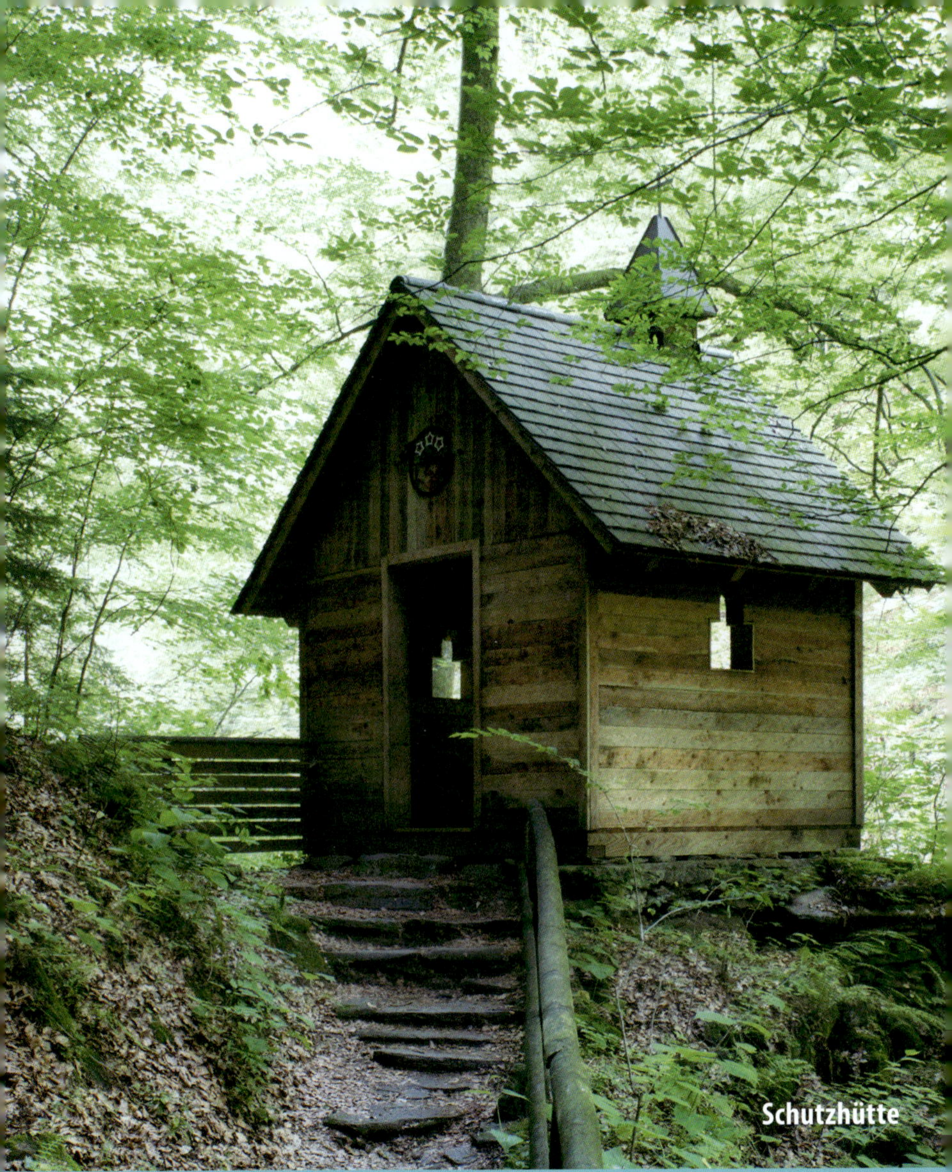

Schutzhütte

Für die Seele

Nach einem erfrischenden Spaziergang durch ein verwunschenes Felsental führt uns der Weg zu beeindruckenden Weinhängen und einer romantischen Burg.

Getränkestation

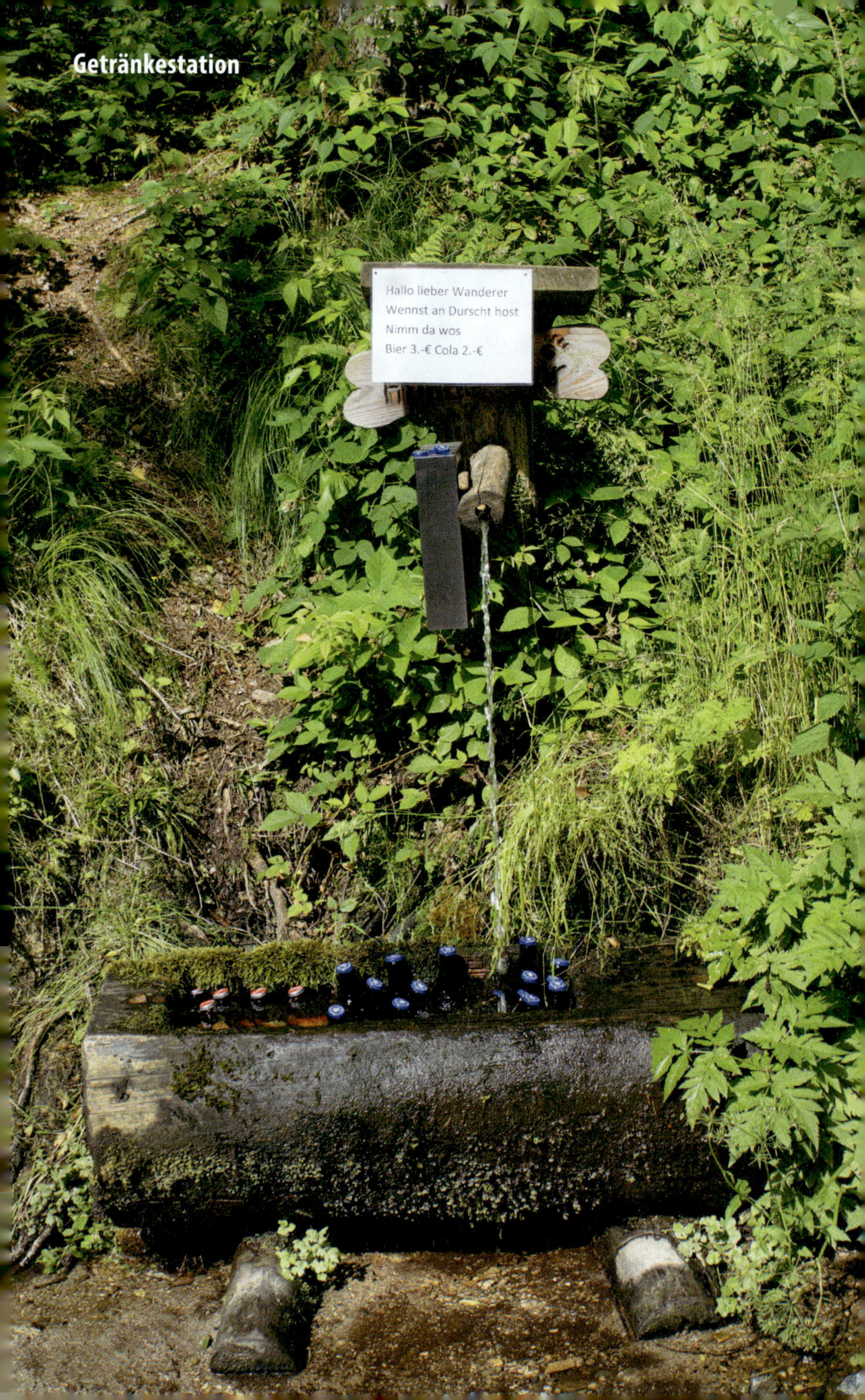

uns erfrischen lassen. Auf dem Plateau, wo die überdachte Schutzhütte steht, gibt es zudem einen Picknickbereich mit Bänken und Tischen. Wer Proviant dabei hat, der kann hier Pause und Aussicht auf die Laßnitz genießen. Danach geht es die Treppe wieder hinunter zu unserem Wanderpfad.

Unseren Weg setzen wir auf der rechten Seite des Flusses fort. Der Pfad wird etwas schmaler, verwurzelter und steiniger. Aber das nicht für lange, denn eine Brücke lotst uns zum anderen Ufer zurück. Der Weg ist wieder breiter geworden. Die steilen Felshänge zu unserer Linken zeigen eine sonderbare Blumenwelt. Der Weiße Geißbart fühlt sich in diesen feuchten Gebieten besonders wohl. Inzwischen ist die Laßnitz auch nicht mehr so wild. Das kristallklare Wasser fließt sanfter und ist stellenweise seicht. Wir schlendern immer weiter geradeaus, bis wir auf das Lokal **Zur Fischerhütte bei der Klause** ❹ treffen.

Schließlich sehen wir die letzten Schautafeln über die Geschichte der Waldbahn. Zu unserer Freude gibt es eine **Station mit gekühlten Getränken.** In Selbstbedienung kann Cola oder Bier entnommen werden. Das Geld wirft man einfach in die angebrachte Kasse. Wir finden den Zeitpunkt für eine Rast genau passend!

Weiter geht es über einen Forstweg am Fluss entlang, bis wir über eine Holzbrücke wieder die Flussseite wechseln. Ein paar Jugendliche in Badesachen kühlen sich gerade im Wasser ab. Was bei solch sommerlichen Temperaturen auch kein Wunder ist!

Am rechten Ufer betreten wir eine ganz andere Welt! Dieser Pfad wurde schon länger nicht begangen. Das Gras ist hoch gewachsen, Wildblumen ranken vor unseren Füßen. Der Weg wird so zu einem echten Trampelpfad. Wir erspähen erneut die **rot-weiße Markierung,** die uns die Richtung zeigt. Langsam verlassen wir das Laßnitztal und steigen über einen schmalen Waldpfad zu unserer rechten Seite bergauf. Ein längeres Waldstück steht uns bevor. Der Weg ist wieder

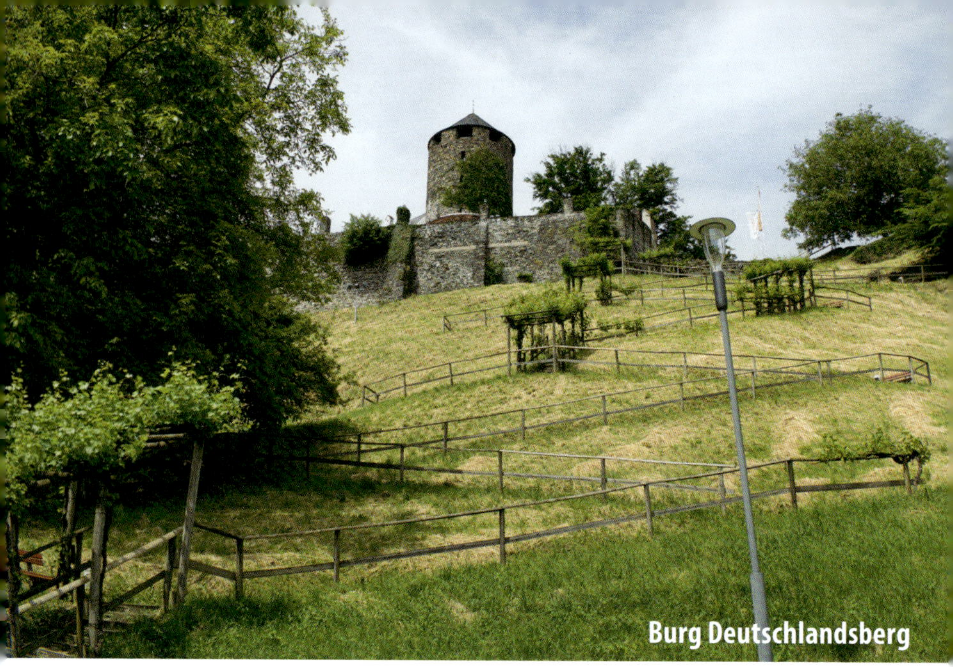

Burg Deutschlandsberg

etwas ausgetretener, und uns kommen die ersten Wanderer auf dieser Seite entgegen.

Nachdem wir an der **Gedenkkapelle Frank Salzger** vorbeispaziert sind, verlassen wir den Wald. Weiter geht es über eine große Wiese bis zu einem Bauernhof, wo wir lautes Muhen hören. Der Panoramablick vor uns ist großartig! Die Burg Deutschlandsberg thront auf einem bewaldeten Hügel in der Ferne. Auch zwei Kirchen nehmen wir wahr, wovon eine die Wolfgangikirche ist.

Im Schilcherland wächst die blaue Wildbacher Traube, aus welcher der roséfarbene ***Schilcherwein*** *gewonnen wird. Es handelt sich um eine von der EU geschützte Weinsorte, die es nur in der Weststeiermark gibt.*

Der Weg führt nun links über eine befestigte Straße hinab. Zu unserer Rechten sehen wir Kühe mit drei ganz jungen Kälbern, die sich auf ihrer Weide in der Sonne ausruhen. Wir erhaschen einen herrlichen Fernblick: weit und breit steile Hänge, wo Wein angebaut wird. Wir sind im Schilcherland. Und wenn sich die Reben auch endlos auszubreiten scheinen: Es handelt sich um das kleinste Weinbaugebiet der Steiermark!

Dann verabschieden wir uns vorerst von diesem Anblick und spazieren über einen Waldpfad rechts hinab Richtung Burg Deutschlandsberg. Auf dem Weg dorthin liegt auf der linken Seite das **Weingut Jauk-**

Wieser ⑤. Wer dem Wein zugeneigt ist, hat hier die Möglichkeit einer Einkehr. Bei der **Burg Deutschlandsberg** ⑥ angekommen, sehen wir eine Parkfläche, Infotafeln und ein Blechschild in Form eines Pferdes: Es ist das Symbol für die 40 Kilometer lange Schilcherweinstraße. Aber nicht nur das, die Burg liegt auch an der Schlösserstraße. Sie verläuft auf einer Strecke von 1001 Kilometern durch Österreich, Slowenien und Ungarn. Die Burg Deutschlandsberg ist eine von insgesamt 41 Schlössern und Burgen auf dieser Landschaftsroute.

Bereits in der Jungsteinzeit gab es menschliche Besiedlung am Burgfelsen von Deutschlandsberg, wie Funde dokumentieren. Mehrere Burganlagen wurden errichtet und wieder zerstört. Seit 1932 gehört die ***Burg Deutschlandsberg*** *der gleichnamigen Stadtgemeinde.*

Als große Burg-Fans spazieren wir über das Burggelände, zu dem ein **Burgrestaurant** – ein Haus mit gutem Ruf bei Gourmets –, ein Hotel sowie das **Burgmuseum Archeo Norico** gehören. Von der Festung aus werden wir mit weiteren Aussichten belohnt. Ein Blick in die Tiefe und Weite zeigt uns, wo der Schilcher an-

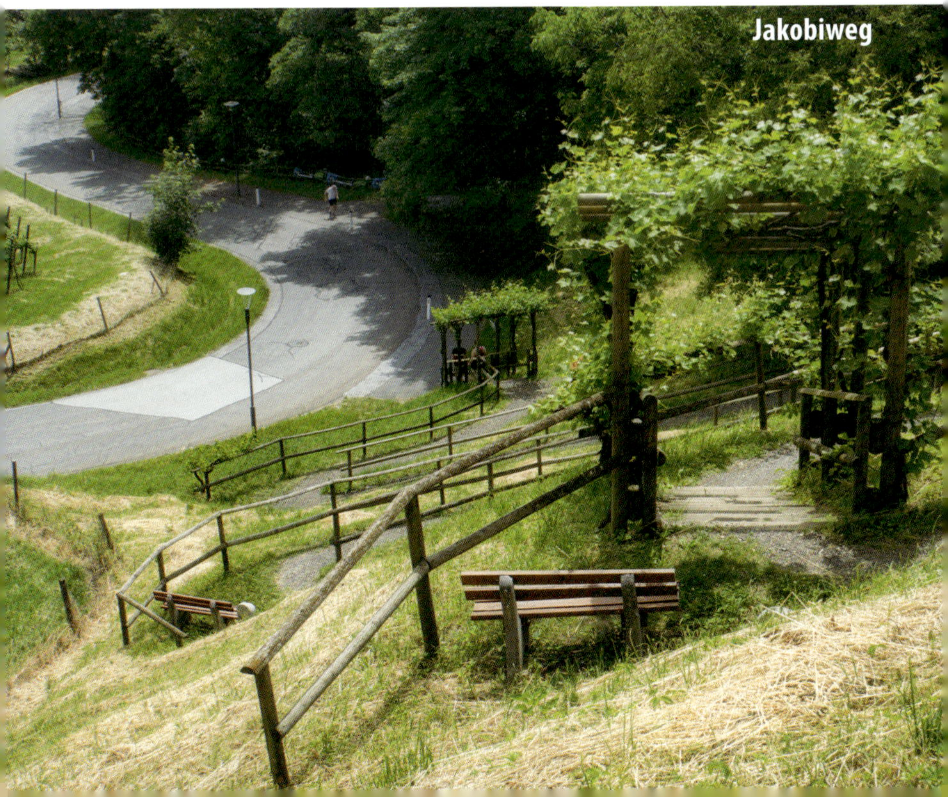
Jakobiweg

Erfrischungstour 20

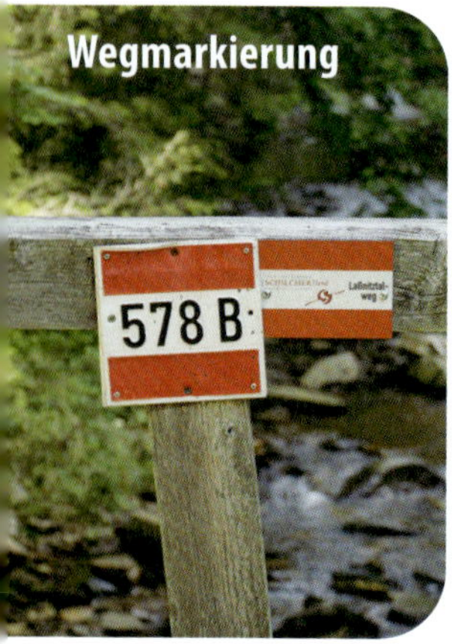

gebaut wird. Nach einem kurzen Spaziergang über das Burggelände führt ein malerischer Weg – genannt **Jakobiweg** – hinab. Viele Stufen führen hinunter, wobei ein paar Panorama-Sitzbänke zum erneuten Rasten einladen. Unten angekommen, erblicken wir ein paar Schautafeln. Dieser Ort ist besonders schön im Frühjahr, wenn die Krokusse lila blühen. Dann verwandelt sich die Wiese in ein lilafarbenes Blütenmeer.

Das letzte Wegstück führt über das Gelände des **Jufa-Hotels,** bis wir wieder unseren Parkplatz beim Klauseneingang erreichen. Hier gibt es einige Buschenschänken und Weingüter in der Nähe, wie uns die Infotafeln zeigen.

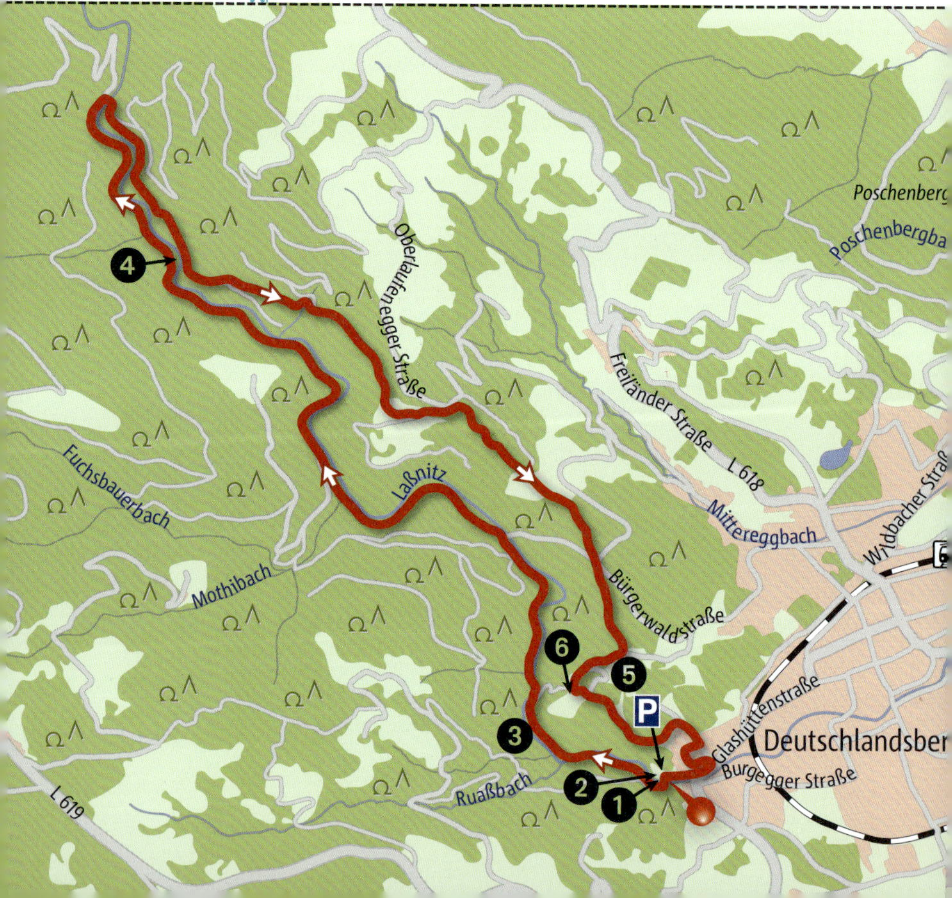

Alles auf einen Blick

WIE & WANN:
Breite Forstwege, dazwischen schmale Waldpfade; beste Wanderzeit März bis November, besonders erfrischend an heißen Sommertagen

HIN & WEG:
Auto: Parkplatz beim Klauseneingang in Deutschlandsberg, 8530 Deutschlandsberg (GPS: 46.81079, 15.20248)
ÖPNV: Zug bis Deutschlandsberg Stadtbahnhof, ab dort 1,6 km Fußweg bis zum Klauseneingang: westlich der Bahnhofstraße folgen, an der Kreuzung rechts auf die Glashüttenstraße

ESSEN & ENTSPANNEN:
Zur Fischerhütte bei der Klause ❹ Laßnitztalstraße, 8530 Trahütten, Tel. +43 (6 64) 5 44 92 53, zur-fischerhuette-klause.at (um Voranmeldung wird gebeten)
Weingut Jauk-Wieser mit Buschenschank und Vinothek ❺ Schloßweg 51, 8530 Deutschlandsberg, Tel. +43 (6 64) 6 38 82 48, weingut-jauk-wieser.at
Restaurant Burg Deutschlandsberg, Gourmetküche ❻ Burgplatz 1, 8530 Deutschlandsberg, Tel. +43 (34 62) 56 56-0, burg-deutschlandsberg.at

ENTDECKEN & ERLEBEN:
Deutschlandsberger Klause ❶
Stationen zu den Spuren der Waldbahn ❷
Schutzhütte am Felshang ❸
Burg Deutschlandsberg ❻ mit Burgmuseum Archeo Norico, Burgplatz 2, 8530 Deutschlandsberg, Tel. +43 (34 62) 56 02, archeonorico.at

Entspannung ★★★★☆
Genuss ★★★★☆
Romantik ★★★★★

Die GPS-Daten zu jeder Tour gibt es auf
www.droste-verlag.de

Konzeption: Droste Verlag, Düsseldorf
Einbandgestaltung: Britta Rungwerth, Düsseldorf, unter Verwendung von Bildern von © Fotolia.com: Andrey Kuzmin, undrey, dabost, niroworld; © Stefan Galler
Fotos: Janine Wenzel, außer: Stefan Galler: S. 28, S. 29, S. 41, S. 74/75, S. 78/79, S. 88, S.156; Michael Knöbl/www.stock.adobe.com: S. 174, S. 178; Visions of Energy/www.stock.adobe.com: S. 12
Textlektorat: Bernhard Edlmann, Raubling
Karten: Thorsten David, Bochum
Druck und Bindung: LUC GmbH, Greven

FSC® www.fsc.org
MIX
Papier aus verantwortungsvollen Quellen
FSC® C011279

ISBN 978-3-7700-2385-1
www.droste-verlag.de